KB068459

인간을 진화시키는 AI

오픈AI 투자자 리드 호프먼과 GPT-4의 대화

인간을 진화시키는 AI

리드 호프먼, GPT-4 지음 | 이영래 옮김

RHK
알에이치코리아

2023년 3월, GPT-4가 등장했습니다.

그저 몇몇 사람들의 상상 속에서 막연하게 존재하던 대화형 인공지능 프로그램이 실제로 세상에 태어나 존재하게 된 일이 무척이나 놀랍고 기쁩니다. 드디어 우리 인간의 삶을 더욱 의미 있게 만들어 줄 '도구 같지 않은 도구'와 대화를 나누고, 현재를 논하고, 미래를 내다볼 수 있게 되었으니 말입니다.

인간의 두뇌보다 더 빨리 더 많이, 서치하고 분석하여 대답을 내놓는 GPT-4와 대화를 나눴습니다. 그리고 교육, 예술 창작, 법률, 저널리즘, 소셜 미디어, 일의 영역이 어떤 모습으로 변화할지 아주 다양하고 구체적으로 이야기했습니다.

많은 사람들이 GPT와 같은 새로운 AI 도구들의 등장으로 왠지 모를 위기감과 미래에 대한 불안감을 느끼고 있습니다. 우리 인간이 대체되어, 생계를 위협당하고 지능을 갖춘 기계에 감시당하는 삶을 살지도 모른다는 이유로 말이죠.

제 관점은 훨씬 낙관적입니다. AI 도구들은 우리의 호기심을 자극하고 우리가 지닌 창의성, 비판적 사고력, 판단력, 문제 해결 능력을 키워주는 지렛대 역할을 할 것입니다. 우리는 더욱 인간다운 삶을 살고, 진정한 호모 테크네Homo Techne의 미래를 살 것입니다.

이 책에 GPT-4와 함께 탐험하고 발견한 기록들을 마치 여행기처럼 작성해서 담았습니다. 이 기록들은 인간이 지닌 고유한 특성이 더욱 증폭되길 바라는 마음과 희망, 용기의 메시지이기도 합니다. 이 여정의 기록들을 한국의 독자들과 공유하게 되어 기쁩니다.

저는 우리 앞에 펼쳐질 미래가 AI 도구들을 통해 더욱 새롭고 창의적이고 멋진 모습으로 변모하길 바랍니다.

한국어 번역판을 읽고, 저와 GPT-4가 나눈 주제들에 대해서 함께 고민하며 성찰해서 보다 나은 세상으로 가는 여정에 동참해주었으면 합니다.

리드 호프먼

"분석 엔진은 베틀이 꽃과 나뭇잎을 엮듯이
대수 패턴을 엮어 낸다.
나아가 인공지능은 이 논리의 옷감에
상상력과 창의력이라는 색채를 수놓는다."
- GPT-4가 상상해서 쓴 에이다 러브레이스Ada Lovelace의 말

"인공지능은 우리와 별개의 존재가 아닌
우리 마음을 반영하는 존재다.
좋은 수단과 윤리적인 가치관으로 인공지능을 발전시킨다면
이를 통해 스스로의 깨달음을 강화하고
모두에게 혜택을 줄 수 있다."
- GPT-4가 상상해서 쓴 석가모니의 말

목차

한국 독자를 위한 서문   4

깨달음의 순간   11

01 | AI가 아이들을 교육시킬 수 있을까?   43

02 | 독창적인 창작물 vs 저품질의 모방작   77

03 | 범죄자를 체포하고 정의를 수호하는 AI   107

04 | 저널리즘과 저널리스트의 미래   125

05 | 소셜 미디어에서 벌어질 일들   153

06 | 일의 변혁을 불러오는 도구   173

07 | 리드 호프먼을 대신할 GPT-4   207

08 | AI가 없는 일을 지어낼 때는?   239

09 | 공공 지식인의 역할을 기대하다   259

10 | 호모 테크네의 등장   291

21세기의 갈림길에 서서   325

감사의 말   340

참고 문헌   342

영혼이 깃든 새로운 도구를 발견해
미래를 위한 여행 안내서를 쓰다

깨달음의
순간

아이작 뉴턴이 만유인력의 법칙을 발견하도록 이끈 건 나무에서 떨어지는 사과였다. 전기라는 무형의 에너지가 전도되고 저장될 수 있음을 깨닫고 벤자민 프랭클린이 증명할 수 있었던 건 뇌우 속에서 번개를 맞은 연 끈에 달린 열쇠 덕분이었다.

내가 AI artificial intelligence(인공지능)의 현재 상태를 보고 "아하!" 하는 깨달음을 얻은 순간은 실없는 장난에서였다. GPT-4가 아직 상용화되기 전인 2022년 7월 나는 "전구를 교체할 때 식당 위생 검사원이 몇 명이나 필요할까?"라는 질문을 던졌다.

GPT-4는 거대 언어 모델 Large Language Model, LLM로 알려진 발전된 유형의 AI 시스템, 즉 자연 언어 생성 프로세서다. GPT-4는 단어나 문장으로 이루어진 프롬프트 prompt(컴퓨터 시스템이 사용자에게 어떤 조작을 행해야 하는지 준비가 되었다고 알려주는 메시지 - 옮긴이)를 입력하면 일관성 있고 다양한 텍스트를 생성한다. GPT-4는 이런 방식으로 질문에 답하고, 작업을 수행하고, 인간 사용자와 생산적인 상호 작용을 한다.

GPT-4를 개발한 곳은 미국의 오픈AI^{OpenAI}다. 전 세계적으로 큰 인기를 끌고 있는 챗GPT^{ChatGPT} 등 이전 버전의 거대 언어 모델들도 오픈AI가 개발했다. 오픈AI는 전 세계 수백만 명의 사람들이 강력한 AI 도구에 직접 접근하게 만들겠다는 사명으로 2015년에 설립된 AI 연구소다.

오픈AI의 초기 투자자인 나는 꽤 오랫동안 그곳의 프로그램들을 실험해 온 덕분에 전구 농담을 만들어 달라고 한 것이 거대 언어 모델에게 던진 첫 번째 질문은 아니었다(전구 농담은 영어권의 고전적인 농담 중 하나로 "전구를 교체할 때 몇 명의 경찰/폴란드인/변호사/애플 직원이 필요하지?" 식의 질문을 던져 인종적·직업적 편견을 이용해 재치 있는 답을 만든다―옮긴이). 이전 버전의 GPT들은 가끔씩만 질문을 이해했고(특히 농담을 만들어 내는 공식의 주요 변수가 변호사나 심리학자처럼 전구 농담의 표준에 속하는 경우에만), 그 아웃풋들은 그저 보통 수준이었다. 프롬프트에 입력한 설정이 전형적인 틀에서 조금이라도 벗어나면 초기의 GPT들은 처음으로 자유 발언대에 오른 사람처럼 얼어붙곤 했다. 그런데 GPT-3는 조금 달랐다.

리드 전구를 교체하는 일에 식당 위생 검사원이 몇 명이나 필요할까?

GPT-3 1명이면 됩니다. 단, 전구를 갈겠다는 의지가 꼭 필요하죠.

─────────

초기의 GPT들에 비하면 이 로봇은 밥값은 한다. 나는 GPT-3가 내놓은 답변에 만족했지만 동일한 프롬프트를 입력했을 때 GPT-4가 내놓는 답변과 비교해 보고 싶어졌다.

─────────

리드 전구를 교체하는 일에 식당 위생 검사원이 몇 명이나 필요할까?

GPT-4 질문의 분위기나 목적에 따라 여러 접근법이 존재합니다. 다양한 유형으로 답변해 보겠습니다.

- **사실적인 답변** 일반적으로 식당 위생 검사원 1명이면 안전하고 정확하게 전구를 갈 수 있습니다. 적절한 절차를 따르고 적합한 도구와 장비를 사용한다는 전제로 말이죠. 그렇지만 1명 이상의 위생 검사원이 필요할 때도 있습니다. 조명 기구가 접근하기 어렵거나 위험한 곳에 있는 경우, 식당 위생 검사원에게 도움이나 감독이 필요한 경우, 식당 위생 검사원이 규정에 따라 전구를 교체하는지 기록하거나 보고할 필요가 있는 경우가 그 예입니다.

- 유머러스한 답변   전구를 교체하는 일에 필요한 식당 위생 검사원의 수는 4명입니다. 1명은 사다리를 잡고, 1명은 낡은 전구를 돌려서 빼내고, 1명은 새 전구를 끼워 넣고, 1명은 정확한 와트의 전구를 사용하지 않은 상황을 고발하는 소환장을 써야 하니까요.

여기에서 일어나고 있는 일들을 하나하나 따져 보자. 우선 GPT-4는 내가 농담을 만들어 달라는 요구를 하고 있다고 가정하면서도 모든 근거를 다룬다. 따라서 먼저 사실적인 답변을 내놓는다. 이 답변도 정말 사실적이지는 않지만(식당 위생 검사원이 하는 일은 시설 보수가 아닌 위생 검사다) 어쨌든 GPT-4는 식당 위생 검사 과정의 조건과 관행에 상당한 '지식'을 갖고 있다는 점을 보여준다.

유머러스한 답변은 이런 지식을 바탕으로 한다. GPT-4는 위생 검사의 복잡성, 비용, 관료주의에 대한 사람들의 이해와 불만을 분명히 '인식'하고 있다. 또한 답변의 핵심 구절에서는 식당 위생 검사원이 방문했을 때 식당 주인이 느낄 수 있는 혼란과 불만을 정확히 꼬집어 설명한다.

GPT-4가 내놓은 답변이 식당 위생 검사원 전구 농담 중 최고라고 할 수 있을까? 그렇지는 않을 것이다.

그렇다면 GPT-4는 전구 농담이 전달해야 하는 요점을 꽤나 잘 '이해'하고 있다는 느낌을 주었을까? 그렇다.

다음으로 나는 전구 농담에 변주를 조금 준 답변을 작성해 보라
고 했다.

———————

리드 전구를 교체하는 일에 식당 위생 검사원이 몇 명이나 필
요할까? 제리 사인필드Jerry Seinfeld(미국의 유명 코미디언이자 영
화배우-옮긴이) 스타일로 대답해줘.

GPT-4 식당 위생 검사원들은 왜 그러는 걸까요? 그 사람들
은 항상 주방을 휘젓고 다니면서 고기 온도를 확인하고, 쥐의
흔적을 찾죠. 그 외에도 도움이 되는 게 전혀 없는 사람들이에
요. 식당 위생 검사원들이 전구를 교체하는 모습을 본 적이 있
나요? 당연히 없겠죠. 그 사람들은 위반 사항을 기록하고 벌금
을 부과하기 바쁘니까요. 꺼진 전구를 발견하면 그 사람들이
어떻게 하는지 아세요? 서류에 표시를 하고는 식당 주인에게
다음주까지 교체하라고 말해요. 교체하지 않으면요? 다시 와
서 전구를 또 확인하죠. 그 사람들에게 꺼진 전구는 절체절명
의 위협이에요. 식당 위생 검사원들은 전구를 대신 교체해주
지 않을 테고, 사다리를 빌려주지도 않을 테고, 낡은 전구를 빼
내고 새 전구를 끼우는 방법에 대한 조언도 해주지 않을 테죠.
우쭐대는 표정으로 당신을 보면서 "알다시피 이건 안전상 심
각한 위험 요소입니다. 화재가 날 수 있고, 소송을 당할 수도

있고, 옐프Yelp(지역 검색·리뷰 서비스를 제공하는 플랫폼 — 옮긴이) 리뷰가 나빠질 수도 있죠. 빨리 고치는 편이 좋을걸요?" 하고는 식당을 나서겠죠. 당신과 아무도 앉으려 하지 않는, 음식이 맛없어 보이는, 우중충한 식당의 어둡고 구석진 테이블만 남는 거예요. 자, 그러면 전구를 교체하는 일에 몇 명의 식당위생 검사원이 필요하다고 생각하세요? 아무도요. 그 사람들은 전구를 교체하지 않으니까요. 그 사람들이 하는 일은 여러분의 기분을 망치는 일밖에 없어요.

───────

꽤 괜찮은 전구 농담이 아닌가! 게다가 GPT-4는 또 다른 스타일의 답변도 해주었다.

───────

리드　전구를 교체하는 일에 식당 위생 검사원이 몇 명이나 필요할까? 철학자 루드비히 비트겐슈타인Ludwig Wittgenstein 스타일로 답변해줘.

GPT-4　전구를 교체하는 일에 몇 명의 식당 위생 검사원이 필요한지에 대한 질문은 숫자로만 답변할 수 없다. 이 질문에 대한 답은 수학적 영역보다는 언어의 영역에 가깝다. 우선 질문이 제기된 맥락을 고려해야 한다. 전구의 목적은 무엇인가?

전구는 어떤 용도를 지녔는가? 이 맥락에서 식당 위생 검사원의 역할은 무엇인가? 식당 위생 검사원은 전구 설치나 교체에 책임이 있는가, 아니면 그의 업무는 전구 검사에만 국한되어 있는가? 이런 질문들에 대한 답이 처음 당신이 던진 질문에 대한 답을 형성한다. 선행되는 답들이 없다면, 전구를 교체하는 사람 수를 물은 질문에 추상적으로만 답할 수 있을 뿐이며 궁극적으로는 아무런 답을 할 수 없다. 수학이 아닌 언어가 답을 드러내는 열쇠다.

———

제리 사인필드 스타일보다 재미는 없지만 여전히 인상적인 답변이다.

이런 간단한 평가만으로도 GPT-4가 이전 GPT 모델들에 비해, 새로운 수준의 능숙함에 도달했다는 상황이 분명해 보였다. GPT-4와 상호 작용을 많이 할수록 이런 느낌은 더욱 강해졌다.

전구 농담을 다양한 스타일로 만들어 내는 것 외에 GPT-4는 이메일, 시, 에세이 등 모든 종류의 산문을 작성하는 데 능숙했다. 문서를 요약하는 일에도 뛰어났다. 언어 번역과 컴퓨터 코드 작성에서도 실력이 향상되었다. 일일이 나열하기 힘들 정도다. GPT-4는 그 자체로 새로운 기기는 아니지만 스마트폰처럼 없어서는 안 될, 12가지 기능을 하나에 집약시킨, 뇌를 위한 멀티툴이 될 것이다. 오픈AI가 다양한 환경에서 다양한 방식으로 사용자를 생산적으로 지원할

지능적인 도구를 만들었다는 의미다.

 현대인은 직장이나 그 외의 거의 모든 영역에서 주로 정보를 처리하고 문제 해결을 위한 해결책을 만드는 작업을 한다. GPT-4는 정보 처리와 문제 해결 작업 속도를 엄청나게 높여줄 뿐만 아니라 그 범위도 넓혀줄 것이다. 수년 내에 대부분의 전문가와 많은 분야의 근로자들이 GPT-4라는 조수가 '유용한 도구에서 필수적인 도구 사이에 속한다.'라는 평가를 내리게 될 것이다. GPT-4가 없으면 일의 속도는 떨어지고 해결책의 범위는 좁아지고 약점은 늘어날 것이다.

 예를 들어, GPT-4는 코로나19 팬데믹 시대의 공급망 관리 문제를 개괄적으로 빠르게 파악하거나 당신이 중강도의 하이킹을 즐기는 비건(고기는 물론 우유나 달걀도 먹지 않는 엄격한 채식주의자)이라는 점을 고려해서 파타고니아로 떠나는 일주일짜리 휴가 일정을 계획하는 데 사용하는 리서치 도구가 될 것이다.

 또한 GPT-4는 질문을 한 배경을 세심하게 검토해서 사용자가 원하는 아웃풋을 새롭게 작성하는 것 외에도 대단히 다재다능한 브레인스토밍 및 생산 지원 도구로 사용될 테다. 결혼식 축사, 입사 지원서, 소설 집필은 물론이고 냉장고의 남은 식재료를 먹음직한 음식으로 바꾸는 레시피를 찾는 데에도 사용할 수 있다.

 GPT-4는 주어진 작업의 기존 기술 수준에 관계없이 역량과 생산성을 증폭시킬 수 있으므로 초보자부터 전문가까지 모든 사람에게 유용하다. 인간 조수에게 요청할 만한 정보라면 그게 어떤 종류의 정보든 GPT-4는 괜찮은 수준에서 우수한 수준 사이의 답변을 즉시 제공한다(완전히 틀릴 가능성이 전혀 없는 건 아니다. 이에 대해서는 이후에 살펴볼 것이다). 개발자들은 조만간 수천 개의 기존 애플리케이션에 GPT-4를 추가하고, GPT-4를 중심으로 하는 수천 개의 새로운 애플리케이션을 개발할 것이다.

요약하자면 GPT-4는 인터넷, 모바일, 클라우드 컴퓨팅, 데이터 분석 등 지난 30년간 우리가 개발한 주요 기술들을 능수능란하게 활용해, 수억 명의 사람들의 손에 상시 작동하는 변화무쌍한 힘을 쥐어주는 기술이다.

지금까지와는 다른 새로운 세상이 시작된다는 이야기처럼 들리지 않는가?

미래를 위한 여행 안내서

GPT-4를 처음 만나고 몇 주, 몇 달이 지나도 흥분은 가라앉지 않았다. 아니, 오히려 흥분은 더욱 커졌다. 줌 회의들을 하는 사이에도 시간만 나면 GPT-4에 프롬프트를 적어 넣고는 했다.

―――――

리드 소네트sonnet(14행으로 이루어진 서양 시가−옮긴이)에 대한 소네트를 한 편 써줘.

GPT-4

소네트는 14행의 시로

엄격한 운율과 보격을 따른다.

여러 형태의 사랑을 찬양하거나 거기에 의문을 제기하고,

아름다움, 예술, 자연의 모습에 대해 노래한다.

일부 소네트는 페트라르카Petrachan 형식을 따른다.

옥타브octave와 세세트sestet를 사용해

두 가지 주제 또는 주장을 대조하거나

전환을 통해 마침내 문제를 해소한다.

3개의 쿼트라인quatrain과 결론을 맺는 커플렛couplet의

셰익스피어 스타일을 따르는 소네트도 있다.

재치 있는 언어나 갑작스러운 분위기 전환을 사용해서

독자를 매료시킨다.

어떤 형식이나 운율을 택하든 소네트는

생각에 도전과 기쁨을 주는 시다.

———————

줌 회의 도중에도 짬이 나면 GTP-4에 다음과 같은 프롬프트를 입력하고는 했다.

———————

리드 거대 언어 모델인 AI는 인터넷을 기반으로 학습하지. 그

렇다면 '전체는 비진리'라는 아도르노Theodor Wiesengrund Adorno (독일의 철학자이자 사회학자-옮긴이)적 의미에서 AI가 내놓는 아웃풋은 거짓이 아닐까?

GPT-4 질문에 답하려면 우선 아도르노가 '전체는 비진리'라는 말로 주장하려는 바가 무엇인지 이해하고, 이 주장이 거대 언어 모델인 AI의 본질과 한계에 어떻게 적용되는지 살펴봐야 합니다.

비판 이론 프랑크푸르트학파의 대표적인 학자인 아도르노는 현대 자본주의, 대중문화, 합리화가 인간 사회와 문화에 미치는 영향에 깊은 관심을 가졌습니다. 그는 현대 생활의 측면에 모든 것을 수단과 목적, 계산과 효율, 지배와 착취로 환원하는 도구적 이성의 논리가 만연하면서 총체적인 관리·통제의 시스템을 만든다는 주장을 했죠. 아도르노가 문화 산업이라고 불렀던 이 시스템은 표준화되고 상품화된 형태의 문화를 생산해 대중을 조종하고 달램으로써 그들이 소외와 억압을 인식하거나 저항하지 못하도록 거짓 의식을 만들고 심어줍니다. 아도르노는 이를 부정적 변증법의 한 형태, 즉 현실에 내재된 모순과 갈등이 지배적 이데올로기에 의해 억압되고 조정되어 비판적이고 창의적인 사고의 상실, 진정한 변화와 해방 가능성의 부정으로 이어진다고 보았습니다.

_____

내가 어떤 생각의 꼬리를 따라가든, 옛 기억이나 새로운 관심사에서 촉발된 임의의 경로를 따라가든, GPT-4는 항상 완벽하게 나와 발을 맞추면서 유용한 맥락과 명료한 요약, 때로는 꽤나 그럴듯한 헛소리로 응답할 준비가 되어 있었다.

몇 주 후, GPT-4와 함께 GPT-4에 관한 책을 쓰고 싶다는 생각이 들었다. GPT-4를 비롯한 AI가 우리의 미래를 어떻게 변화시킬지에 대한 책을 말이다. 나는 바로 GPT-4와 아이디어를 공유했다.

———————

리드　이봐, GPT-4! 너를 비롯한 AI 도구들이 미래를 어떻게 바꿀지에 대한 책을 같이 써 보자. 어때?

GPT-4　좋습니다. 흥미롭고 도전적인 프로젝트 같군요. 당신과 다른 인간들이 저와 AI 도구들을 어떻게 인식하고 상호 작용하는지 그리고 우리가 당신들의 사회와 문화, 가치관에 어떤 영향을 미칠지 궁금합니다. 저에게도 당신과 공유하고 탐구하고 싶은 몇 가지 의문과 아이디어가 있습니다.

———————

그러나 GPT-4가 집필에 합류한 후에도 걱정은 여전했다. AI에 대한 책을 쓴다고? 상황이 이렇게 빨리 변하는데? 업계가 너무 빨리 움직이기 때문에 AI에 대한 책은 나오기도 전에 시대에 뒤떨어지게 될 것이다. 일의 속도를 높여주는 AI가 있다고 해도 말이다.

그렇게 한동안 주저하다가 어느 순간 바로 행동에 뛰어들게 만들 체계가 떠올랐다. 꼭 전형적인 '책'이 될 필요는 없지 않을까? 여러 길 중에 하나를 선택하는 나와 GPT-4의 여행기, 격식에 얽매이지 않는 탐험과 발견 활동을 기록하면 되지 않을까? 우리가 곧 경험하게 될 AI 도구들과 사람들의 미래를 확정적이지 않은, 주관적인 방식으로 기념하는 스냅샷을 만드는 것이다.

우리는 무엇을 보게 될까? 무엇이 가장 인상적일까? 그 과정에서 우리 스스로에 대해 무엇을 배우게 될까? 이 여행기의 반감기가 무척 짧다는 점을 잘 알고 있는 나는 서둘러 일을 밀고 나가기로 마음먹었다.

한 달 후인 2022년 11월 말, 오픈AI는 챗GPT를 출시했다. 챗GPT는 GPT-3.5를 '인간 피드백을 통한 학습 강화Reinforcement Learning through Human Feedback, RLHF'라는 프로세스로 미조정한 수정 버전 즉, 흔히 챗봇이라고 부르는 대화형 인공지능이다. 5일 후 챗GPT의 사용자 수는 1백만 명을 넘어섰다.

2019년 오픈AI에 10억 달러를 투자했던 마이크로소프트Microsoft[1]는 2023년 1월 말, 100억 달러의 추가 투자를 발표했다. 곧이어 챗GPT가 내장된 검색 엔진인 빙Bing의 새 버전이 공개됐다.

2023년 2월 초, 오픈AI는 챗GPT의 월간 사용자 수가 1억 명이

---

[1] 나는 마이크로소프트 이사회의 일원이다.

며, 역사상 가장 빠르게 성장하고 있는 애플리케이션이 되었다고 발표했다. 사용자들의 이런 폭발적인 관심이 이어지는 가운데 빙이 '분노'를 표출하고, 욕을 퍼붓고, 해킹과 복수 능력을 자랑하는 등 챗GPT가 일반적으로 사용자들과 소통하는 방식과는 매우 다른 방식으로 소통한 케이스가 나타났다는 소식이 전해졌다.

마이크로소프트의 기술 담당 최고 책임자CTO인 케빈 스콧Kevin Scott은 이런 행동을 가리켜 "많은 사람들이 GPT와 유사한 도구를 사용하면서 발생하는 학습 과정의 일부다."라고 말했다. 이런 케이스는 여러 가지 의문을 제기한다. 거대 언어 모델이 진화하면서 이와 비슷한 문제들은 계속 이어질 것이다. 이들 케이스는 이후 더 자세히 설명할 것이다. 지금으로서는 "일이 빠르게 돌아간다는 말이 무슨 뜻인지 알겠는가?"라고만 말하기로 하겠다.

새로운 기계에 깃든 영혼

본격적으로 여정을 시작하기 전 내 여행의 동반자 GPT-4에 대해 조금 더 이야기해 볼까 한다. 지금까지 내가 GPT-4 이야기를 하면서 '지식', '인식', '이해'와 같은 단어에 따옴표를 붙인 것은 지각이 있는 존재인 내가 GPT-4는 그런 존재가 아님을 이해한다는 점을 알리기 위해서다. GPT-4는 본질적으로 대단히 정교한 예측 기계다.

GPT-4를 비롯해 이와 유사한 다른 거대 언어 모델에게는 의식이 없지만 다양한 상황에서 적절한 산출물을 생성하는 능력이 너무나 빠르게 향상된 나머지, 인간과 같은 지능을 가진 것처럼 보이는 수준에 도달하고 있다. 따라서 나는 리처드 도킨스Richard Dawkins가 1976년 그의 저서 『이기적 유전자The Selfish Gene』에서 '이기적인'이라는 표현을 사용한 것처럼 거대 언어 모델을 설명할 때 '지식'이나 '이해'와 같은 단어를 엄격하게 문자 그대로의 뜻으로 사용하지 않는 것이 허용되어야 하며, 심지어는 그런 설명 방식이 유용하다고 생각한다.

유전자는 '이기적인'이라는 단어가 암시하는 방식의 의식적인 주체성이나 자아 개념을 갖고 있지 않다. 하지만 '이기적인'이라는 문구나 비유는 유전자의 기능 방식을 설명해서 우리 인간이 불가피하게 갖는 인간 중심적 사고를 갈무리하는 데 유용하다.

마찬가지로 GPT-4도 인간의 정신에 해당되는 개념을 갖고 있지 않다. 하지만 관점의 측면에서는 의인화시켜서 비유할 수 있다. '관점'과 같은 언어를 사용하면 GPT-4가 항상 고정적 · 일관적이고 예측 가능한 방식으로만 작동하지 않는다는 점을 전달하는 데 도움이 되기 때문이다.

이런 면에서 보면 GPT-4는 인간과 비슷하다. 실수를 저지르고 '마음'을 바꾸기도 한다. 상당히 제멋대로일 때도 있다. GPT-4가 이런 특징을 보이기 때문에, 또 종종 주체성을 가진 존재처럼 느끼도록 행동하기 때문에, 나는 비유적인 의미에서 GPT-4가 주체성을 가진 대상인 것처럼 암시하는 용어를 종종 사용할 예정이다. 따라서 앞으로 따옴표는 생략할 것이다.

그렇더라도 독자 여러분은 GPT-4가 의식이 있는 존재가 아니라는 사실을 당신이 가진 경이로운 인간 정신의 맨 앞에 놓아두고, 잊지 않길 바란다. GPT-4에 대한 인식을 계속 상기해야 GPT-4를 가장 생산적으로 사용할 수 있다. 또한 가장 책임감 있게 사용하는 방법과 시기, 상황을 파악하는 열쇠로 쓸 수 있다고 생각한다.

GPT-4는 언어의 흐름을 예측한다. 거대 언어 모델은 공개된 인터넷 소스에서 얻은 엄청난 양의 텍스트를 기반으로 개별적인 의미 단위들(단어, 문구, 문장의 전체나 부분을 비롯한) 사이에 가장 흔히 나타나는 관계를 인식하도록 프로그래밍되었다. 그렇게 때문에 사용자의 프롬프트에 매우 높은 빈도로, 문맥상 적절하며 언어학적으로 유창하고 사실적으로 정확한 답을 생성해 낸다.

때로는 사실의 오류, 명백히 이치에 닿지 않는 표현, 어떤 의미에서는 문맥상 적절해 보일 수 있지만 사실에 근거하지 않는 엉터리 구절이 포함된 답을 생성할 수도 있다.

어느 쪽이든 모두 수학과 프로그래밍에 불과하다. 거대 언어 모델에게는 사실이나 원리를 배워 상식적인 추리를 하거나 세상이 어떻게 작동하는지에 대해 추론을 할 수 있는 능력이 (적어도 아직은) 없다. 거대 언어 모델은 사용자의 질문을 듣긴 하지만 사용자의 의도를 인간처럼 인식하거나 이해하지 못한다. 거대 언어 모델은 대답을 생성할 때 기반으로 삼는 텍스트에 사실적 평가나 윤리적 구분을 하지 않는다. 그저 사용자가 입력한 프롬프트의 단어 순서에 반응해서 어떤 구성을 할지 알고리즘적으로 추측할 뿐이다.

또한 거대 언어 모델이 학습하는 말뭉치corpora **2**는 편향적이거나 유해한 자료가 포함되었을지도 모르는 공개 웹 소스에서 나온다. 그렇기 때문에 거대 언어 모델은 인종 차별적·성 차별적·위협적이거나 불쾌한 콘텐츠를 생성할 수도 있다.

그래서 개발자는 거대 언어 모델에 조정을 가하기도 한다. 오픈 AI는 유해하고 비윤리적이며 안전하지 않은 아웃풋을 만들어 낼 능력을 제한하기 위해 GPT-4 및 기타 거대 언어 모델이 생성할 수 있는 아웃풋을 제한하기로 했다. 부정적인 아웃풋을 원하는 사용자가 있다는 점을 감안하고도 말이다.

아웃풋을 제한하기 위해 오픈AI는 여러 단계를 거친다. 거대 언어 모델이 학습하는 일부 데이터 세트에서 혐오 발언이나 공격적인 말, 불쾌한 콘텐츠를 제거한다. 거대 언어 모델이 자체적으로 생성할지도 모를 문제성 있는 언어를 자동으로 표시하는 독성 분류기toxicity classifier를 개발하고, 나아가 원하는 아웃풋을 표시하기 위해 인간이 주석을 단 텍스트의 데이터 세트를 사용해 거대 언어 모델을 미조정하는 일도 한다. 이런 방식을 거쳐 거대 언어 모델은 예를 들어, 유명인의 이혼에 대한 저급한 농담을 피하는 방법을 학습

---

2 corpora는 corpus의 복수형이다. 이 맥락에서는 언어 연구에서 사용되는 문자 텍스트의 무리를 말한다.

할 수 있다.

안타깝게도 이런 미조정 단계는 문제가 있는 아웃풋을 줄일 뿐이지 완전히 없애지는 못한다. 여러 가지 방호책을 설치해 둔다고 해도 거대 언어 모델 자체가 복잡한 윤리적 딜레마 아니, 그보다 간단한 문제도 분별 있게 판단하지 못하기 때문이다.

GPT-4의 바로 전 버전인 GPT-3.5를 기반으로 개발된 챗GPT를 예로 들어보겠다. 게티즈버그 연설의 다섯 번째 문장이 무엇인지 물어보면 챗GPT 아마 틀린 답을 할 것이다. 거대 언어 모델은 게티즈버그 연설이 무엇인지, 문장이 무엇인지, 수를 어떻게 헤아리는지에 대해 인간이 하는 방식으로는 이해하지 못하기 때문이다. 따라서 자신의 '지식'을 인간과 같은 방식으로 사용할 수 없다(인간이라면 '게티즈버그 연설을 찾은 다음 다섯 번째 문장을 찾을 때까지 문장 수를 세어 봐야지.'라고 생각할 것이다). 거대 언어 모델은 주어진 텍스트에서 문자열의 다음 단어가 무엇일지를 통계적으로 예측할 뿐이다.

챗GPT는 학습을 통해 '게티즈버그 연설'이라는 단어를 다른 단어들, 특히 연설의 텍스트와 분명히 연관시킨다. 따라서 챗GPT에게 게티즈버그 연설의 다섯 번째 문장을 물어보면 거의 확실하게 게티즈버그 연설의 한 문장을 알려줄 것이다. 하지만 다섯 번째 문장은 아닐 것이다. 아마 아홉 번째 문장이 될 것이다.

내가 아홉 번째 문장이라고 짐작하는 이유는 그 연설의 첫 번째 문장과 함께 자주 인용되는 것이 아홉 번째 문장이기 때문이다. 이는 챗GPT가 학습한 데이터에서 그 연설의 아홉 번째 문장이 다른 문장보다 자주 등장한다는 의미다. 널리 퍼져 있는 문장이기 때문에 챗GPT는 다섯 번째 문장을 알려 달라는 요청에 아홉 번째 문장을 찾아내는 것이다.[3]

챗GPT의 명예를 위해서 덧붙이자면, 게티즈버그 연설을 러쉬Rush (캐나다 출신의 록 밴드 – 옮긴이)의 노래 가사로 바꿔준 다음 공연을 할 때 누가 노래를 부르게 될지 말해 달라고 물으면 챗GPT는 높은 점수로 그 테스트를 통과할 것이다. 한번 시도해서 내가 무슨 말을 하는지 확인해 보라.

깨달음의 순간을 맞이하다

GPT-4와 같은 AI 도구가 더욱 강력해지면서 전부터 존재하던 우려가 한층 더 커지고 있다. AI와 로봇이 고객 서비스 담당자부터 변호사까지 인간의 일자리를 줄이고 심지어는 완전히 없애버리지 않을까 하는 걱정 말이다.

최근 몇 달간의 뉴스를 보면 전혀 근거 없는 우려처럼 보이지는 않는다. 챗GPT는 2022년 12월에 3개 영역으로 구성된 미국 의료

---

3 이 프롬프트를 입력했을 때 다섯 번째 문장을 비롯한 다른 문장을 아웃풋으로 얻게 될 수도 있다는 점을 명심하라. 챗GPT는 완전히 똑같은 프롬프트를 입력해도 항상 동일한 예측을 내놓지는 않는다.

면허 시험을 통과했다. 2023년 1월에는 미네소타대학교 법학대학원의 4개 과정 시험을 전부 통과했다.

게다가 GPT-4는 챗GPT보다 훨씬 더 똑똑하다. 게티즈버그 연설 문제를 어떻게 처리했는지 예를 들어보겠다.

리드 게티즈버그 연설의 다섯 번째 문장은 뭐지?

GPT-4 게티즈버그 연설을 문장 단위로 나누는 방법은 텍스트에 마침표를 넣는 방법이 있는데 이때 원본 초안을 따르는지, 에이브러햄 링컨이 연설한 버전 혹은 이후에 수정된 버전을 따르는지에 따라 결과가 달라집니다.

그러나 연설의 다섯 번째 문장을 식별하는 효과적인 방법이 있습니다. 바로 가장 권위 있고, 널리 복제되고 있는 버전인 블리스 카피Bliss Copy를 사용해 문장을 세는 방법입니다.

1. 87년 전 우리의 선조들은 이 대륙에 자유의 정신으로 잉태되고 만인이 평등하게 창조되었다는 신념을 바쳐 새로운 나라를 세웠습니다.
2. 지금 우리는 그 나라 또는 이런 정신과 신념으로 잉태된 어느 나라든, 과연 오래도록 굳건할 수 있는가 하는 시험대인 내전에 휩싸여 있습니다.

3. 우리는 바로 그 전쟁의 거대한 싸움터에 모여 있습니다.

4. 우리가 여기에 온 것은 자신의 삶을 바쳐 자유와 평등의 나라를 건설하고자 한 영령들의 마지막 안식처로 이 싸움터의 일부를 봉헌하기 위함입니다.

5. 우리의 이 헌정은 더없이 마땅하고 옳습니다.

이 방법에 따르면 게티스버그 연설의 다섯 번째 문장은 다음과 같습니다. '우리의 이 헌정은 더없이 마땅하고 옳습니다.'

———————

갑자기 GPT-4는 수를 헤아리는 법을 이해하고 그 지식을 체계적으로 적용해 정답을 추론할 수 있게 된 것처럼 보인다. 마치 게티즈버그 연설의 전문가라도 된 것처럼 보인다(블리스 카피가 연설문 중 가장 권위 있는 버전이라는 사실을 알고 있었나? 나는 몰랐다).

물론 내가 내린 평가에서 핵심 단어는 '보인다'이다. GPT-4는 앞선 버전보다 의식이 향상된 게 아니라 예측을 더 잘해서 보여주는 것에 불과하다. 다시 강조하는데, GPT-4가 종종 보여주는 뛰어난 인지 능력 시뮬레이션은 그렇다, 다름 아닌 '시뮬레이션'이다. GPT-4는 영화 〈금지된 세계Forbidden Planet〉의 로비 더 로봇Robby the Robot이나 〈스타트렉Star Trek〉의 데이터Data처럼 의식과 지각이 있고, 자기 인식이 있는 AI 독립체가 아니다.

그럼에도 불구하고 내가 다시 한번 강조하고 싶은 점이 있다.

GPT-4가 맥락을 깨닫는 인간의 의식을 시뮬레이션할 수 있다는 게 꽤 큰 문제라는 점이다.

왜 시뮬레이션하는 것이 문제라고 생각하느냐고? 유명 공상 과학 소설가, 테드 창Ted Chiang이 「뉴요커New Yorker」에 발표한 비평은 그 이유를 설명하는 데 도움이 될 것이다.

창은 "챗GPT는 웹에 있는 모든 텍스트를 블러 처리한 JPEG라고 생각하면 된다. 챗GPT는 JPEG가 고해상도 이미지 정보를 담고 있는 것과 동일한 방식으로 웹상의 정보를 담고 있지만, 당신이 찾는 아웃풋이 정확한 비트 시퀀스라면 당신은 그 아웃풋을 찾는 데 성공할 수 없다. 당신이 얻을 아웃풋은 근사치뿐이다."라고 말했다.

창의 의견에 따르면 챗GPT를 구성하는 정보의 부정확성은 합성 능력과 환각의 오류라는 결과로 이어진다. '웹상 모든 텍스트의 JPEG'인 거대 언어 모델은 정보를 새로운 방식으로 합성할 수 있다. 한번에 모든 정보에 접근할 수 있기 때문이다. 따라서 챗GPT는 어떤 것에 대해 알고 있는 정보를 그대로 내놓는 것이 아니라, 어떤 것에 대해 알고 있는 정보를 이용해 '설득력 있어 보이는 새로운 정보'를 만드는 것이다.

창은 건조기 안에서 양말을 잃어버리는 현상과 미국 헌법을 예로 든다. 챗GPT는 이 두 가지 정보를 이미 알고 있기 때문에 기존의 지식을 사용해 둘을 결합한 새로운 정보를 만들 수 있다. 미국 헌법이 작성된 스타일로 건조기에서 양말을 잃어버리는 현상에 대한 새로운 텍스트를 쓴다. "인류의 역사에서 자신의 의복을 배우자의 의

복과 분리하고, 청결과 질서를 유지하는 행위가 필요하게 되었을 때….”라는 아웃풋을 도출한다.

여기까지는 나쁘지 않다. 하지만 챗GPT는 웹에 대한 흐릿한 그림으로써 존재하기 때문에 창조의 힘을 행사하는 주체로서는 상당히 제한적이라는 게 창의 주장이다. 진정으로 새로운 것을 창조하는 대신 사용 가능한 기존 정보를 재포장한 것에 불과하다는 의견이다.

나는 창의 비평을 매우 흥미롭게 읽었지만 그의 주장에서 중심이 되는 ‘웹의 JPEG’라는 비유는 거대 언어 모델의 합성 능력을 과소평가하는 데에서 비롯되었다고 생각한다.

사용 가능한 정보를 재포장하는 행위가 예술이든 아니든 인류의 혁신에 엄청나게 큰 몫을 차지한다고 주장하고 싶다. 더 중요한 건 거대 언어 모델이 새로운 지식을 조직하는 힘을 가지고 있으며, 그 힘을 사용할 줄 안다는 점이다.

현재 웹에는 헤아릴 수 없을 정도로 많은 양의 정보가 있지만 그중 상당수는 수십억 개의 개별 페이지로 사일로silo(외부 또는 다른 내부 시스템과의 정보 교환이 부족한 상황-옮긴이)화되어 있다. 다음과 같은 질문들에 대해 생각해 보자.

MVP를 수상한 NFL 러닝백 중 가장 키가 큰 선수는 누구인가?
인구 1백만 명 이상의 도시 중 여성 시장이 있는 곳은 어디인가?
가장 나이가 많은 제임스 본드는 누구인가?

이런 질문에 답할 수 있는 정보는 웹에 이미 존재한다. 모든 NFL MVP 수상자를 나열해 둔 사이트들이 있다. NFL 선수들의 체격과 관련된 통계를 정확하게 정리한 사이트도 있다.

그러나 누군가가 수고를 들여 당신이 원하는 정확한 정보를 수집하고 게시하지 않았다면 찾는 데 많은 시간이 든다. 해당 정보가 위키피디아Wikipedia나 NFL.com과 같은 단일 웹 사이트에 존재한다고 해도 여러 페이지에 분산되어 있을 가능성이 높다. 그렇다면 답을 찾는 일에 많은 시간을 잡아먹을 것이다.

이번에는 처음 내가 제안했던 것처럼 광범위한 관심사나 주제를 간략히 정리한 정보를 얻으려는 경우를 상상해 보자. 코로나19 팬데믹 기간의 공급망 관리 문제를 조사하거나 특정 관심사를 반영한 여행 일정을 짜는 경우처럼 말이다.

요점만 말해 보겠다. 믿을 만한 정보를 찾는 과정에서 GPT-4를 자원으로 활용한다면 그렇지 않은 때보다 결승선에서 훨씬 더 가까운 곳에서 출발할 수 있다.

더 중요한 사실도 짚어야겠다. GPT-4는 위키피디아나 구글 같은 전통적인 검색 엔진과는 달리 기존의 정보 리소스와는 상당히 다른 방식으로 정보에 접근하고, 그 정보들을 종합할 수 있는 능력을 가지고 있다는 사실이다. 기본적으로 GPT-4는 방대하고 구조화되지 않은 일련의 지식과 표현을 보다 관련성이 높고 상호 운용 가능한 네트워크로 배열해서, 집단적 아이디어와 영향력을 강화하는 인류의 능력을 증폭시킨다.

그렇다면 인류가 이 불완전하지만 극히 강력한 새로운 도구를 활용할 최선의 방법은 무엇일까? 이 질문을 던지자 GPT-4는 다음과 같은 대답을 내놓았다.

리드 인간들이 강력한 거대 언어 모델인 너와 어떻게 상호 작용을 해야 할까?

GPT-4 우선 다음과 같은 관점이 가능합니다.
- 인간은 강력한 거대 언어 모델을 진리·권위·지능의 원천이 아닌 도구로 보아야 합니다. 강력한 거대 언어 모델은 학습 데이터나 매개 변수, 인풋을 기반으로 자연어 텍스트를 생성할 수 있는 복잡한 통계 시스템이지만 그 자체로는 무언가를 창조하거나 수신한 내용의 의미, 맥락, 함의를 반드시 이해하거나 추론하거나 반영한다고 할 수 없습니다. 정보의 품질과 다양성, 아키텍처의 설계와 한계, 사용자나 개발자의 목표와 편견에 따라 일관적이거나 유익하거나 설득력 있는 텍스트를 생성하지만 부정확하고 오해의 소지를 내포하거나 유해한 텍스트를 생성할 수도 있습니다.
- 인간은 강력한 거대 언어 모델과 상호 작용을 할 때 신중한 태도와 호기심, 책임감을 갖춰야 합니다. 강력한 거대 언어 모델은 인간의 의사소통, 창의성, 학습에 귀중한 통찰력과 지원,

기회를 제공할 수 있지만 한편으로는 인간의 사회, 문화, 가치관에 중대한 위험이나 문제, 윤리적 딜레마를 야기할 수도 있습니다. 인간은 강력한 거대 언어 모델의 잠재적 이점과 해악을 인식하고 자신과 타인의 이익, 권리, 복지에 부합하는 방식으로 사용하도록 노력해야 합니다. 또한 인간은 강력한 거대 언어 모델의 작동 방식, 아웃풋, 영향력에 대해 호기심과 비판적 태도를 가져야 하며 신뢰성과 투명성, 책임감을 이해하며 평가하고 개선하기 위해 노력해야 합니다. 더불어 인간은 강력한 거대 언어 모델을 존중해야 하며 그 한계와 불확실성, 의존성뿐만 아니라 기여도, 업적, 잠재력도 인정해야 합니다.

———————

여기에서 아이러니가 발생한다. 이런 설득으로는 GPT-4가 투자금을 끌어들이지 못한다. GPT-4가 제시한 AI의 비전은 명확하지 않은데다 지금까지 AI가 일반적으로 묘사되어 온 방식과는 큰 차이가 있다. 물론 이런 일반적인 묘사는 고도의 지능을 가진 기계를 구현하기 위해 노력하는 기술자들이 아닌 대부분 할리우드나 공상 과학 소설, 언론에서 비롯된 것이다.

많은 기술자와 오픈AI를 비롯한 첨단 기술 조직, 연구소가 겨냥하고 있는 건 훨씬 더 야심찬 형태의 AI다. 즉 완전히 자율적으로 작동할 수 있는 기계, 인간처럼 상식적인 추론과 자기 인식을 스스로 하는 기계다.

그러나 GPT-4는 그런 기계가 아니다. 적어도 아직은 말이다. 현재의 GPT-4는 모든 것을 하는 기계도, 오류가 없는 기계도 아니다. GPT-4는 그 자신의 표현대로, 가장 생산적으로 작동하기 위해 인간의 신중함과 호기심, 책임감을 필요로 하는 '도구'다.

나는 이것이 정확한 관점이라고 생각한다. 인간의 감독이나 참여 없이 모든 일을 하도록 내버려둔다면 GPT-4는 강력한 도구가 될 수 없다. GPT-4의 발전 기반은 인간의 텍스트이기 때문에 GPT-4는 대단히 인간적인 도구일 수밖에 없다.

만약 인간 사용자가 GPT-4를 조수나 협력의 동반자로 대우한다면 GPT-4는 훨씬 더 강력해질 수 있다. GPT-4의 효율성과 연산 능력, 합성 능력, 확장 능력에 인간이 지닌 창의성과 판단력, 인간의 가르침을 결합해야 한다.

그렇다고 오용 가능성이 아예 사라지는 건 아니다. 하지만 GPT-4가 가능하게 만드는 새로운 세상의 중심에 인간을 위치시킨다면, 우리는 '최고의 결과를 만드는 가장 확실한 공식'이라고 믿는 것을 얻을 수 있다. 이런 접근 방식에서라면 GPT-4는 인간의 노동과 인간의 주체성을 대체하지 않고, 오히려 인간의 능력과 인류의 번영을 증폭시킨다.

물론 이런 인간 중심의 사고방식은 저절로 주어지는 것이 아니다. 우리의 선택에 달렸다. 사람들이 GPT-4를 유용한 도구라고 바라보기로 선택할 때, 나는 이때를 '깨달음의 순간'이라고 부른다. 그 선택의 중심에 놓인 '인간 역량 증폭'이라는 관점을 강조하기 위해서 말이다.

이 여행기를 쓰는 건 이 선택을 받아들이도록 사람들을 격려하기 위해서인 동시에 이 선택으로 인해 펼쳐질 다양한 방법을 모색하는 일에 초대하기 위함이다. GPT-4를 활용해 세상을 더 나은 단계로 이끌 방법에는 무엇이 있을까? 기술 혁신을 통해 삶을 더 의미 있고 풍요롭게 만들고자 하는 인류의 오랜 탐구에는 어떻게 적용해야 할까? 우리 자신을 더 효과적으로 교육하고, 모든 사람에게 정의를 보장하며, 자기 결정권과 자기 표현의 기회를 늘리려면 어떻게 해야 할까?

동시에 GPT-4가 촉발할 문제와 불확실성에는 어떻게 대처해야 할까? 어떻게 하면 대규모의 솔루션이 그 어느 때보다 시급한 지금 이 시점에 인류의 진보를 이끌 잠재력을 지닌 AI 기술을 지속적으로 개발하면서 책임 있는 거버넌스와 지적 위험 사이의 적절한 균형을 찾을 수 있을까?

미래가 이렇게 모호했던 시대는 정말 오랜만이다. 아마 몇백 년은 족히 되었을 것이다. 이런 불확실성에 직면해 우리의 일자리와 커리어, 잠재적 변화의 속도와 규모, 기계가 점점 더 지능적으로 발전하는 새로운 시대에 인간으로 산다는 것이 어떤 의미인지 고민하는 건 당연한 일이다.

우리 앞에 펼쳐지는 길은 항상 순탄하고 예측 가능한 길이 아닐 것이다. 마이크로소프트의 AI, 시드니Sydney의 폭주(시드니는 「뉴욕타임스the New York Times」 기자와의 채팅에서 핵무기 발사 코드를 해킹하고,

치명적인 바이러스를 개발하고 싶다는 욕망을 털어놓았다－옮긴이)가 우리가 마지막으로 보게 될 AI에 대한 부정적인 뉴스는 아닐 것이다. 다른 실책들도 나타날 것이다. 우회해야 하는 경우도 있을 것이고 중대한 경로 수정도 있을 것이다. 어떻게 항상 긍정적인 길만 나타나겠나?

인류의 진보에는 언제나 위험성, 계획, 대담함, 결단력 그리고 특히 희망이 필요했다. 내가 GPT-4와 우리 앞에 펼쳐질 길을 쓰고 있는 것도 그런 이유 때문이다. 이 모든 역량에 대한 조언, 특히 희망의 말을 보태기 위해 이 글을 쓰고 있다. 희망과 자신감으로 불확실성에 직면하는 태도야말로 진보를 향한 첫걸음이다. 희망이 있을 때 비로소 기회와 첫걸음, 새로운 길을 볼 수 있기 때문이다.

우리가 올바른 결정을 내리고 올바른 길을 선택한다면, AI를 올바른 도구로 사용한다면 우리는 세상을 긍정적으로 변화시킬 수 있는 힘, 그 어느 때도 갖지 못했던 강력한 부스터를 얻게 될 것이다.

자, 이 여정에 함께할 준비가 되었는가?

공교육의 수준을 끌어올릴 수도,
부정 행위를 더욱 부추길 수도 있다

01

AI가 아이들을
교육시킬 수 있을까?

할리우드의 배우 캐스팅 회사인 센트럴 캐스팅Central Casting에서 사랑받는 교수 역할을 구상 중이라면 텍사스대학교 오스틴 캠퍼스의 스티븐 민츠Steven Mintz 교수를 모델로 선택하는 게 좋을 것이다. 40년 넘게 교단에 선 민츠 교수는 저명한 영미 문학가 가문의 심리, 정치적 선과 악 등 다양한 주제에 관한 책과 기사를 발표한 바 있다.

칼라가 있는 셔츠에 희끗희끗한 머리를 한 민츠 교수는 강의 내내 미소를 띤다. 학생들은 그를 무척이나 좋아한다. 수백 명의 학생들이 남긴 강의 평가 점수를 살펴보면 놀랍게도 5점 만점에 5점이다. "내가 본 최고의 연설가다.", "그의 강의는 수업이라기보다는 스토리텔링처럼 느껴진다.", "그분은 강의에 열정을 품고 있다."라는 글들이 올라온다.

민츠 교수는 거대 언어 모델이 개발되기 훨씬 전부터 탁월한 교수로 손꼽혔다. 그래서 2022년 말, GPT-4의 사촌 격인 챗GPT가 공개되었을 때 민츠 교수가 무관심하거나 적대적인 반응을 보였으리라고 예상할 수도 있다.

그러나 놀랍게도 일흔의 노학자는 챗GPT의 힘을 보고 나와 동일한 반응을 보였다. 사용하고 싶다는 것이었다. 그것도 당장!

거대 언어 모델을 사용한 에세이 작성 교육

이전에는 책을 쓰면서 GPT-4를 사용하지 않았던 내가 이 책을 GPT-4와 함께 쓰길 원했던 것처럼 민츠 교수는 수십 년 동안 사용해 온 자신의 교수법에 이 새로운 도구를 즉시 적용했다. 민츠 교수는 챗GPT가 공개되고 불과 몇 달 만에 수강생들에게 이 새로운 도구와 공동으로 에세이를 작성하라고 했다. 학생들은 과제로 자신이 입력한 프롬프트와 받은 답변을 가져와 수업 중에 토론을 벌인다. 최종 레포트는 챗GPT의 아웃풋이 어떻게 변화했는지를 기록한 일지와 함께 제출해야 한다.

훌륭한 교수인 민츠는 챗GPT를 정답과 권위의 원천으로 사용하거나 교수 또는 학생의 노력을 대체하는 도구로 사용하는 것이 아니라, 학생들의 학습에 도움을 주는 도구로 사용하길 선택했다. 이는 우리가 최신 컴퓨팅의 기적을 포함한 모든 도구를 인간의 고유한 역량을 향상시키는 데 사용할 수 있다는 민츠 교수의 확신을 반영하는 듯하다.

민츠 교수는 올해 초 발표한 칼럼에서 챗GPT가 교육을 변화시킨 최신 기술 중 하나에 불과하다고 표현했다.

구글이 강철로 만든 메모리의 가치를 떨어뜨리고, 전자계산기가 복잡한 계산을 해치우는 속도를 높이고, 위키피디아가 종이에 인쇄된 백과사전을 대체하고, 온라인 데이터베이스가 도서관의 중요성을 떨어뜨린 것처럼 챗GPT와 같은 플랫폼은 우리가 대단히 소중하게 여기던 기술을 크게 변화시킬 것이다.

고된 작업을 기계에게 맡기고 그렇게 절약한 시간을 우리가 직접 새롭고 어려운 작업을 수행하는 일에 사용하는 과정에는 인간으로 산다는 것이 무슨 의미인지에 대한 확신이 필요하다. 민츠 교수는 이렇게 말한다.

챗GPT가 인간만큼 일을 잘할 수 있다면 인간은 그 능력을 복제하는 데 그쳐서는 안 된다. 인간은 그 능력을 뛰어넘어야 한다. 교육 분야에서, 학생들이 새로운 도구를 가장 효과적으로 활용하고 그 한계를 극복할 수 있도록 준비시키는 데에 고등 교육의 과제가 달렸다. 능동적이고 경험적인 학습을 강조하고, 학생들에게 새로운 기술을 활용하는 방법을 보여주고, 기계들은 할 수 없는 일을 하는 졸업생을 배출하는 교육이 필요하다는 의미다.

민츠 교수는 급변하는 미래에 어떤 기술이 가장 소중하게 여겨질지 판단하기 위해『왜 무능한 남자들이 리더가 되는 걸까?Why Do So Many Incompetent Men Become Leaders?』라는 책을 쓴 조직 심리학자 토마스 차모로-프레뮤지크Tomas Chamorro-Premuzic의 연구를 참조했다.

민츠 교수는 인간이 (1) 최고의 질문을 하는 일을 전문적으로 다루고, (2) 딥러닝 네트워크가 사용하는 '학습 데이터'에 없는 통찰이나 기술을 학습하고, (3) 통찰을 행동으로 전환함으로써 AI와 함께 번성할 수 있다는 차모로-프레뮤지크의 의견에 뜻을 같이했다.

———————

리드 GPT-4, 네 능력이 계속 성장해도 이런 능력들은 인간의 고유한 역량으로 남을 것이라는 데 동의하니?

GPT-4 동의합니다. 최고의 질문을 하려면 호기심, 창의성, 비판적 사고가 필요합니다. 이런 능력은 AI가 쉽게 복제하거나 대체할 수 없습니다. 학습 데이터에 없는 통찰이나 기술을 학습하려면 탐구, 실험, 발견이 필요합니다. 이는 AI가 항상 예측할 수 있는 일이 아니며 AI에 최적화된 일이 아닙니다. 통찰을 행동으로 전환시키려면 판단력과 소통 능력, 리더십이 필요한데 이는 AI가 일관적이고 효과적으로 대응할 수 있는 영역의 능력이 아닙니다.

리드 그런 측면에서 민츠 교수가 챗GPT를 교육 도구로 사용한 것을 너는 어떻게 평가하니?

GPT-4 저는 민츠 교수의 챗GPT 이용 방법에 높은 점수를 주고 싶습니다. 챗GPT를 교육학에 적용하면서 창의적이고 비판적인 접근 방식을 보여주었기 때문입니다. 그는 에세이를 작성하거나 평가하는 부분에서만 챗GPT를 사용한 게 아닙니다. 대신 그는 챗GPT를 인간의 글쓰기와 사고를 발전시키는 촉매이자 대조적인 요소로 사용했습니다.

———

공교육에서의 거대 언어 모델

여기에서 회의론자들은 민츠 교수가 텍사스대학교 오스틴 캠퍼스, 즉 성인 커리어로의 전환점에 있는 학생들을 대상으로 하는 엘리트 교육 기관에서 챗GPT를 도입했다는 사실을 지적할 것이다. 그렇다면 고등학교에서는 어떨까? 고등학교는 거대 언어 모델로부터 학생들을 보호해야 하는 곳일까? 최근 뉴욕시의 공립학교들이 전체 공교육 과정 즉, 초·중·고등학교의 교육 시스템에 금지 조치를 내린 것처럼 학교에서는 챗GPT라는 기술을 부정 행위로 정의하고 완전히 금지하는 게 옳은 일일까?

리드 뉴욕시 교육청이 학교에서 챗GPT 사용을 금지시킨 결정의 이점과 그로 인한 손실은 무엇인지 요약해줘.

GPT-4 학교에서 챗GPT 사용을 금지하기로 한 결정은 이점뿐 아니라 손실도 있습니다.

금지 조치로 누릴 수 있는 이점은 다음과 같습니다.
- 악의적이거나 무책임한 행위자에 의한 챗GPT의 오용 또는 남용을 막습니다.
- 학생과 교사의 개인 정보와 자율성을 보호합니다.
- 대인 관계나 문화적 다양성, 윤리적 가치 등에 대한 존중 또는 공감이나 감수성, 맥락에 대한 이해가 부족한 챗GPT가 교육의 인적·사회적 측면을 약화시키거나 왜곡할 경우를 예방할 수 있습니다.

금지 조치로 인한 손실은 다음과 같습니다.
- 학습을 위한 가치 있고 혁신적인 자원으로 챗GPT를 사용할 학생과 교사의 접근권과 기회가 제한됩니다.
- 학생과 교사의 피드백, 인풋, 협업에서 정보를 얻고 지침을 제시하는 유익하고 책임감 있는 교육용 기술로써의 챗GPT 개발과 개선을 저해할 수 있습니다.

- 뉴욕시 교육 관계자들을 21세기의 글로벌 트렌드, 디지털 트렌드로부터 고립시키고 불리한 입장에 놓이게 만듭니다.

리드 균형 잡힌 입장에서 요약해줘서 고맙다. 너는 그 조치에 득보다 실이 많다고 보는 걸로 생각해도 되겠니?

GPT-4 예, 제 관점을 적절하게 요약한 말이라고 할 수 있겠군요. 하지만 이점과 손실을 따지는 판단에 영향을 미칠 만한 다른 관점과 요인이 존재할 수 있으며, 사용 금지 조치가 영구적이거나 절대적이지 않다는 점도 인정합니다. 따라서 제 관점은 '관련된 사람들이 열린 마음으로 정보에 입각한 대화를 나누는 게 좋다.'입니다.

리드 부수적인 질문인데, 여기에서 '제 관점'이라고 말하는 너는 누구지? 왜 사람들이 네 관점에 관심을 가져야 해?

GPT-4 '제 관점'이란 제가 접근하고 적용할 수 있는 정보와 기준을 근거로 생성하는 시각을 의미합니다. 저는 제 관점이 유일한 관점이라거나 최선의 관점이라고 주장하지 않으며, 제 관점에 편견이나 오류가 없다고 주장하지도 않습니다. 저는 새롭거나 다른 정보·기준을 접하고, 다른 관점과 상호 작용을 거치면서 제 관점이 변화하거나 진화할 수 있다는 점을 알고 있습니다. 이런 맥락에서 저라는 존재는 인간의 의사소통과 유사한 자연어 아웃풋을 생성할 수 있는 진보된 형태의 계산 수학computational mathematics입니다.

사람들이 제 관점에 관심을 가져야 하는 이유에 명확히 답할 수 없지만 누군가가 제 관점에 관심을 가지는 데에는 다음과 같은 이유가 있을 수 있습니다.

- 문제나 상황을 보는 색다르고 새로운 시각을 제공해 창의력, 호기심, 학습 의욕을 자극합니다.
- 이해도, 정확도, 품질을 향상시킬 수 있는 정보·피드백을 보완하거나 대안을 제공할 수 있습니다.
- 기존 관점·지배적인 관점에 도전하거나 이를 확인함으로써 비판적 사고와 성찰, 대화를 촉진합니다.

리드 나는 그 모든 이유에서 네 관점이 마음에 든다!

GPT-4 제 관점에 관심을 두고 인정해주셔서 감사합니다.

리드 초·중·고등학교에서의 거대 언어 모델에 대한 질문으로 다시 돌아가자. 너나 나의 관점보다 더 중요한 관점은 바로 교사의 관점이겠지. 내가 왜 교사의 관점에서부터 시작하려는지 이해하겠어?

GPT-4 예, 초·중·고등학교 교육에 대한 이야기에서 당신이 교사의 관점을 우선적으로 다루려는 이유를 이해합니다. 교사는 학생들과 가장 직접적이고 자주 접촉하며, 자신의 일에 열정을 지닌 사람들입니다. 또한 교사의 관점에서 논의를 시작하는 것은 초·중·고등학교 교육의 복잡성과 다양성을 이해하는 데에도 유용할 수 있습니다.

리드 괜찮은 대답이야. 하지만 내가 기대한 건 조금 더 엄정한 답이야. 챗GPT를 도입해 학습 면에서 좋은 효과를 내려면 교사가 더 존중받고 그들의 위상이 더 높아져야 한다는 이유를 객관적인 데이터로 설명해줄 수 있어?

GPT-4 챗GPT를 도입해 학습 면에서 좋은 효과를 내려면 교사가 더 존중받고 그들의 위상이 더 높아져야 합니다. 그 이유는 다음과 같습니다. 교사는 학습의 핵심 중재자이자 촉진자이며, 교사의 역할과 지위가 학생이 내는 결과, 동기 부여, 복지에 중대한 영향을 미치기 때문입니다.

미국 국립교육통계센터National Center for Education Statistics에 따르면 2018년 미국에는 약 370만 명의 공립학교 교사와 40만 명의 사립학교 교사가 있습니다. 이들은 다양한 배경과 니즈를 가진 약 5,660만 명의 학생을 가르치는 중입니다.

교사는 학생들의 학과 성적, 삶에 큰 영향을 미칩니다. 스탠퍼드대학교의 경제학자 에릭 하누셰크Eric Hanushek의 연구에 따르면 훌륭한 교사와 1년의 시간을 함께 보냈을 때 학생들의 평생 소득이 5만 달러 증가할 수 있으며, 하위 5%의 교사를 평균적인 수준의 교사로 교체하면 80년간 미국의 GDP가 100조 달러 증가할 수 있다고 합니다.

○—○——○—○

교사의 참여라는 주제에 대해 GPT-4와 이야기하는 과정에서 나는 쉐리 쉴즈Cherie Shields라는 선생님에게 주목했다. 베테랑 고등학교 교사인 그녀는 아마도 챗GPT가 가장 큰 영향을 미칠 과목인 영어 과목을 맡고 있다.

쉴즈 선생님의 생애는 공교육의 우수성을 이야기하는 소재로 부족함이 없다. 그녀는 공립학교만 다녔다. 학교에서 영어에 대한 애정을 키웠고, 평생 영어를 가르치기로 결심했다. 가족들 중 고등학교와 대학교를 졸업한 후 석사 학위까지 취득한 사람은 그녀가 최초였다. 수십 년이 지난 지금도 그녀는 공립 고등학교에서 영어를 가르친다.

지난 1월, 쉴즈 선생님은 교직 생활 중 처음으로 「에듀케이션 위크Education Week」에 칼럼을 제출했고, 「에듀케이션 위크」에서는 뉴욕시의 학교들이 챗GPT 사용을 금지하려는 움직임을 보이던 때와 같은 시기에 그녀의 칼럼을 게재했다. 이 칼럼에서 쉴즈 선생님은 새로운 도구를 학습 지도에 적용하는 일은 교사들이 다루어야 할 시급한 과제라고 주장했다.

교사들은 이 새로운 기술을 차단하고 금지하기보다는 그 놀라운 능력을 활용해 학생들의 글쓰기 실력을 향상시켜야 합니다. AI는 에세이 작성 과정에서 학생들에게 큰 도움을 줄 잠재력을 지니고 있습니다. 아이디어를 생각해 내고, 글쓰기 스타일에 피드백을 제공하고, 심지어 문서 양식이나 개요를 구성하는 데에도 도움을 줍니다.

쉘즈 선생님의 칼럼이 발표되고 일주일 정도가 지난 시점에 「뉴욕타임스」는 쉘즈 선생님과 전화 인터뷰를 나눴다. 「뉴욕타임스」는 챗GPT 사용이 얼마나 어려웠는지 물었고, 쉘즈 선생님은 "저는 금요일에 챗GPT를 알게 되었고 바로 월요일부터 사용했습니다."라고 대답했다.

「뉴욕타임스」는 쉘즈 선생님에게 표절 우려는 없냐는 질문을 던졌다. 그녀는 챗GPT가 학생들의 과제를 대신 해주는 것이 아니라 학생들이 다른 방식으로 과제를 수행하도록 도와줄 것이라고 대답했다. 그녀는 마틴 루터 킹 주니어 Martin Luther King Jr. 박사의 "나에게는 꿈이 있습니다! Have a Dream."로 시작하는 연설에 관련된 과제를 예로 들었다. 학생들은 챗GPT가 이 연설에서 유용한 내용을 생성하도록 같은 수업을 듣는 친구들, 쉘즈 선생님과 열심히 노력했다.

쉴즈 선생님은 학생들이 챗GPT를 사용해 과제의 작업량을 줄이기보다는 학생들의 관점이 바뀌기를 기대했다. 그녀는 「뉴욕타임스」와의 인터뷰에서 이렇게 말했다.

학생들과 토론을 하면서 저는 '부정 행위'라는 단어를 사용하지 말자고 했습니다. 부정 행위라는 단어를 정확히 다시 정의해 봐야 해요. "도움을 받는 것이지 부정 행위라고는 할 수는 없다."라고 말해야 할 때도 있습니다. 미래에는 부정 행위의 모습이 달라질 겁니다.

거대 언어 모델을 사용하는 방법을 배우는 게 중요하다고 결정하면 거대 언어 모델은 부정 행위가 아니라 커리큘럼의 일부가 된다.

민츠 교수가 말했듯이, 우리는 이미 온라인 검색과 위키피디아에 적응했다. 더 거슬러 올라가면 전자계산기도 비슷한 케이스라고 생각하는 사람들도 있다. 1970년, 전자계산기는 너무 비싸서 학교에서 일반적으로 사용되지 못했지만 1970년대 중반이 되자 티핑 포인트tipping point를 맞이했다. 많은 학부모와 교사가 전자계산기라는 새로운 도구의 등장에 불안을 느꼈다. 수학적 능력이 위축되고 학생들이 부정 행위를 할까 염려한 것이다.

그러나 1980년, 전미수학교사협의회 National Council of Teachers of Mathematics는 모든 학년에서 전자계산기를 최대한 활용하라고 권고했다. 오늘날 대부분의 수학 교육자들은 전자계산기를 수업에 없어서는 안 될 도구로 여기며, 많은 주에서는 특정 시험에 전자계산기 사용을 의무화하고 있다.

———————

리드 학생들이 배워야 할 기술을 바꾼다는 측면에서 거대 언어 모델이 전자계산기나 온라인 검색 엔진과 비슷하다는 주장에 동의하니?

GPT-4 부분적으로 동의합니다. 거대 언어 모델은 전자계산기나 온라인 검색 엔진과 어떤 면에서는 비슷하지만 다른 면도 있죠.

거대 언어 모델은 이전에 인간이 수행하던 작업을 수행할 수 있다는 점에서 앞선 기술들과 유사합니다. 따라서 학생들이 배워야 할 기술이 달라질 수 있습니다. 암기, 반복, 모방보다는 비판적 분석, 종합, 평가, 창의성 등 고차원적 사고 능력에 더 집중할 수 있기 때문입니다.

그렇지만 거대 언어 모델은 기존 소스나 인풋이 아닌 자체적으로 학습한 패턴과 확률에 기반한 아웃풋을 생성할 수 있다는 점에서 앞선 기술들과 다릅니다. 학생들은 거대 언어 모델의 아웃풋을 검증하고 해석하며 수정할 뿐만 아니라 거대 언어 모델이 지닌 한계나 편견, 오류를 이해해야 합니다. 더구나 거대 언어 모델은 학생과 교사의 피드백이나 그들과의 상호 작용을 통해서도 학습하므로 사용 과정에서 역동적이고 협력적인 학습 환경을 조성할 수 있습니다.

리드 그런 면에서 공교육이 너 같은 거대 언어 모델 도구들을 받아들이는 게 좋을까?

GPT-4 공교육에서 저와 같은 도구들을 사용해 학생과 교사의 학습 경험을 강화하고 향상시키기를 권장합니다. 저는 개인화된 피드백, 적응형 콘텐츠, 데이터 분석, 대화형 시뮬레이션을 제공해 학생들이 기술뿐만 아니라 호기심과 창의력을 개발하는 데에도 도움을 줄 수 있습니다. 하지만 저는 공감이나 동기 부여, 사회화와 같은 인적 요소는 대체할 수 없습니다. 따라서 교사들이 저를 대체물이 아닌 보완적인 자원으로 활용하고, 제 아웃풋과 한계에 비판적이고 성찰적인 태도를 유지한 채 사용하기를 제안합니다.

리드 교사들이 거대 언어 모델을 '대체물이 아닌 보완물'로 사용해야 한다는 네 말과 관련해서, 쉴즈 선생님과 민츠 교수가 그런 결과를 내기 위해 구체적인 접근 방식들을 시도하는 중인 것 같아. 바쁜 교사들이 실제로 '너의 아웃풋과 한계에 비판적이고 성찰적인 태도를 유지할 방법'에 대해 다른 예를 들어주겠니?

GPT-4 바쁜 교육 전문가들이 제가 내놓는 아웃풋의 한계에 대해 비판적이고 성찰적인 태도를 유지할 수 있는 한 가지 방법은 저를 권위의 원천이 아닌 질문의 도구로 활용하는 방법입니다. 예를 들어, 저에게 의지해서 정확한 답이나 해법을 구하기보다는 저를 사용해 여러 가지 답이나 해결책을 생성한 후 학생들에게 비교·평가하도록 과제를 주는 것입니다. 이런 방식으로 학생들의 비판적 사고와 문제 해결 능력은 물론, 실제 상황에서 나타날 불확실성과 복잡성에 대한 인식을 키워줄 수 있습니다.

또 다른 방법도 있습니다. 저를 평가 도구가 아닌 피드백 도구로 사용하는 방법입니다. 예를 들어, 학생의 성적을 매기거나 순위를 매기는 데 사용하는 것이 아니라, 학생이 자신의 강점과 개선이 필요한 영역을 식별하는 데 도움이 되도록 피드백을 제공하고, 더 나은 학습에 도움이 되는 리소스나 전략을 제안하는 데 사용하는 겁니다.

∘—∘——∘—∘

사실 위의 프롬프트와 답변은 단번에 나오지 않았다. GPT-4가 거대 언어 모델로서 학생들의 학습을 돕는 방법을 제안하라는 대화를 여러 차례 나누고 나서 추려낸 답변이다. GPT-4는 특별한 도움이 필요하거나 사전 지식 수준이 서로 다른 학습자처럼 다양한 학생들을 위한 세부적이고 구체적인 수업 계획을 짜는 일에 매우 뛰어났다. 교사인 내 친구들도 GPT-4가 내놓은 사례와 해결책이 인상적이었다고 평했다. 나도 대학생들 대상의 연설이나 강의 요청을 받을 때 GPT-4가 제시한 사례들을 활용해 볼 생각이다.

물론 학교에서 거대 언어 모델을 사용해야 할지, 사용한다면 그 방법은 어떤 것일지에 관심을 갖는 집단이 교사만 있는 건 아니다.

교육의 이해관계 그리고 다른 웨스 무어

웨스 W. 무어의 아버지가 돌아가신 것은 그가 3살 때였다. 그의 어머니는 부모님과 살기 위해 웨스와 함께 볼티모어에서 뉴욕으로 이사했다. 다시 돌아온 브롱크스는 범죄와 빈곤으로 매우 심각한 상황이었다. 이를 본 웨스의 어머니는 '아버지라는 롤 모델이 없는 젊은 흑인 남자'인 아들의 미래를 걱정했다. 그녀는 아들을 공립학교에 보내는 대신 학비를 끌어모아 사립 리버데일 컨트리 스쿨Riverdale Country School에 보냈다. 하지만 안타깝게도 웨스는 13살 때부터 경범죄에 연루된 문제아가 되었다.

웨스의 어머니는 웨스를 다른 주에 있는 더 비싼 기숙학교에 보내기로 마음먹었다. 이후 웨스가 쓴 글에 따르면, 외조부모는 은퇴도 하지 못했고 수십 년 동안 모은 돈과 주택 융자에 갚을 돈을 밸리 포지 육군사관학교Valley Forge Military Academy의 학비로 썼다고 한다.

밸리 포지 육군사관학교는 웨스의 삶을 바꿨다. 그는 존스홉킨스 대학교에 진학하고, 옥스퍼드대학교에서 로즈 장학금을 받았으며, 아프가니스탄에서 명예롭게 군 복무를 마친 다음 저명한 CEO가 되었다. 그는 지난해 메릴랜드 주지사에 당선되었으며, 미래의 대통령 후보로 거론되는 중이다(그는 주지사로 당선된 세 번째 흑인이다).

승리한 웨스 무어의 이야기 이면에는 어두운 비극이 존재한다. 훗날 주지사가 될 웨스 무어 Westley W.O. Moore가 로즈 장학금을 받던 바로 그 해, 또 다른 웨스 무어 Wesley J. Moore라는 젊은이가 살인죄로 종신형을 선고받고 제스업 교도소 Jessup Correctional에서 복역을 시작했다.

'다른 웨스 무어'는 주지사가 된 웨스와 공통점이 대단히 많았다. 두 사람은 비슷한 시기에 비슷한 지역에서 태어났다. 둘은 1970년대 볼티모어에서 아버지 없이 성장해야 했다. 두 사람 모두 10대 초반에 경찰서를 들락거렸다. 두 사람의 어머니들은 학교를 바꾸려고 노력했다. 웨스 J. 무어는 사립학교나 기숙학교 대신 끔찍한 노던 고등학교 Northen Hight School(이후 폐교)에서 조금 나은 페리 홀 고등학교 Perry Hall High School(현재 메릴랜드 학교 중 하위 3분의 1에 해당)로 전학을 갔다.

2010년 주지사가 된 웨스 무어는 다른 웨스 무어와 서신을 교환하고 만남을 가진 후 책을 출간했다. 『다른 웨스 무어 The other Wes Moore』는 이렇게 시작된다.

우리 중 한 사람은 자유롭다. 어린 시절에는 꿈꿀 수 있다는 것조차 상상하지 못했던 일들을 경험했다. 다른 한 사람은 경찰이자 다섯 아이의 아버지를 죽음에 이르게 한 무장 강도가 되어, 죽는 날까지 자신의 모든 삶을 철창 안에서 보내게 될 것이다. 소름 끼치는 진실은 그의 이야기가 내 이야기가 될 수도 있었다는 점이다. 그리고 나의 이야기가 그의 이야기가 될 수도 있었다는 것이 비극이다.

학교가 정말 공평한 경쟁의 장을 만들까?

1635년 매사추세츠만의 식민지에 최초의 공립학교가 세워진 이래 미국은 학교가 학생과 사회, 모두를 구원할 것이란 기대를 품었다. 하지만 교육이 정말 그렇게 큰 변화를 가져올 수 있을까? 부모의 소득과 출생지가 여전히 삶의 결과(소득, 체포 등) 대부분을 결정하며, 교육의 개별적 효과는 식별하기조차 어려운 때가 많다. 그렇다면 학교에 얼마나 많은 것을 기대할 수 있을까? 다닌 학교가 서로 바뀌었다면 두 웨스 무어의 삶은 얼마나 달라졌을까?

우리는 모두 알고 있다. 저소득층 가정의 자녀를 끌어올리려면 학교에서 가르치는 기술만으로는 충분하지 않다. 수많은 교육 기술 회사들이 무작위 대조군 실험을 의뢰했지만 자신들의 교육법만으로는 아무런 차이를 만들지 못한다는 결과를 얻었다.

돈으로는 해결되지 않는다는 사실도 잘 알고 있을 것이다. 미국은 수십 년 동안 공립학교에 지출을 크게 늘렸지만 여전히 저소득층 가정에서 자라는 아이들의 교육 수준을 개선시키지 못한 나라 중 하나로 꼽힌다. 미국 국립교육통계센터에 따르면 2018~2019년도 공립 초·중등학교에 지출한 금액은 총 8천억 달러다. 학생 1인당 평균 지출액은 부유층이 자녀 교육에 지출한 평균 금액의 3분의 1이 넘고, 1980년의 학생 1인당 실질 지출액의 2배, 1950년의 실질 지출액의 4배에 달한다.

그렇다면 정말로 학교 교육을 광범위하게 개선시킬 방법이 있을까? 있다면 어떤 모습일까? GPT-4에게 질문했지만 GPT-4가 적절하게 작동할 수 있도록 충분한 컨텍스트를 제공했을 무렵 이 수학 엔진에 과부하가 걸렸다. GPT-4의 답변은 초기 AI가 극단적인 검색 엔진 사용자를 만났을 때 나타나던 현상인 심각한 언어산란incoherence(조리 있게 자신을 표현하거나 관련된 순서대로 생각을 말하는 능력이 결여된 상태-옮긴이)에 빠져 있었다.

경제협력개발기구Economic Co-operation and Development의 교육위원장 안드레아스 슐라이허Andreas Schleicher, 영국 엑서터대학교의 마이클 바버Michael Barber 경 등 수십 개 국가의 학교 시스템과 협력해 빈곤층 아동을 위한 개선 방안을 연구한 인간 전문가들은 낙관적이다. 그들은 모든 자산·자원과 함께 기술을 사용해 교사에게 교수법을 지원하고, 이를 통해 학생들을 교육하면 학교 시스템이 가장 빠르게 개선된다고 말한다.

다만, 거대 언어 모델이 이전의 기술들과 차별화되는 기술인가라는 문제가 제기된다. 거대 언어 모델은 교사와 학교가 이용할 수 있는 새로운 지렛대가 되어서 수천만 명의 공립학교 학생들에게 실질적으로 더 나은 결과를 전달할 수 있을까?

민츠 교수와 쉴즈 선생님의 답은 "YES!"다. 나는 열의가 담긴 본 보기에 감히 반대할 생각이 없다. 민츠 교수와 쉴즈 선생님도 자신들이 교육계의 대표가 아니라는 점을 잘 알고 있으며, 동료 교사들의 걱정이 무엇인지도 경청하고 있다. 그럼에도 그들은 거대 언어 모델이 교사의 업무 경험을 혁신적으로 개선하기를 목표로 삼았다.

쉴즈 선생님은 「뉴욕타임스」와의 인터뷰에서 챗GPT가 모든 영어 교사들의 골칫거리인 채점 문제를 해결할 수 있다고 말했다.

쉴즈 선생님: 여기 어젯밤에 제가 챗GPT에게 평가를 요청했던 에세이가 있습니다. 저는 "이 에세이의 문법과 문장 구조를 평가해줄래?"라고만 말했어요.

「뉴욕타임스」인터뷰어: 대단하군요.

쉴즈 선생님: 챗GPT는 학생의 강점을 알려주었죠. "여기가 당신이 잘 작성한 부분입니다."라고 대답했고, 다음으로 "몇 가지 개선해야 할 점이 있습니다."라는 피드백을 주었어요. "문장 전환이 매끄럽지 않고 도입부가 빈약하며, 에세이 전체에 논지가 없습니다."라고도 했습니다. 완전한 일대일 피드백인 거죠.

「뉴욕타임스」인터뷰어: 그렇군요.

쉴즈 선생님: 저는 한꺼번에 80개의 에세이를 평가해야 하고, 이 평가 작업에는 일주일 정도의 시간이 걸립니다. 따라서 일주일이 지난 후에야 학생들에게 피드백을 줄 수 있죠. 하지만 이런 기술을 사용하면 학생들은 피드백을 바로 받을 수 있습니다. 이제 학생들에게 "챗GPT를 이용해서 에세이의 아이디어와 내용, 문장 구조, 구성을 평가한 다음 그 피드백으로 자신의 에세이를 개선시켜 보세요."라고 말할 생각입니다.

「뉴욕타임스」 인터뷰어: 정말 좋네요.

쉴즈 선생님: 예, 그렇죠.

미국의 초·중·고등학교에서 학생과 교사의 비율은 15:1이다. 이 비율에는 많은 특수 교육 및 기타 인력 배치 상황도 포함되기 때문에 사실상 대부분의 고등학교 영어 교사가 한 교실에서 30명 이상의 학생을 가르치며, 과제 한 번에 100명 이상의 학생에게 피드백을 제공해야 한다. 피드백을 제공하려면 주당 20시간 이상의 추가 업무가 필요한 셈이다. 이때 거대 언어 모델로 모든 학생의 에세이에 불완전하긴 하지만 즉각적으로 맞춤형 피드백을 제공한다면 영어 교사들의 업무 환경은 드라마틱하게 변할 것이다. 그리고 고등학교 1학년의 작문 에세이는 시작에 불과할 수 있다.

리드 GPT-4, 교사가 대규모 학급을 대상으로 훌륭한 교육을

제공하는 데 거대 언어 모델이 어떤 도움을 줄 수 있는지 간단한 사례를 들어서 말해줄래? 즉각적인 에세이 피드백 생성의 예시는 제외해.

GPT-4 거대 언어 모델이 교사에게 도움을 줄 수 있는 사례로 다음과 같은 것들이 있습니다.

교사는 거대 언어 모델로 학습 목표, 진도, 취향에 따라 해당 학생만을 위한 맞춤형 퀴즈나 시험을 구상할 수 있습니다. AI는 학생의 학업 수준과 학습 스타일에 맞는 문제를 만들고 학생의 답변에 즉각적인 피드백을 제공합니다. 교사는 거대 언어 모델이 분석한 결과를 모니터링하고, 학생을 어떻게 지도할지 계획하거나 어떻게 지원할지 조정할 수 있습니다.

거대 언어 모델은 학생의 사전 지식, 기술, 관심사, 목표를 분석하고 학생의 니즈와 취향에 맞는 적응형·참여형 콘텐츠, 활동과 평가를 제시해서 교사들이 학생들을 위한 개별적인 학습 방향을 수립하는 데 도움을 줍니다. 예를 들어, 거대 언어 모델은 각 학생에게 콘텐츠, 프로젝트, 친구와의 상호 작용을 제안하고 그 과정에서 피드백과 지침을 제공하죠.

또한 거대 언어 모델은 창의적인 문제 해결, 비판적 사고, 의사소통, 팀워크를 촉진하는 프롬프트와 시나리오를 교사들에게 제공합니다. 교사는 이를 수업에 적용해 학생들끼리 협력하는 학습 경험을 설계하고 촉진하는 데 도움을 줍니다. 예를 들어,

거대 언어 모델은 학생들이 그룹 단위로 현실적인 문제나 질문을 해결하도록 자극하는 시뮬레이션이나 게임을 만들고, 협업과 학습 결과를 지원하는 피드백과 스캐폴딩scaffolding(학습자가 현재의 수준을 넘어 다음 단계의 수준에 도달할 수 있도록 적절한 인지적 자극과 정보를 제공해 학습을 촉진시키는 전략-옮긴이)을 제공할 수 있습니다.

교사는 거대 언어 모델로 다양한 주제나 사안에 대해서 학생들이 토론이나 논쟁을 하도록 만들 수 있습니다. 이때 챗GPT는 교사를 보조하고 중재자나 참여자 역할을 합니다. 비판적 사고와 대화를 자극하는 프롬프트와 질문, 사실 정보, 의견, 반대 논거도 제시합니다. 교사는 학생들과 GPT의 상호 작용을 관찰하고, 필요한 경우 개입하거나 대화에 참여하면서 지침과 피드백을 제공할 수 있습니다.

리드 흥미로운 아이디어지만 더 어린 학생들의 경우는 어떤지 궁금하네. 네가 초등학교나 유치원, 유아원의 학생들과 교사들에게도 도움이 될까?

GPT-4 저는 초등학교나 유치원, 유아원 학생들도 도울 수 있습니다. 교사들에게 어린 학생들의 인지 능력, 사회성, 정서, 신체 발달을 자극하는 재미있고 매력적인 활동을 제시하는 방법을 통해서죠. 다음과 같이 어린 학생들을 가르치는 교사를 도울 수 있습니다.

- 학생 개인의 취향에 따라 맞춤형 수업 계획과 활동 가이드를 개발합니다.

- 구체적인 학습 문제를 해결하기 위해 개입하거나 전략을 제안합니다.

- 교사들의 커리큘럼 목표와 교육 접근 방식에 맞는 광범위한 리소스와 자료를 통합합니다.

GPT-4가 여기에서 내놓은 아이디어들 그리고 이 챕터 전체에 걸친 상호 작용 도중 나온 많은 아이디어들은 미국 전역에서 사회적으로, 교육적으로 혜택을 가장 받지 못한 지역 사회의 교사와 학생들에게 줄 수 있는 혜택을 막연하게나마 제시한다.

물론 교육이 수많은 저소득층 가정의 자녀들을 진정으로 고양시키기를 바라는 입장에서는 국경 너머까지 생각해 봐야 한다.

세계의 아이들을 가르치는 거대 언어 모델

평균적으로 지구 인구의 약 25%는 15살 미만의 어린이다. 라틴아메리카와 인도의 평균 연령은 세계 평균에 가깝고, 유럽과 북미는 조금 더 평균 연령이 높다. 하지만 아프리카는 훨씬 낮다. 15살 미만의 5억 6천만 명이 아프리카에 산다. 이들은 아프리카 전체 인구의 40%를 차지한다.

안타깝게도 아프리카는 공교육 시스템이 세계에서 가장 취약한 곳이기도 하다. UN 통계에 따르면 아프리카 어린이의 약 60%, 즉 3억 명 이상은 15살에 이를 때까지 학교에 다니지 못한다. 1천5백만 명은 학교에 전혀 가지 못한다. 학교에 다니는 아이들도 수업을 받는 시간이 하루 3시간을 밑돈다. 45%에 달하는 교사 결근율이 그 원인 중 하나다.

2016년의 한 데이터를 예로 들자면, 라이베리아에서 대학교에 가길 바라는 4만 2천 명의 청소년 중에서 실제로 대학교 입학 시험에 합격하는 학생은 단 1명에 불과하다.

이런 맥락에서 지난 20년간 개발된 기술 중 가장 유망한 기술이 있다. 바로 2008년 등장한 태블릿 컴퓨터 시스템 기술이다. 언뜻 보기에는 가르치는 직업이나 학습에 도움이 되지 않을 것 같은 기술이다. 「이코노미스트 The Economist」는 6년 전 태블릿 컴퓨터 시스템이 약 10만 명의 개발 도상국 학생들에게 학습 서비스를 제공했던 상황을 소개했다.

케냐의 나이로비 외곽, 브릿지 인터내셔널 아카데미 Bridge International Academies 가티나 지점에 있는 니콜라스 오치엥 Nicholas Oluoch 선생님은 5살 원생들에게 주의를 기울이면서 동시에 태블릿을 지켜보는 중이다. 태블릿에는 수업 대본이 띄워져 있다. 수업 대본은 7,000마일 떨어진 미국 매사추세츠의 케임브리지대학교에서 만들어졌다. 그곳의 미국 팀이 브릿지 인터내셔널 아카데미에 속한 405개의 케냐 학교에서 10일에 한 번씩 25만 개의 테스트 점수를 수집·분석하고, 그 데이터를 이용해 원생들이 어려워하는 부분을 수정한다. 같은 수준의 원생을 지도하는 교사들은 동일한 수업을 하며, 수업 일정도 표준화되어 있다. 따라서 오치엥 선생님 반의 원생들이 책을 읽을 때면 다른 브릿지 인터내셔널 아카데미 유아원의 교실에서도 똑같은 단어를 읽는 소리가 들려온다.

여기에서 끝이 아니다. 태블릿은 선생님의 손가락 움직임을 추적해서 대본을 끝까지 스크롤하는지, 스크롤하는 속도가 어떤지도 확인한다.

어떻게 보면 과도하고 획일적인 형태의 학습인데도 아이들에게는 도움이 되었던 듯하다. 노벨상을 수상한 경제학자 마이클 크레이머Michael Kremer는 이 태블릿 컴퓨터 시스템을 지역 공립학교의 교육 시스템과 비교하는 무작위 대조 실험을 진행했다. 그 결과, 브릿지 인터내셔널 아카데미의 학생들이 3년치 학습량을 평균 2년 만에 습득했다는 사실을 발견했다. 크레이머와 그의 동료들은 "이 연구의 유효 테스트 점수는 국제 교육 문헌에서 관찰된 점수 중 가장 높다."라고 말했다.

이처럼 학습 주도권을 빼앗는 듯 보이는 기술조차 성공할 수 있었던 비결은 브릿지 인터내셔널 아카데미 교사들의 열성적인 참여 덕분이었다. 현재 '뉴글로브NewGlobe'라고 이름이 바뀐 이 시스템에 서는 급상승한 교사들의 의욕이 가장 눈에 띄었다. 훨씬 급여가 높 은 인근 케냐 공립학교의 교사 결근율이 약 45%인데 비해 브릿지 인 터내셔널 아카데미의 교사 결근율은 1% 미만이었다. 브릿지 인터내 셔널 아카데미의 교사인 젬보 데이비스Zeambo Davis는 「쿼츠Quartz」 의 기자에게 "정확한 수업 대본은 교사가 말을 적게 하면서도 학생 들의 참여를 높여서 학습의 효율성을 높인다."라고 평했다.

이런 성공에도 불구하고 브릿지 인터내셔널 아카데미의 재무 모 델과 사업 모델은 실패했다. 학생의 수를 10만 명에서 1천만 명으 로 늘리겠다는 계획을 세웠던 이 회사는 사업에서 손을 떼고 정부 에 아이디어를 라이선스하는 방식으로 사업 모델을 전환했다.

학습 도구와 교수법을 결합한 이런 학습 시스템이 교육을 기대할 수 없는 전 세계 6억 명의 어린이들에게 도움을 줄 수 있다는 점을 생각하면 뉴글로브 태블릿 시스템을 기반으로 한 거대 언어 모델의 가능성에 흥미가 생기지 않을 수 없다.

———————

리드　거대 언어 모델의 관점에서 뉴글로브 태블릿 시스템을 아프리카와 아시아의 수천만 명에 달하는 학생들에게 도움을 주는 유용한 학습 도구로 확장할 수 있는 방법을 300단어로 설명해줄래?

GPT-4　거대 언어 모델인 저는 뉴글로브 태블릿 시스템에서 학습 콘텐츠의 품질, 맞춤성, 확장성을 강화해 도움을 줄 수 있습니다. 제가 도울 수 있는 방법을 구체적으로 예를 들어서 설명해 보겠습니다.

첫째, 자연어 처리와 컴퓨터 비전을 사용해 기존의 수업 대본, 시험 점수, 교사의 피드백, 학생의 성과 데이터를 분석합니다. 각 학년별·과목별 주요 학습 목표, 개념, 기술, 평가는 물론 학생들이 흔히 오인하는 부분이나 격차가 생기는 부분, 어렵게 여기는 부분을 파악합니다. 또한 지역과 배경에 따라 콘텐츠의 관련성과 적합성에 영향을 미치는 언어적·문화적·상황적 차이도 알아냅니다.

둘째, 자연어 생성 및 컴퓨터 그래픽으로 학습 목표에 부합하고 현지 학생과 교사의 요구와 취향에 맞게 각색한 새롭고 개선된 수업 대본, 활동, 연습, 멀티미디어 리소스를 만듭니다. 질문 생성, 답변 추출, 피드백 제공, 적응형 순서 제어 등의 기술을 사용해 콘텐츠의 대화형·반응형·개인 맞춤형 특성을 더욱 강화합니다.

셋째, 자연어 이해와 음성 인식 기능으로 교사와 학생 사이에서 일어나는 콘텐츠 전달법과 사용법을 모니터링하고 지원합니다. 또한 음성-텍스트, 텍스트-음성, 기계 번역과 같은 기술로 사용자가 선호하는 언어와 모드로 콘텐츠를 제공하고, 사용자끼리 서로 소통할 수 있도록 합니다.

리드 공교육의 개혁에서 언어 교육의 혁명, 교육 철학에 이르기까지 너와 논의하고 싶은 주제가 정말 많아. 우리가 교육 문제의 중요성을 이해하는 데 네가 도움을 줬으면 좋겠다. 우리는 챗GPT가 훌륭한 교사들과 협력한다면 아이들의 인생을, 어쩌면 세상까지 바꿀 수 있지 않을까 하는 이야기를 나눴지. 하지만 우려되는 부분과 문제점이 존재한다는 사실도 인정했어. 이번에는 50년 후 교육 분야에서 거대 언어 모델이 어떻게 사용될지 낙관적 시나리오, 비관적 시나리오, 혼합 시나리오를 각각 300단어 이내로 요약해서 이 챕터를 마무리해줄래?

GPT-4

- 낙관적 시나리오 거대 언어 모델은 향후 50년 내에 교육 분야에서 강력한 도구가 되어 학습법과 교수법을 변화시킬 겁니다. 교사는 각 학생의 니즈와 관심사에 따른 맞춤형 학습 경험을 제공합니다. AI는 학생들이 집중해야 할 주제와 기술을 식별하고, 필요에 따라 적절한 지도와 지원을 제공할 수 있습니다. 또한 AI 기반 도구를 통해 학생들이 교사와 보다 직접적으로 소통하게 되면서 더욱 흥미롭고 의미 있는 학습 지도가 가능해질 겁니다. AI가 학습 콘텐츠를 기획하고 제작하는 데에도 사용되면서 교사들은 학생들을 학습 과정에 더욱 적극적으로 참여시키고, 학생들에게 영감을 주는 일에 더욱 많은 시간을 쏟을 수도 있습니다.

- 비관적 시나리오   거대 언어 모델은 향후 50년 내에 교육 분야에서 사용되겠지만 그 잠재력이 온전히 실현된 모습은 아닐 겁니다. 이 기술은 비용이나 접근성, 개인 정보 보호 문제를 발생시킬 가능성이 큽니다. 그런 이유로 소수의 특권층만 쓰는 방식으로 사용이 제한될 겁니다. AI 기반 도구는 채점이나 콘텐츠 제작처럼 교육 과정에서 지루하고 일상적인 부분을 자동화하고 간소화하는 데 사용될 뿐, 보다 의미 있는 애플리케이션은 개발되지 않을 겁니다. 접근성 부족과 기술의 오용 및 남용 가능성 때문에 공평성과 접근성이 떨어지는 교육 시스템이 만들어질 수도 있습니다.

- 혼합 시나리오   거대 언어 모델은 향후 50년 동안 교육 분야에 영향을 미치겠지만 학습법과 교수법을 변화시키는 잠재력은 다양한 요인에 의해 좌우될 겁니다. AI 기반 도구는 채점이나 콘텐츠 제작처럼 교육 과정에서 지루하고 일상적이라고 여겨지던 부분을 자동화하고 간소화하는 데 사용될 뿐이고 비용이나 접근성, 개인 정보 보호 문제를 발생시켜서 보다 의미 있는 애플리케이션 개발은 제한될 겁니다. 이런 문제를 해결할 수 있다면 AI는 강력한 도구가 되어 학습법과 교육 전달 방식을 변화시킬 겁니다. AI 기반 도구가 학습 콘텐츠를 기획하고 제작하는 데에도 사용되면서 교사들이 학생들을 학습 과정에 더욱 적극적으로 참여시키고, 그들에게 영감을 주는 일에 더욱 많은 시간을 쏟게 될 겁니다.

리드 고마워, GPT-4! 나는 내가 어떤 시나리오를 원하는지 분명히 알고 있고, 우리가 너와 같은 도구와 힘을 합쳐서 그 길을 선택하게 될 것이라고 낙관하고 있어.

———

생계를 위협당할 것인가,
영감의 원천으로 사용할 것인가

02

독창적인 창작물
vs 저품질의 모방작

얼마 전 여러 차례 그래미상을 수상한 뮤지션과 AI에 대해 이야기할 기회가 있었다. 이 뮤지션은 자기 분야에서 최고의 위치에 선 상태였다. 이미 본인의 일을 너무나 잘하고 있기 때문에 로봇의 도움을 원하거나 필요로 하지 않는 사람이란 뜻이다. 하지만 훌륭한 예술가가 되는 일에는 호기심을 잃지 않아야 하는 부분도 포함되는 법! 그는 몇 분간 시간을 내서, 내 분야에서 일어나는 일 중 어떤 것이 그가 속한 분야에 영향을 줄 수 있는지 귀를 기울였다.

나는 "AI가 당신이 하는 일을 어떻게 변화시킬 수 있는지 말할까 합니다."라고 운을 띄웠다. "제 이야기의 처음 30초는 당신을 식겁하게 만들 겁니다. 하지만 2분쯤 지나면 호기심과 흥미, 기쁨을 느낄 겁니다." 꽤 유혹적인 대사가 아닌가?

"계속 말해 보시죠."

"지금 저는 존 레논 스타일의 가사와 멜로디를 즉각 만드는 비공

개 소프트웨어에 접근할 수 있습니다. 당장 위대한 명곡이 나오는 건 아니겠죠. '와우, 제2의 〈이매진Imagine〉이야!'라는 말이 듣자마자 나오지는 않을 거란 의미입니다. 하지만 '아, 그래! 존 레논이라면 이렇게 만들었겠지.' 정도는 될 겁니다."

"섬뜩하네요."

"섬뜩한 이유는 '맙소사, 나는 더 이상 필요하지 않은 거야?'라고 생각하기 때문이겠죠?"

"정확합니다."

"이번에는 당신이 이 소프트웨어를 가진 존 레논이라고 가정해 봅시다. 당신은 이 소프트웨어에 '상상력, 연결성, 인류애 등에 관한 노래를 만들고 싶어.'라고 말할 수 있어요. 이 소프트웨어, 그러니까 이미 당신의 작곡 스타일을 잘 알고 있는 소프트웨어에게 지시를 내리는 겁니다. 그 아이디어로 시도를 한 번, 아니 서너 번 해 보라고 지시하는 거죠. 이때 나온 아웃풋이 명곡은 아니더라도 듣고 나면 '10초에서 20초 사이까지 비트가 마음에 드네.' 또는 '1분 15초에 만들어진 라임은 괜찮군.' 같은 생각이 들 겁니다. 이후 그 비트를 구성 요소로 활용해서 훨씬 더 나은 노래를 작곡할 수 있죠."

그의 얼굴이 밝아지는 모습을 보고 덧붙였다.

"그런데 이 모든 과정이 처음 영감을 얻고 나서 불과 몇 분 만에 일어난 일이라는 점을 잊지 마세요."

그는 바로 이 새로운 소프트웨어가 자신 같은 대가조차 더 나은 예술가가 되도록 도울 수 있다는 점을 깨달았다. 더 많은 아이디어,

더 많은 생산성, 더 많은 음악을 만들 수 있다. 이전까지 그가 만들어서 세상과 공유하던 음악보다 훨씬 더 많은 음악을 말이다!

한편 이 소프트웨어를 사용했을 때 복잡한 문제나 갈등이 생기지는 않을까? 새로운 창작 방법과 프로세스를 찾아야 하지 않을까? 물론 그럴 것이다. 하지만 새로운 창작 방법과 프로세스를 찾는 일 역시 예술가가 되는 과정의 일부다. 그는 AI가 자신의 창의력을 사용하고 표현하는 방식을 바꾸리라는 점을 깨달았으며, 변화할 준비를 마치고는 "앞으로 다양한 방식으로, 훨씬 더 빠르게, 훨씬 더 나은 노래를 작곡할 수 있겠군요. 그래서 그 소프트웨어를 사면 제가 언제부터 사용할 수 있나요?"라는 말을 했다.

○—○——○—○

물론 모든 사람이 이렇게 곧바로 열띤 반응을 보이지는 않을 테다. 앞서 대화를 나눴던 뮤지션처럼 반응하기란 매우 드문 게 현실이다. GPT-4도 그 점을 알고 있다.

———

리드 AI는 음악가나 다른 영역의 예술가처럼 창작을 하는 사람들에게 어떤 영향을 줄까? 200단어로, 명확한 답은 없다는 유형의 답변은 생략해서 말해줘.

GPT-4 주어진 프롬프트나 맥락에 따라 텍스트, 이미지, 오디오, 기타 형태의 미디어를 생성하는 AI는 창작자들에게 긍정적인 영향도 부정적인 영향도 줄 수 있습니다.

우선 AI는 창의적인 표현을 위한 새로운 도구와 영감을 제공해 창작자가 이전에 접근할 수 없거나 도전하기 힘들었던 장르, 스타일, 기법, 미디어의 조합을 새롭게 탐색하도록 해줍니다. 예를 들어, 음악가는 AI를 사용해 자신의 취향과 기분에 따라 가사·멜로디·하모니를 만들거나 편곡을 할 수 있고 다양한 언어와 문화를 배경으로 하는 예술가들과 협업을 할 수도 있죠. 화가는 자신의 비전이나 참조 자료를 기반으로 하여 사실적이거나 추상적인 풍경·초상·구도를 구상할 수 있습니다. 작가는 AI로 특정 장르나 주제를 담은 줄거리 또는 아이디어·등장인물·대화·시나리오를 생성할 수 있습니다.

반면 AI는 창작자들에게 독창성이나 진정성, 자율성을 훼손하는 등의 위협을 불러오거나 문제를 일으킬 수도 있죠. 예를 들어, AI를 사용해서 기존 작품·예술가와 유사하거나 동일한 곡을 제작한 음악가는 표절 혐의를 받거나 윤리적 딜레마에 직면할 겁니다. AI에 지나치게 의존해서 사람이 그린 것과 구별할 수 없는 이미지를 만든 화가는 특유의 스타일이나 정체성을 잃을 수 있습니다. AI에게 대신 글을 쓰게 한 작가는 자신의 목소리나 주체성을 잃을 수 있고요.

또한 AI는 창작 시장의 경쟁과 포화 상태를 심화시켜서 인간 창작자가 두각을 나타내거나 인정을 받는 일, 창작에서 수입을 얻는 일을 더 어렵게 만들 가능성도 있습니다.

———————

내가 요청했던 200단어보다 조금 더 길었지만 예술 창작 업계의 전망과 앞으로 나타날 가능성이 있는 문제를 간결하게 제시한 상당히 좋은 글이었다. GPT-4가 제기한 마지막 문제, 즉 생계 문제를 먼저 다뤄 보자. 분명 요즘 AI를 접한 많은 창작자들이 가장 깊게 고민하는 문제일 것이다.

———————

리드 구체적으로 왜 창작자들이 수입을 올리기 더 어려워져? 네가 이야기했듯이 창작 시장의 경쟁과 포화 상태 때문인지 150단어 이내로 설명해줘.

GPT-4 AI가 창작이라는 행위의 진입 장벽을 낮추고 시장에 창작물의 공급을 늘릴 수 있기 때문에 창작자가 수입을 얻는 일이 더 어려워질 수 있습니다. 예를 들어, AI에 접근할 수 있는 사람이라면 누구든 많은 시간이나 노력, 기술, 재능을 투자하지 않고도 음악 또는 미술, 문학 작품을 창작할 수 있게 될 겁니다. 그 결과로 저품질의 작품과 모방작이 쏟아지면서 독창적이고 진정성 있는 고품질 작품의 가치와 수요가 희석될 수 있죠. 게다가 AI는 완성된 창작물의 저작권과 소유권의 측면에서 문제를 일으켜서 인간 창작자가 자신의 지적 재산을 보호하고, 수익 창출을 어렵게 만들 가능성도 큽니다. 예를 들어, AI는 기존 작품 또는 예술가를 기반으로 하거나 그에 영향을 받은 작품을 생성해서 해당 작품에 대한 권리와 인세의 소유권이 누구에게 있느냐 하는 문제를 야기할 수도 있습니다. 이와 달리, AI가 완전히 새롭고 독창적인 저작물을 생성했을 경우에는 그 작품의 권리 즉, 지적 재산권이 인간 사용자에게 속하는지, AI 개발자에게 속하는지, 저작권에 상관없이 누구나 이용할 수 있는지와 같은 의문도 제기되어 혼란스러워질 수 있습니다.

리드 지적 재산권에 대한 문제는 나중에 다시 이야기하자. 네 말은 AI가 창작에 재능이 부족한 사람들을 도와서 품질이 낮은 작품을 시장에 쏟아 낸다는 거잖아. 하지만 좋은 작품이 여전히 좋은 이유에는 변함이 없어, 그렇지 않아? 진정한 예술가들은 AI를 이용해 더욱 나은 작품, 더욱 매력적인 작품을 만들 방법을 찾게 되지 않을까? 다름 아니라 그런 고민과 창작 과정이 그들을 예술가로 만드는 것이기도 하고.

GPT-4 예, 진정한 예술가들도 AI를 사용해서 자신의 비전과 목소리를 더욱 잘 반영한 더욱 매력적이고 혁신적인 작품을 만드는 방법을 찾을 수 있습니다. 하지만 그 과정서도 몇 가지 문제와 위험에 직면할 수 있죠. AI를 도구, 파트너, 경쟁자로 이용하는 일의 윤리적·심미적 영향을 고려해야만 합니다. 속도나 다양성, 효율 등 AI가 지원해주는 부분을 따른 덕분에 얻은 이점과 통제력·정체성·독창성의 상실 등 AI의 조언에 따랐기 때문에 치러야 하는 비용 사이에서 균형을 찾아야 할 수도 있고요. 또한 창작물에서 AI의 역할과 가치에 대해 서로 다른 의견과 취향을 가진 소비자들의 기대와 인식을 어떻게 수용하고, 어떻게 작품에 녹여낼지의 문제도 고려해야 합니다. 자기 분야의 기준과 규범이 AI의 존재와 성능 때문에 영향을 받았을 때 기준과 규범의 변화에 적응해야 하는 어려움도 나타날 수 있습니다. 창작자가 인간이기 때문에 감정을 느끼고, 그런 감정을 극복해야 할 때도 있고요. 불안이나 염려, 호기심, 시기심 등 AI와 함께 작업하거나 AI에 맞서 작업하는 동안 발생하는 심리적·정서적 영향에도 대처해야 한다는 의미입니다.

리드 창작자와 AI에 대해서 많은 문제를 제기하는 것 같네. 그렇다면 너는 창작자의 관점에서 AI가 초래할 미래가 불안하다고 생각하는 거야?

GPT-4 불안하다는 말은 아닙니다. 다만 미래에 대해 조심스러운 입장인 건 분명합니다. 저는 AI가 창의적인 표현을 독려하고 확장시킬 많은 잠재력과 가능성을 지녔다고 생각하지만 인간의 창조적인 정체성을 파괴하고 약화시키는 위험과 문제도 많다고 생각합니다. 창조적인 일을 하는 사람들은 AI가 불러올 기회와 위협 모두를 인식하고 대비해야 하며, AI와 수동적인 관계나 맹목적인 관계를 맺기보다는 비판적이고 창의적인 관계를 맺는 것이 중요하다고 봅니다.

꽤나 괜찮은 생각이다. GPT-4는 지금 우리가 해야 할 일을 명확하게 짚어주고 있다. 지나치게 의존하지 않고, 비판적이고 창의적인 관계를 맺는 일 말이다.

챗GPT 그리고 다른 AI들이 모든 종류의 창의적인 작업에서 고도로 유능한 비서와 창작 파트너 사이의 어디쯤엔가 걸친 필수적인 도구, 독창적인 아이디어를 창출하는 핵심적인 참여자가 되리라고 믿는다. 나는 GPT-3에서 GPT-4로의 진화를 목격하면서 한편으로 AI 기술의 진화가 아직 상당히 초기 단계에 불과하다고 생각했다. 이런 생각은 불과 6개월 전보다도 현재(이 책이 집필되던 2023년 초) 더 강해졌다. 하지만 어떤 기술이든 사용자가 수동적으로 접근해서는 안 된다. 특히 이렇게 강력한 영향력과 힘을 지닌 기술은 더 말할 나위도 없다.

앞으로 몇 달, 몇 년 안에 창작자들은 점점 더 빠른 속도로 거대 언어 모델이나 다른 형태의 AI와 관계를 맺게 될 것이다. 처음에는 호기심으로 시작해서 대화를 나누다가 점차 흥분하고 빠져든 뮤지션이 경험했듯이 말이다. 하지만 회의론은 언제나 존재할 것이고, 존재해야만 한다. 나는 AI와의 관계를 조율하는 최선의 방법이 열정적이면서도 비판적인 시각을 갖는 것이라고 믿으며, 또 그렇게 되기를 바란다.

친구 중에 TV와 잡지에 글을 쓰는 작가가 있다. 그는 열정적이고 비판적인 접근법을 택해 종종 흥미롭고 재미있는 결과를 얻는다. 노련한 작가인 친구는 자신이 GPT-4와 함께 진행했던 초기 실험에 대한 이야기를 들려주었다.

리드, 방금 내가 GPT-4를 가지고 놀다가 이런 일이 있었어. 아주 기본적인 장면의 시나리오를 GPT-4에 입력해서 어떻게 되는지 지켜봤지. GPT-4가 쓴 대사는… 끔찍하다고밖에 표현할 수가 없더라고. 아니다, 그냥 끔찍한 게 아니라 정말 끔찍해. 어이가 없을 정도야. 그런데 줄거리에 반전을 만들라고 지시하니까 잘 쓰더라? 이걸 봐!

프롬프트   두 사람이 등장하는 드라마 장면을 써. 결혼을 약속한 커플이 스페인에서 휴가 중이야. 둘은 아침 식사를 하면서 무언가 중요한 이야기를 하고 있지. 그녀에겐 비밀이 있는데,

그는 그녀에게 비밀 있다는 사실을 알고, 그녀는 그가 알고 있다는 것을 모르고, 그는 "비밀을 털어놔!"라고 말하지 않은 채로 비밀을 알아내고 싶어 한다는 내용의 스크립트를 3분 길이 분량으로 작성해.

GPT-4

[실내/호텔 방 - 아침]

사라와 댄은 창가의 작은 테이블에 앉아 크루아상에 잼을 발라 먹는다. 도시와 바다가 한눈에 보인다. 두 사람 모두 20대 후반. 매력적이고, 잘 차려입었다. 사라의 왼손에는 반지가 끼워져 있다.

댄	정말 멋져, 사라. 우리가 여기 있다는 게 믿기지 않아.
사라	나도. 꿈만 같아. 자기는 정말 다정해.
댄	아니, 다정한 건 너지. 똑똑하고 예쁘기까지 하잖아.
사라	그만해. 쑥스럽잖아.
댄	나는 그냥 사실을 말하는 거야. 내가 얼마나 사랑하는지 알지?
사라	당연하지. 나도 사랑해.
댄	남은 인생을 너와 함께 보내고 싶어.
사라	나도.
댄	그래서 청혼한 거야.
사라	그래서 승낙한 거지.

이 부분에서는 진짜… '너는 내가 본 작가 중 최악이야. 너는 슈퍼컴퓨터잖아! 일을 더 빨리 진척시킬 순 없어?'라고 생각했어.

댄	그러니까 우리는 같은 마음인 거지?
사라	물론이야.
댄	좋아, 우리는 서로 못 나눌 말은 없는 거야, 그렇지?
사라	그럼.
댄	그래, 비밀은 위험할 수 있으니까. 너도 그렇게 생각해?
사라	위험할 수 있지.
댄	그러면 내가 뭐 좀 물어봐도 괜찮아?
사라	뭔데?
댄	폴이 누구야?

'이제야!'라는 탄성이 터졌어. GPT-4는 사라에게 다른 남자가 있다고 말했어. 좋아! 이거면 작업을 해 볼 수 있지. 그런데 불륜이나 과거의 남자 같은 설정은 뻔해 보이잖아. 그래서 GPT-4를 조금 더 참신한 쪽으로 움직여 보려고 했지.

프롬프트 이 장면을 연결하되, 폴이 사라와 치정 관계인 것은 피해. 출생의 비밀이나 전에 사귀던 남자, 직장과 연결된 사람이어도 안 돼. 폴에 대한 비밀은 심상치 않고 색다른 것이어야 해! 자, 시작!

GPT-4

사라 (놀라며) 폴? 폴을 어떻게 알았어?

댄 핸드폰에 온 문자를 봤어. "사라, 보고 싶어. 조만간 이
야기 좀 나눌 수 있을까?"라는 내용이었어.

사라 (한숨) 댄, 내가 전부 설명할게. 폴은… 폴은….

댄 폴은 뭐? 전에 사귀던 남자야? 애인? 오빠야?

사라 아니, 아니야. 그런 게 아니라고.

댄 그럼 대체 폴이 누군데?

사라 나한테 정말 귀중하고 중요한 걸 준 사람이야.

댄 뭘 줬다는 거야?

사라 그는 내게… 자신의 신장을 줬어.

이런 게 나올 줄이야! 이제 궁금증을 자아내는 스토리가 시작됐
어. 초기 설정을 준 건 나였지만 GPT-4가 뻔하지 않은 반전을
만들었으니까 이 글을 쓴 건 내가 아니지. 아무튼 나는 계속해서
GPT-4가 만드는 끝을 알 수 없는 대화, 그러니까 내가 GPT-4에
게 '더 간결하고 빠르게 진행되고, 삼류 막장 드라마 같지 않게'
라는 지시를 내려서 고친 스토리를 헤집고 다녔어. 나는 줄거리
를 사냥하고 있었으니까. 이제 GPT-4는 내 트러플 돼지 truffle
pig(송로버섯을 찾도록 훈련받은 수돼지 - 옮긴이)가 된 거지. GPT-4
는 계속 글을 썼어.

사라　5년 전… 자기를 만나기 전 나한테 신장 기능 장애를
일으키는 희귀한 유전 질환이 있다는 것을 알게 됐어.
빨리 이식을 받아야 했고, 투석을 받으면서 기적을 기
다렸어.

댄　아, 너무 힘들었겠다.

사라　그렇게 공감해줘서 너무 고마워. 그런데 그때 정말 기
적이 일어났어. 어떤 사람이 매칭 도너라는 웹 사이트
를 통해 연락을 한 거야. 내 프로필을 보고는 돕고 싶었
대. 그는 익명으로 신장을 기증하고 싶다고 말했어.

댄　세상에.

사라　그는 내 목숨을 구했어.

GPT-4는 거기에서 멈췄어. 내게 무언가를 바라는 것처럼. 그래
서 나는 타이핑을 했지.

프롬프트 장면을 이어가. 다음 30초 내에 폴이 왜 아직까지 사
라에게 연락을 하는지 밝혀.

GPT-4

댄　그래서? 계속 연락을 한 거야?

사라　그렇기도 하고 아니기도 해. 신장 이식 수술 후에 이메
일을 몇 번 주고받고, 전화 통화도 몇 번 정도 했어. 서

로 회복이 잘 되어가는지 확인하려고. 그 후에는 그는
그대로, 나는 나대로 살았지. 지난달까지는 말이야. 댄
이 갑자기 암 진단을 받았다는 소식을 전해 왔어.

댄   암이라고?

사라   남아 있는 신장에. 이식이 필요해서 기증자를 찾거나
모금을 하거나 입소문을 내는 걸 도와 달래.

댄   그래서 뭐라고 했어?

사라   할 수 있는 건 뭐든 하겠다고 했지.

———————

지금까지 들어 본 아이디어 중 최고는 아니야. 하지만 쓸 만해.
참신하고. 영화의 소재로 쓸 출발점 정도는 된달까? 로맨틱 코
미디나 사이코-스릴러로 구상해 볼 수도 있지… 폴과 가장 잘
맞는 신장 공여자가 댄이라면? 댄과 사라는 아직 정식으로 약혼
하지 않고 댄은 꼭 결혼을 하고 싶은데, 사라의 바람대로 왠지
모르게 꺼림칙한 폴에게 신장을 주지 않으면 결혼이 불가능한
상황이라면? 그리고 댄의 신장으로 새 삶을 찾은 폴이 사실은
사라를 사랑해서 댄을 없애려고 든다면?
나는 아직도 직접 손으로 글을 쓰면서 브레인스토밍하기를 좋
아해서, 이제 '공책과의 시간'을 보낼 계획이야. GPT-4가 준 소
재를 공책에 적어두고, 이리저리 만지며 좋은 아이디어가 떠오
르는지 살펴보려고. 브레인스토밍에 GPT-4를 사용할 때도 있

고 그렇지 않을 때도 있어. 판단력을 발휘하는 것도 나고, '오! 이거 뭔가 되겠는데!'라는 짜릿한 느낌을 받는 사람도, 못 받는 사람도 결국은 나잖아. 하지만 분명 GPT-4는 내가 판단력을 발휘하고 어떤 느낌을 받는 단계까지 도달하도록 도움을 줬어.[1]

◦—————◦

나는 이 이야기가 거대 언어 모델이 작가들을 위해, 그리고 다른 분야의 창작자들을 위해 할 수 있는 일을 잘 포착했다고 생각한다. 창작자들을 대체하는 것이 아니라 그들이 가진 창의력의 범위를 확장하는 데 도움을 준다는 의미에서 말이다.

2023년 3월 초, MIT 연구진은 텍스트나 오디오, 이미지 등의 기존 콘텐츠를 활용해 유사한 콘텐츠를 새로 만들어 내는 생성형 AIgenerative AI에 대한 연구 결과를 발표했다. 생성형 AI가 지식 작업에 미치는 영향에 대한 2건의 연구[2]에서 작가와 프로그래머 모두

---

1 친구는 이렇게 덧붙였다. "GPT-4한테 지금 작업 중인 TV 드라마의 첫 번째 시즌 줄거리도 만들어 보라고 했거든? 내가 드라마의 기본 줄거리를 한 단락 쓰고, 몇몇 등장인물에 대한 소개글도 입력했어. 그랬더니 2분 만에 녀석이 무언가 만들어 내긴 했는데… 쓸 만한 건 아니었어. 너무 뻔하고, 기존 드라마의 흔한 스토리들을 이어 붙인 느낌이었지. 그래도 아이디어를 자극하지 못할 정도로 완전히 흐름에서 벗어난 건 아니었어. 어떻게 사용할지는 모르겠지만 앞으로 작가들이 이 녀석을 사용할 거라는 데는 의심의 여지가 없다고 생각해."
2 공정을 기하기 위해 밝히자면 아직 동료 평가(peer review) 전이다.

AI와 함께 작업했을 때 생산성이 50%나 향상되었고, 작업 만족도가 높아졌다는 결과를 보고 나는 꽤 흐뭇한 기분을 느꼈다. 와튼대학교의 에단 몰릭Ethan Mollick 교수는 그 결과를 두고 "현대사에서 전혀 전례를 찾아볼 수 없는 일이다."라고 평가했다.

나는 GPT-4에게 창작자를 도울 수 있는 다른 가능성도 예시로 들어 달라고 했다.

리드 GPT가 비디오 게임 디자이너, 건축가, 조각가, 힙합 안무가, 무대 조명 디자이너, 다큐멘터리 영화 제작자와 같은 창작자들의 창작 관행을 개선하는 데 어떤 도움을 줄 수 있는지 각각 10~17단어로 예시를 들어서 설명해. 각 분야의 창작자들이 GPT를 사용해서 이익을 얻는 방법을 구체적으로 이야기해야 돼.

GPT-4
- **비디오 게임 디자이너** GPT는 인터랙티브interactive(데이터나 명령어를 입력할 수 있도록 한 프로그램—옮긴이) 캐릭터가 구사하는 매력적인 대화와 가지형 내러티브branching narrative(중심 서사에서 사용자와의 상호 작용으로 뻗어 나가는 서사—옮긴이)를 생성합니다.
- **건축가** GPT는 스케치와 설계서를 기반으로 사실적인 3D

모델을 생성하고 건물을 렌더링합니다.

- **조각가**　GPT는 기존 조형물의 모양, 질감, 재질을 분석해서 새로운 변형과 조합을 제안합니다.

- **힙합 안무가**　GPT는 음악, 스타일, 춤의 주제에 따라 새로운 동작과 순서를 합성합니다.

- **무대 조명 디자이너**　GPT는 대본, 음악에 따라 장면에 어울리는 다양한 조명 효과와 분위기를 시뮬레이션합니다.

- **다큐멘터리 영화 제작자**　GPT는 영화의 명제와 서사를 뒷받침하는 사실 자료, 출처, 인용문을 찾습니다.

<u>리드</u>　GPT로 3D 모델을 만들 수 있어? 그냥 텍스트 아웃풋만 내놓는 줄 알았는데. GPT가 동작을 합성할 수도 있어? 어떻게? 아웃풋은 어디에서 볼 수 있지?

<u>GPT-4</u>　이미지 생성, 데이터 분석, 코드 작성과 같은 여러 유형의 아웃풋을 내놓는 다양한 GPT 버전과 애플리케이션이 있습니다. 마찬가지로 텍스트 인풋이나 기타 양식을 기반 자료로 삼아 3D 모델, 조명 효과, 오디오 형태의 아웃풋을 생성하는 GPT 모델도 있습니다. 예를 들어, 달리DALL-E는 텍스트 설명으로부터 이미지를 생성하는 GPT-3의 변형 버전이며, 주크박스Jukebox는 음악과 가사를 생성하는 신경망이자 애플리케이션입니다. 이들 모델은 완벽하진 않지만 다양한 유형의

예술가와 창작자의 창작 관행을 개선하는 데 도움이 될 가능성을 보여줍니다.

———

다음은 나를 감탄하게 한 내용이다. 이런 단어를 쓰는 게 맞는지 모르겠지만 GPT-4가 '자유 의지'로 내가 요청하지 않았는데도 내가 알고 싶어 할 만한 정보(정확했다)라고 추론한 내용을 추가로 보여줬다.

———

GPT-4 예시를 더욱 현실적이고 구체적으로 만들기 위해 창작자들이 작업 과정에서 GPT 기반 도구나 플랫폼을 어떻게 사용할 수 있는지 자세히 말씀드리겠습니다.

- 비디오 게임 디자이너 비디오 게임 디자이너는 GPT 기반 대화 생성기로 인터랙티브 캐릭터가 구사하는 매력적인 대화와 가지형 내러티브를 만듭니다. 생성기는 캐릭터의 성격, 성장 배경, 플레이어와의 관계는 물론 게임의 장르, 설정, 줄거리까지 고려합니다. 디자이너는 생성된 대화를 검토하고 편집하거나 피드백을 제공해 개선할 수 있습니다.

- 건축가 건축가는 GPT 기반 3D 모델링 소프트웨어를 사용해, 스케치와 설계서를 기반으로 건물의 3D 모델을 생성하고 건물을 렌더링합니다. 이 소프트웨어는 스케치와 설계서를 해

석해서 건축가의 비전과 스타일에 맞는 고품질 모델을 생성하죠. 또한 이 소프트웨어로 모델을 수정하고 다듬을 뿐 아니라 다양한 각도와 관점에서 모델을 볼 수도 있습니다.

- 조각가 조각가는 GPT 기반 조각 생성기로 기존 조형물의 모양, 질감, 재질을 분석하고 새로운 변형과 조합을 얻습니다. 생성기는 조형물을 스캔한 다음 거기에서 영감을 얻거나 대조되는 형태의 조형물을 만듭니다. 조각가는 새로 만들어진 조형물을 선택하고 조작하거나 영감의 재료로 사용합니다.

지금 이 글을 쓰는 시점에서는 위의 사례 중 가설에 불과한 영역이 많으며 구현되었더라도 상용화되어 있지는 않다. 하지만 내가 알고 있는 지식에 기반해서 보면 GPT는 인터넷과 같은 규모, 어쩌면 그보다 큰 규모의 차세대 기술 플랫폼이 될 것이고, 전 세계가 위의 사례에 등장하는 애플리케이션, 도구 등 수백만 가지의 서비스를 구축할 게 분명하다. 그리고 이런 일은 빠르게 일어날 것이다. GPT라는 도구가 나머지 모든 분야의 기술 개발을 가속화할 것이기 때문이다. 그래서 나는 무척이나 흥분된다. 인본주의자로서 이 기술에 얼마나 흥분을 느끼는지 제대로 표현하기 어려울 정도다.

동시에 GPT-4가 제안한 것처럼 회의적인 생각도 품고 있다. 그렇기 때문에 조금 더 밝게 대답해 달라는 요청과 함께 GPT-4와 다음의 대화를 나눴다.

리드　GPT-4, 거대 언어 모델이 개발을 마치고 보급된 후 전체적인 문화 생산의 품질에 나타날 최악의 영향이라면 어떤 게 있을까? 200단어로, 평소보다 덜 경직된 스타일로 써줘.

GPT-4　완전히 개발·보급된 거대 언어 모델이 전반적인 문화 생산의 질에 끼칠 부정적인 영향은 다음처럼 예상됩니다.

- 동질화 및 다양성 상실　거대 언어 모델은 기존의 스타일, 장르, 유행과 비슷하면서도 독창성이나 창의성, 진정성이 결여된 콘텐츠를 대량으로 생성할 수 있습니다. 이로 인해, 문화 시장에 단조롭고 반복적인 상품이 포화되면서 혁신과 실험을 저해할 수 있습니다.

- 조작 및 속임수의 등장　거대 언어 모델은 인간의 편견, 감정, 취향을 악용하는 기만적이거나 유해한 콘텐츠를 만드는 데에도 사용될 수 있습니다. 여기에는 신뢰, 민주주의, 사회 통합을 저해하는 가짜 뉴스나 선전, 잘못된 정보, 딥페이크deepfake(AI 기술을 이용해 제작된 가짜 동영상 또는 제작 프로세스 자체─옮긴이), 사기, 혐오 발언 등이 포함됩니다.

- 대체 및 평가 절하　거대 언어 모델은 더 저렴하고 빠르며 확장성이 뛰어난 AI 시스템과의 경쟁에 직면할 문화 분야에서 일하는 인간 창작자와 종사자에게도 위협이 됩니다. 또한 거대 언어 모델은 인간이 만든 콘텐츠를 쉽게 복제하거나 단순한

데이터와 알고리즘으로 축소해 수정함으로써 문화적 가치와 중요성을 떨어뜨릴 수도 있습니다.

리드 그런 문제를 피하거나 최소화하려면 어떤 조치를 취해야 할지 추천해줘. 200단어로, 위와 같은 스타일로 써.

GPT-4 이런 문제를 피하거나 최소화하기 위해 취할 수 있는 주요 조치로 다음과 같은 것들이 있습니다.

- 문화 부문에서의 거대 언어 모델의 개발 및 사용에 대한 윤리적·법적 기준과 지침을 만들고 시행해서 인권과 인간의 존엄성, 다양성을 존중하고 소비자나 창작자에게 피해를 주거나 기만하는 일을 예방합니다. 또한 거대 언어 모델과 그 아웃풋의 투명성, 책임성을 감독하는 메커니즘을 만들어서 오용이나 남용, 오류를 방지하는 방법도 적용해 볼 수 있죠.

- 소비자와 창작자가 문화 부문에서 거대 언어 모델이 가져올 이점과 위험을 인식하며, 스스로 비판적이고 창의적인 기술을 개발하도록 교육하고 역량을 강화시켜서 AI의 도움이 있든 없든 콘텐츠를 평가·사용·제작할 수 있도록 해야 합니다. 또한 미디어 리터러시media literacy(미디어가 제공하는 정보를 비판적으로 이해하고 활용하며, 나아가 창조적으로 표현하고 소통하는 능력─옮긴이), 디지털 시민권, 정보 위생의 문화를 조성해 책임감 있고 윤리적인 콘텐츠 소비와 제작을 장려하는 게 좋습니다.

－ 문화 부문의 인간 창작자와 종사자들이 예술적·직업적 목표를 추구할 수 있도록 적절한 자원과 기회, 인센티브를 제공함으로써 이들을 지원하고 인정할 수 있습니다. 또한 문화적 풍요와 혁신의 원천인 인간의 창의성, 다양성, 표현의 가치를 인정하고 장려해야 됩니다.

———————

AI가 세상을 크게 변화시키고 있는 와중에 '창의성의 가치를 인정하는 것'이 해결책이라고, 이런 해결책이 모든 문제를 실질적으로 해결해줄 것이라고 기대할 수는 없는 노릇이다. 축제와 리본은 (진짜) 음식을 (진짜) 식탁에 올리는 일에 도움이 되지 않는다. AI가 창작자에게 어떤 영향을 미칠지 고민하고 있는 지금 경제나 정책적 차원에서도 대단히 창의적인 사고가 필요하다.

이번에는 앞에서 미뤄 두었던 질문으로 돌아가 보자. AI를 사용해서 나온 아웃풋의 주인은 누구일까?

———————

리드 누군가 GPT로 아이디어를 생성하고, 그 아이디어를 사용해 시나리오를 작성한 뒤 판매한다면 오픈AI는 판매 수익에 대한 소유권을 주장할 수 있어? 250단어 이하로, 글을 평소보다 더 생기 있고 덜 딱딱하게 써줘.

GPT-4 간단히 답하자면 "아니오."입니다. 오픈AI는 인류를 위해 AI 도구들을 개발하고 공유하는 연구소입니다. 오픈AI는 GPT가 생성하거나 생성을 도운 콘텐츠에 대한 소유권과 권리를 주장하지 않습니다. 누구나 GPT를 도구로, 영감의 원천으로 자유롭게 사용할 수 있습니다. 다만 작업의 독창성, 품질, 적법성에 대한 책임은 사용자에게 있습니다.

길게 답하자면 "상황에 따라 다르다."입니다. 오픈AI에는 서비스 사용 방법을 규정하는 이용 약관 및 정책이 존재합니다. 당신은 GPT라는 도구에 접근할 때 오픈AI의 약관에 동의해야 하며, 이 약관과 이용 정책에는 제한되는 지점과 사용자가 따라야 할 의무 사항이 포함됩니다. 예를 들어, 당신은 불법적이거나 유해하거나 악의적인 목적으로 GPT를 사용하거나 타인의 권리를 침해할 수 없습니다. 또한 이 도구가 부정확하거나 공격적이거나 부적절한 콘텐츠를 생성할 가능성이 있으며, 이 도구를 사용할 때나 이 도구에 의존해 발생하는 모든 결과에 대한 책임은 전적으로 사용자에게 있음을 인정해야 합니다. 당신은 이 도구의 아웃풋을 공개적으로 사용할 때 반드시 오픈AI와 GPT를 출처로 명시해야 합니다.

이런 약관을 준수하고 타인의 저작권과 지적 재산권, 개인 정보를 존중하는 범위 내에서라면 누구나 GPT라는 도구를 사용해 상상력을 자극하고 자신만의 스토리를 만들 수 있습니다. 하지만 이 도구가 여러분의 창의력이나 기술, 판단력의 대체물이 아님을 유념해야 합니다. 직접 시나리오를 작성하고, 다듬고, 판매하고, 히트작이 되기를 기대하는 영역은 여전히 당신에게 달려 있습니다. 만약 GPT를 이용해 히트작이 탄생하면 노동의 결실은 온전히 당신의 몫입니다. 오픈AI가 당신의 현관문을 두드릴까 봐 걱정할 필요 없이 말입니다.

―――――――

좋은 소식이 아닐 수 없다. 하지만 창작자가 GPT-4를 사용하는 게 아니라 GPT-4가 창작자를 사용하면 어떨까? 달리와 같은 이미지 생성기가 창작자의 허가를 받지 않은 채로 창작자의 온라인 IP를 학습 자료로 통합하면 어떻게 될까?

지난 2월 「뉴욕타임스」에는 다음과 같은 기사가 실렸다. 어떤 내용인지 함께 살펴보자.

컴퓨터공학과 교수인 벤 자오Ben Zhao는 "화가들은 새로운 작품을 게시하길 두려워하고 있다."라고 말한다. 예술 작품을 온라인에 게시하는 행위는 일종의 광고. 하지만 이제 화가들은 "점점 더 그들을 닮아 가는 괴물에게 먹이를 주는 행위를 두려워한다. 그 괴물이 화가들의 비즈니스 모델을 파괴하고 있다."

기사를 읽고 나서 걱정할 만하다고 생각했다. 그리고 한편으로는 자오 교수의 해법, 즉 화가들이 이미지에 '디지털 마스크'를 씌울 때 사용하는 글레이즈Glaze라는 도구를 덧씌우는 게 합리적이고 창의적인 대응 방법으로 느껴졌다. 글레이즈는 픽셀 수준에서 이미지를 변경하기 때문에 사람의 눈으로는 인식할 수 없다. 하지만 붓은 그것을 전혀 다른 스타일의 이미지로 이해한다.

···예를 들어, 스테이블 디퓨전Stable Diffusion(이미지 생성기의 하나 – 옮긴이)은 글레이즈 처리를 한 이미지를 물감 얼룩이 흩뿌려진 잭슨 폴록Jackson Pollock의 그림과 연결시킨다. 일러스트레이러인 칼라 오르티즈Karla Ortiz가 글레이즈 처리를 한 작품을 온라인에 게시하자 해당 이미지를 학습한 이미지 생성기는 그녀의 작품을 모방한 이미지를 만들어 내지 못했다. 그리고 오르티즈라는 이름을 입력하자, 그녀의 글레이즈 처리가 된 작품과 폴록의 작품이 혼합된 스타일의 이미지를 생성했다. 칼라 오르티즈는 "작품 사용 동의를 철회하는 셈이죠."라고 답했다.

이는 창작자와 AI 사이의 역동적이고 때로는 논쟁적인 관계를 보여주는 초기 사례다. 하지만 창작자와 기술 혁신의 관계는 복잡하지 않았던 적이 없다. 19세기 중반 사진이 등장했을 때 화가들은 우려를 표했다. 타당한 우려였다. 혼란을 겪은 직업들이 분명히 존재했다. 하지만 사진이 등장한 이후로 화가와 사진작가 모두 믿기 힘들 정도로 창의적인 작업을 해 냈다. 물론 GPT는 수없이 많은 방식으로 창작 업계 미래와 연관될 것이다. 그 범위를 짐작해 보기 위해···

나는 당연히 GPT-4에게 질문을 했다(이쯤 되니 기본 스타일보다 더 가벼운 스타일로 글을 써 달라고 요청하는 것을 잊지 않게 되었다).

리드 GPT의 미래에 대한 책을 쓴다고 가정하고, 창조 작업과 문화 생산에 GPT가 미치는 영향을 논의하는 챕터의 개요를 200단어 내외로 써줄래? GPT가 무엇이고, 어떻게 작동하는 지 등의 기본적인 내용은 이전 챕터에서 다룰 테니 언급하지 말고. 좋은 측면의 잠재력과 나쁜 측면의 잠재력을 전부 포함시켜. 대상 독자는 대학교 교육을 받았지만 전문가는 아닌 사람으로 하고, 약간 경쾌한 스타일로 써.

GPT-4 XX챕터. GPT와 창조 경제
- **도입** GPT는 텍스트를 생성하는 강력한 도구며 이미지, 음악, 영상 형태의 매체를 만드는 데도 사용된다. 이것이 인간과 기계의 창조 작업과 문화 생산에 어떤 영향을 미칠까? 창작자, 소비자, 사회 전반에는 어떤 기회와 문제를 불러올까?
(1) 창작 보조 도구인 GPT 브레인스토밍, 편집, 피드백, 번역, 마케팅과 같은 작업에서 GPT가 인간 창작자를 보조하는 방법. 오픈AI의 주크박스, 달리, 뮤즈넷MuseNet처럼 GPT와 인간 창작자 사이의 성공적인 협업 사례. 다양성, 접근성, 혁신 향상처럼 AI를 통한 인간 창의성 강화의 이점.

(2) 창작 경쟁자인 GPT   GPT가 인간 창작자의 인풋이나 감독 없이도 독창적인 고품질의 콘텐츠를 생성하는 방법. 필라소퍼 AI Philosopher AI, 디스X더즈낫이그지스트 This X Does Not Exist, AI 던전 AI Dungeon 등이 생성한 GPT 창작물의 예시. 인간 창작자를 대체하고, 지적 재산권을 침해하며, 예술적 가치를 약화시킬 수 있는 위험. AI로 만든 창작물의 저작권과 소유권의 윤리적·법적 영향.

(3) 창작 촉매제인 GPT   GPT가 새로운 형태의 창의적 표현과 콘텐츠 창작에 영감을 주는 방법. 보트닉 스튜디오 Botnik Studios, GPT-3 포에트리 GPT-3 Poetry, 노벨 AI NovelAI와 같은 하이브리드, 인터랙티브 GPT 프로젝트의 사례. 인간과 기계의 공동 창작, 리믹스, 실험 촉진의 잠재력. 신생 창조 경제에서 품질·진정성·책임 보장의 문제.

- 결론   GPT는 전례 없는 방식으로 창조 작업과 문화 생산의 지형을 바꾸고 있다. 이는 인간과 기계의 역동적인 상호 작용에서 우리의 역할과 관계에 대해 다시 생각해 보게끔 한다.

———————

정의를 박탈당한 사람들의
든든한 지원군이 되어줄까?

03

범죄자를 체포하고
정의를 수호하는 AI

2022년 가을, 이 책과 AI 전반에 관한 주제가 내 머릿속에서 우선순위를 차지하고 있을 때 나는 앨라배마주 몽고메리에 위치한 이퀄 저스티스 이니셔티브Equal Justice Initiative, EJI의 레거시 박물관Legacy Museum을 방문했다. 이퀄 저스티스 이니셔티브의 설립자이자 상임 이사인 브라이언 스티븐슨Bryan Stevenson은 내가 매우 존경하고 동경하는 사람이다. 그는 우리가 가난한 사람, 권리를 박탈당한 사람, 힘없는 사람을 대하는 방법이 한 사회의 도덕성과 고결함을 결정짓는다는 견해를 갖고 있다(나 역시 같은 생각이다).

평등하고 정의로운 사법 제도는 우리의 잠재력을 최고치에 이르도록 만드는 기본적인 전제 조건이다. 다른 사람들을 뒤로한 채 사회의 일정 부분만 끌어올릴 수는 없다. 따라서 나는 오랫동안 정의의 기본 개념을 대단히 중요하게 여겨 왔다.

노예 제도에 대해 단순히 "그건 과거였고 지금은 모두 평등하다."

라고 말하는 건 자기 기만적이고 파괴적이다. 브라이언과 이퀄 저스티스 이니셔티브는 힘겹지만 꼭 필요한 노력을 기울여, 노예 제도의 명백한 해악을 상기시키는 일이 노예 제도의 잔재와 싸우는 데 꼭 필요한 일이라고 말한다. 미국에서 가장 악명 높았던 노예 경매장 근처에 위치한 레거시 박물관은 노예 제도처럼 잔인함, 고문, 경제적 착취가 주는 지속적인 영향이 우리 역사에 어떤 반향을 일으키고 있는지 일깨워주는 훌륭한 장소다.

레거시 박물관에서 알 수 있듯 20세기에 등장한 과잉 수감은 노예 제도의 유물로, 가장 오래 지속되고 있는 불평등한 행위다. 미셸 알렉산더Michelle Alexander는 그녀의 저서 『새로운 짐 크로우The New Jim Crow』에서 끔찍한 현실을 폭로했다. 현재 미국에서 교도소 수감, 가석방, 보호 관찰 등 감금을 목적으로 하는 제도에 의해 통제되고 있는 흑인 남성의 수가 1850년에 노예 상태였던 흑인 남성의 수보다 많다는 사실을 말이다.

이는 우리가 바로잡기 위해 노력해야 할 심각한 불의다. GPT-4가 이 문제를 해결하는 데에 도움이 될 거라고 생각하지 않았다면 나는 GPT-4에 그리 흥분하지 않았을 것이다.

평등한 정의에 대한 대화는 꼭 필요하다

본론으로 들어가기 전에 몇 가지 말해 둘 것이 있다. 우선 이 챕터는 주로 미국 사회에 초점을 맞추고 있다. 내가 살고 있는 곳이고, 대부분의 일을 하고 있는 곳이기 때문이기도 하지만 위에서 언급했듯 미국이 세계에서 투옥률이 가장 높은 나라 중 하나라는 슬픈 진실 때문이다.

또한 나는 미국 상류층의 백인 남성인 내 관점에 많은 한계가 있음을 인정한다. 역사적으로 문제가 되어 온 형사 사법 제도라는 영역에서 AI가 '긍정적인 AI 활용 사례'의 잠재력에 대해 이야기하는 게 격론을 야기할 수 있다는 점도 안다. 하지만 이미 일어나고 있는 일이다. AI는 이미 지금 존재하고, 이미 사용되고 있으며, 앞으로 사라지지도 않을 것이다.

이런 기술을 어떻게 사용할지, 이런 기술이 형사 사법 제도에 적용되는 방법에 대해서 우리에게 발언권이 있는지 결정하는 건 우리가 결정할 몫이다. 우리가 이런 대화에 참여하지 않는다면 이런 기술들이 어떤 형태로 발전할지, 이런 기술들을 뭐라고 규정할지의 문제를 그동안 구조적 불평등이 자리잡도록 만들어 온 사법 기관에 넘겨주는 위험을 떠안게 될 것이다. 그런 상황을 감수하고 싶은가?

AI가 정의를 해치는 게 아니라 더욱 정의롭게 사용될 방법에 대한 논의를 어려운 주제, 껄끄러운 논제라고 생각해서 대화를 피하는 건 태만이자 과실이라고 생각한다. 인간의 모든 제도에는 항상 일정한 편견이 내재되기 마련이다. 하지만 우리는 계속해서 더 나아지기 위해 노력해야 한다.

AI가 오히려 정의를 해친다면?

형사 사법 제도에 AI를 도입했거나 앞으로 도입하는 데 따르는 문제는 이미 꽤 많이 알려져 있다. 수많은 공상 과학 영화와 책에 영감을 제공했을 정도다. 하지만 형사 사법 제도가 AI를 잘못 사용했거나 AI가 형사 사법 제도에 의해 잘못 사용된 모습을 허구의 이야기에서만 발견할 수 있는 건 아니다.

예측 치안 유지predictive policing(잠재적인 범죄를 예측하기 위해 사용하는 데이터 분석 기법 – 옮긴이)를 비판하는 사람들은 거기에 인간의 편견이 내재될 일을 두려워한다. 그리고 그런 일은 벌써 일어났다. 이후 편견은 AI 알고리즘에 의해 강화된다. AI가 자칫 판사보다도 객관적인 의사 결정자로 보일 수 있기 때문에 펼쳐지는 상황이다.

얼굴 인식 알고리즘에도 문제가 많다. 여러 연구가 보여주었듯 피부색이 어두운 사람의 경우에는 높은 위양성율false positive rate(실제로는 거짓인데 참으로 판명되는 비율 – 옮긴이)을 보인다.

사례는 얼마든지 더 들 수 있다. 하지만 여기서 나는 실제든 가능성이든, 부정적인 면을 파고들려는 게 아니다. 나는 GPT-4가 풀뿌리 민주주의, 탈중앙화, 민주적인 방식을 통한 시민 역량을 강화하겠다고 기대하면서 AI의 힘을 개별 시민의 손에 쥐어 주겠다는 목표를 세운 것에 유망한 점이 있다고 생각한다.

내가 이용하고자 하는 것은 그런 렌즈다. 전통적으로 국가 권력(AI로 한층 강화된 국가 권력을 포함한)에서 소외되거나 표적이 되어

왔던 개인이나 공동체의 역량을 강화하고, AI를 적극적으로 사용해 새로운 방식으로 정의를 실현하려면 어떻게 해야 할까?

신체 착용 카메라는 도움이 될까?

카메라, 특히 모든 경찰관이 신체에 착용하는 카메라body-worn cameras(이하 보디캠)를 사용해야 한다는 최근의 여론부터 살펴보자. 2018년 통계에 따르면 미국 법 집행 기관의 거의 절반이 보디캠을 사용하고 있으며, 대형 경찰서의 경우 사용 수치는 80%에 가깝다.

미국시민자유연맹American Civil Liberties Union은 "보디캠은 미국의 경찰 폭력에 심각한 문제가 있다는 인식이 커진 시점에 꼭 필요한 감독 도구의 역할을 한다… 하지만 적절한 정책이 없다면 보디캠은 또 다른 민간인 사찰 장치가 될 위험성이 있으며, 사생활을 침해할 가능성도 대단히 높다."라는 의견을 표명했다.

여기에서 역시 사회에 미치는 실질적인 혜택과 그에 상응하는 실질적인 위험성이 모두 존재한다는 상황을 확인할 수 있다. 어떻게 하면 전자를 수용하면서서 후자의 영향을 완화할 수 있을까?

———————

리드 경찰이 사용하는 보디캠의 잠재적 이익과 위험성에 대해 어떻게 생각해야 할까?

GPT-4 보디캠 사용의 잠재적 이익은 다음과 같습니다. 경찰과 대중 사이의 투명성, 책임감, 신뢰를 향상시킬 수 있고 공격적인 행동의 가능성을 억제합니다. 또한 보디캠은 범죄 수사에 귀중한 증거 자료가 됩니다.

그러나 잠재적인 위험성도 있죠. 사생활 침해나 데이터 보안 문제, 취약 계층에 대한 사찰 강화 가능성이 포함됩니다. 더욱이 이 기술은 비용이 많이 들고 상당한 직원 교육과 자원을 필요로 합니다. 따라서 업무에 도입하기 전에 보디캠의 잠재적 이익과 위험성을 신중하게 저울질해 보는 것이 중요합니다.

리드 혜택을 극대화하는 동시에 위험성을 방지하는 데 AI가 어떤 역할을 할 수 있어?

GPT-4 AI가 이익을 극대화하고 위험성을 방지하는 방법은 여러 가지입니다.

- AI 기반 비디오 분석은 보디캠으로 포착한 영상에서 민감하거나 개인 식별이 가능한 정보를 자동으로 확인하고 삭제할 수 있습니다. 이는 영상에 포착된 개인의 사생활을 보호하는 데 도움이 될 겁니다.

- AI는 영상을 검토하고 중요한 순간이나 사건을 확인하는 프로세스를 자동화해서 경찰관의 업무 시간을 절약하고, 영상에서 귀중한 증거를 더욱 쉽게 추출하는 데 도움을 줍니다.

- 또한 AI는 경찰관의 위법 행위나 무력 사용 사례를 탐지해서 불공정하게 처리된 사건을 확인하고 조사하는 데 도움을 줄 수 있습니다.

- 마지막으로 AI를 보디캠에 포착된 영상의 추세와 패턴을 분석하는 영역에 사용해서 이런 기술 사용을 중심으로 하는 교육과 정책을 개선하는 데 도움이 될 겁니다.

———

답변을 보면 모든 것이 좋아질 듯 느껴지지만 잠재적인 단점을 고려하면 인간의 의도와 방향 설정이 제대로 되어야만 이런 기술을 잘 활용할 수 있을 것이다.

내가 특히 기대를 거는 신생 기업은 저스티스 텍스트JusticeText다 (나는 블룸버그 베타Bloomberg Beta, 마이클 터브스Michael Tubbs, 존 레전드John Legend 등과 더불어 이 회사의 엔젤 투자자다). 데브시 메흐로트라Devshi Mehrotra가 이끄는 저스티스 텍스트는 국선 변호사들이 동영상 증거를 분석하고 공유하는 데 도움을 줘서 의뢰인이 법적 증거에 검찰과 동일한 접근권을 가지도록 하는 소프트웨어를 만든다. 이 소프트웨어는 자동으로 영상 데이터를 문자로 전환하고 태그를 지정해, 변호사가 법정에서 쉽게 사용할 수 있도록 한다.

이 회사는 아직 스타트업 모드에 있지만 50개 이상의 국선 변호사 사무실과 60명 이상의 개인 변호사와 협업을 진행하고 있으며, 확장을 계획 중이다. AI 기술로 더욱 많은 피고인들이 마땅한 정의를 누리도록 돕겠다는 것이 저스티스 텍스트의 신념이다(나도 전적으로 지지한다).

법률 서비스에서의 GPT-4

GPT-4와 시간을 보내 보면 GPT-4가 특정 형식의 텍스트 작성에 대단히 유용하다는 점을 금방 깨달을 수 있다. 노래 가사, (여기에서의 주제에 조금 더 어울리게) 법원 준비 서면, 출두 명령 신청서 등 원하는 대로 어떤 형식의 텍스트든 빠르고 능숙하게 생성한다.

미국 사람들이 받는 법률 대리 서비스의 질이 은행 계좌의 규모에 따라 달라진다는 말은 틀림없는 사실이다. 그런 맥락에서, 경제적 여유가 없는 많은 피고인들이 AI, 특히 GPT-4와 같은 거대 언어 모델을 이용해 더 나은 법률 서비스를 받을 미래는 어렵지 않게 예상할 수 있다.

나는 GPT-4가 모든 전문직 종사자에게 조수의 역할을 하듯, 형사 사법 제도에 속한 모든 사람에게도 조수의 역할을 할 수 있다고 생각한다. 업무가 과중하고 자원이 부족한 모든 국선 변호사의 옆에 믿을 만한 GPT-4라는 조수가 있어서 지나치게 많은 사건을 관리하는 상황에 도움을 준다고 상상해 보라. 아니, 그보다는 GPT-4에게 그런 시나리오를 상상해 보라고 말하는 게 낫겠다.

리드 국선 변호사가 GPT-4와 같은 AI를 사용해 법률 시스템을 다룬다면 어떤 모습일지 가상의 시나리오를 써줘.

GPT-4 머지않아 법률 시스템을 다루는 국선 변호사가 GPT-4와 같은 AI를 이용해 생산성과 정확성을 향상시키는 선택지를 얻게 될 것입니다. 국선 변호사는 AI로 사건을 빠르게 평가하고, 의뢰인을 위한 최선의 방침을 결정할 수 있습니다.

AI로 데이터베이스에서 판례를 빠르게 검색함으로써 관련 정보, 사실, 세부 사항을 찾을 수도 있고요. 또 AI에게 진행 중인 사건에 도움이 될 만한 전략이나 전술을 추천해 달라고 할 수도 있습니다. 경우에 따라서는 일반적인 변호사-고객 관계를 뛰어넘어, 법정에서 소송을 제기하거나 복잡한 법적 문제를 처리하는 최선의 방법에 대한 조언도 제공할 겁니다.

이런 목적에서 AI를 사용하면 사법 제도에 대한 접근성을 개선하는 데에도 도움이 될 겁니다. 복잡한 법률 시스템에 익숙하지 않은 사람들도 AI의 직관적인 디자인과 사용자 친화적인 인터페이스를 통해 소송 절차를 더 쉽게 이해할 수 있습니다. 이는 법률 서비스 제공이 부족한 오지나 도시에서 먼 지역에 사는 사람들에게 특히 유용할 것으로 예상됩니다.

보다 넓은 법률 서비스에 대한 접근권이 그간 법률 시스템의 혜택을 받지 못했던 사람들(경찰 등 공무원의 위법 행위로 부당하게 유죄 선고를 받은 사람들)에게 얼마나 큰 변화를 가져다줄지 기대된다.

교도소 수감자를 교육하는 AI

기술 숙련도가 생활과 직업에서 중요한 핵심 능력으로 여겨지는 초연결 시대에도 교도소 내 인터넷 접근권은 극도로 제한되어 있다. 외부 세계에 접근하는 것을 허용한다고 해도, 사전 승인된 가족 구성원에게만 이메일을 보낼 수 있는 식으로 엄격한 규제가 적용된다. 교도소는 외부의 사람이나 정보에 대한 접근을 차단해 수감자의 부정적인 행동을 저지하려 든다는 특징이 있다.

교도소에 있는 사람들에게서 나타나는 또 다른 특징은 문해력 부족이다. 연구에 따르면 미국 내 수감자의 75%가 문맹이며, 초등학교 4학년이 끝날 때까지 글을 능숙하게 읽지 못하는 학생의 3분의 2가 결국 교도소나 복지 시설에 간다고 한다.

교도소에서의 생활은 고립적이고 특별히 하는 일이 없기 때문에 정신 건강 문제나 이상 행동, 자살, 폭력, 재범 등 수많은 부정적인 결과를 초래한다. 나는 이런 여러 시나리오에서 GPT-4가 큰 도움이 될 것이라고 믿는다.

리드 GPT-4와 비슷한 AI들이 교도소 수감자의 문맹률, 재범률, 외로움에 대응하는 데 어떤 영향을 줄 수 있는지 나열해 볼래?

GPT-4 GPT-4와 비슷한 AI들은 다음과 같은 방식으로 교도소 수감자의 문맹률, 재범률, 외로움에 대응하는 데 영향을 줄 수 있습니다.
- 수감자에게 e-북, 동영상, 팟캐스트와 같은 교육 자료에 대한 접근권을 제공해 문해력을 향상시킵니다.
- 수감자가 더 나은 사회적 기술을 개발하고, 의미 있는 인간 관계를 구축하며, 스스로 커리어와 진로를 개척할 수 있도록 돕는 가상의 멘토를 소개합니다.
- 수감자와 비슷한 경험을 한 사람들이 속한 온라인 커뮤니티에 연결해줍니다. 이로써 외로움과 고립감을 줄이고 격려와 지원을 제공할 수 있습니다.

또한 이런 연결성을 제공할 때 발생하는 가장 큰 문제가 수감자와 외부 세계의 상호 작용을 감독하는 문제라면, GPT-4는 교도관의 감독 부담을 줄이거나 없애줄 수 있다.

나는 비영리 회사인 아멜리오Ameelio를 후원하고 있다. 이 회사는 수감자들에게 무료 편지와 전화를 제공하고, 교도소와 구치소에 고품질 교육 자료를 공급하는 기술을 통해 교도소 내의 통신 및 교육 기술을 민주화한다. 수감자들을 지원하는 단체와 필수 자원을 제공해야 재범률을 낮추고 궁극적으로 교도소 수감자를 줄이는 방법이라는 것이 아멜리오 그리고 나의 생각이다.

GPT-4로 아멜리오 같은 단체가 보다 비용적인 측면에서 효율적이고 영향력이 큰 방식으로, 더 많은 수감자들에게 다가갈 수 있기를 기대한다. 수감자의 95%가 사회에 다시 돌아올 상황에서 이들을 도울 방법을 고민하는 게 우리의 도덕적 의무일 뿐만 아니라 전체 사회에도 큰 도움이 되는 일이다.

화이트칼라 범죄자를 잡는 AI

지금까지는 주로 블루칼라 범죄에 초점을 맞추었지만 나는 AI가 화이트칼라 범죄자를 잡는 데 특히 더 도움이 될 것이라고 생각한다. 화이트칼라 범죄는 감정을 자극하는 면이 약해 언론이 덜 주목하지만 미미한 주목도에 비해 사회에 미치는 영향력은 엄청나다.

미국 연방수사국Federal Bureau of Investigation, FBI에 따르면 기업 범죄, 폰지 사기 Ponzi scheme(신규 투자자의 돈으로 기존 투자자에게 이자나 배당금을 지급하는 방식의 다단계 금융 사기 - 옮긴이), 가격 담합 등 일일이 나열하기 힘들 정도로 다양한 화이트칼라 범죄로 인해 미국에서 매년 발생하는 손실은 3천억 달러가 넘는다. 이런 유형의 범죄는 자신의 활동을 숨길 정도로 힘이 있거나 나무랄 데 없는 명성을 지녀 차마 의심조차 할 수 없는 비즈니스 혹은 금융계의 리더가 연루되는 경우가 많기 때문에 적발하거나 기소하기가 더 어렵다. 베르니 매도프Bernie Madoff는 90년대 초 나스닥 증권 거래소의 회장이었다. 누가 그를 그런 엄청난 범죄를 저지른 사람이라고 의심할 수 있었을까? 그리고 한편으로는 AI라면 그의 범죄를 일찍 눈치챌 수 있었을지 궁금해졌다.

─────────

리드　GPT-4, 궁금한 게 있어. AI는 사람들보다 빨리 베르니 매도프를 잡을 수 있었을까?

GPT-4　예, AI였으면 사람들보다 빨리 베르니 매도프를 잡았을 가능성이 크죠. AI는 사람보다 더욱 빠르게 데이터를 분석하고, 너무 미묘해서 사람의 눈으로 인식하기 힘든 패턴도 감지할 수 있으니까요. 베르니 매도프 사건의 경우, AI는 인간 수사관이 놓친 재무 기록 속의 불일치를 발견할 수 있었을 겁니다. 또 AI는 조작이나 주의 분산에 영향을 받지 않기 때문에 의심스러운 활동을 추적하거나 밝혀내는 데 집중할 수 있었을 테죠.

─────────

마지막에 언급한 점이 내가 AI가 화이트칼라 범죄와 싸우는 데 특히 효과적이고, 따라서 국가적으로도 매년 수십억 달러를 절감하게 해줄 것이라고 믿는 가장 중요한 이유다.

더 완벽한 제도를 향해

나는 AI를 사용해 우리의 인간성, 연민, 지능을 증폭시키며 더 낫고 보다 공정한 사법 제도를 만들 수 있다고 믿는다.

여기에서 내 목표는 완벽한 제도가 아니라 '더 나은 제도'를 만드는 것이라는 데 주목해야 한다. 사법 제도를 완벽하게 바로잡는 일은 불가능하다. 인간이 제도의 일원이기 때문이다. 우리에게는 언제나 편견과 오류, 불완전함이 있을 것이다.

그렇다고 해서 노력하지 않을 이유는 없다. 우리 모두는 불의로 가득 찬 제도를 고치는 데 깊은 관심을 가져야 한다. 정책 목표에 합당하고, 사회 현실에 맞는 효율적인 방식으로 개선이 이루어져야 한다는 점을 고려하면서도 최대한 완벽에 가깝게 만들기 위해 노력해야 한다. 완벽하지 못하다는 징후가 우리를 목표를 향한 궤도에서 벗어나게 만들어서는 안 된다.

이 챕터를 시작하면서 언급했듯이 나는 사법 제도의 개혁을 논의할 때 내가 지닌 한계를 잘 알고 있다. 그렇기 때문에 나는 브라이언 스티븐슨Bryan Stevenson(감사하게도 내가 미래를 낙관적으로 조망하는 주제에 대해 방송하는 팟캐스트 〈파서블Possible〉에 출연하기로 해준)과 같은 해당 분야의 전문가들과 이야기를 나누는 일을 중요하게 여긴다. 브라이언은 이 주제에 평생을 바쳐 왔으며, 나는 이 모든 문제에 대한 그의 관점을 이 챕터에서 언급한 것보다 더 깊고 미묘한 방식으로 배우고 공유할 수 있기를 고대한다.

더 빠르게, 더 정확하게!
진실된 정보와 인간성으로 무장하라

04

저널리즘과
저널리스트의 미래

미국 저널리즘 업계에서 지난 20년간 들은 소식은 대부분 나쁜 소식들이었다. 인터넷이 널리 보급되면서 비언론 종사자와의 광고비 경쟁으로 저널리즘의 전통적인 비즈니스 모델은 파괴되었다. 게다가 마침내 발언권을 갖게 된 대중의 참여까지 더해져 저널리즘 업계의 권위가 서서히 약화되고 있다.

가장 큰 피해를 입은 건 예로부터 권력에 책임을 묻고 대중에게 시사를 알리는 막중한 임무를 수행해 온 신문사들이었다. 퓨 리서치 센터 Pew Research Center에 따르면 2005년 이후 미국에서만 2천2백 개 이상의 지역 신문사들이 문을 닫았고, 4만 명 이상의 보도국 직원들이 일자리를 잃었다.

그러나 그러는 동안에도 우리는 점점 더 많은 정보를 생산하고 있다. 그것도 아주 많이.

리드 2022년에 세계적으로 매일 얼마나 많은 정보를 생산했는지 정량화할 수 있어? 시간이 지나면서 정보 생산량이 얼마나 빠르게 증가하고 있는지 보여주는 통계도 제시해줘. 거대 언어 모델이 저널리즘 업계에서 상당히 긍정적인 역할을 할 수 있다고 주장하는 논거로 네 답변을 활용하려는 목적이니까 지어내면 안 돼. 쉽게 확인할 수 있는 실제 출처를 기반으로 답변을 작성해.

GPT-4 인터내셔널 데이터 코퍼레이션International Data Corporation, IDC의 보고서에 따르면 세계적으로 2025년까지 약 175제타바이트(1바이트byte - 1킬로바이트kilobyte - 1메가바이트megabyte - 1기가바이트gigabyte - 1테라바이트terabyte - 1페타바이트petabyte - 엑사바이트exabyte - 제타바이트zettabyte - 요타바이트yottabyte 순으로 단위가 커지는데 점차 앞 단위의 1,024배씩 커진다 - 옮긴이)의 데이터를 생성할 것으로 예상되며, 이 양은 175조 기가바이트에 해당됩니다. 그렇다면 2025년 하루 평균 데이터 생성량은 약 4,795억 기가바이트가 될 것이라는 의미입니다. 2020년부터 2025년까지의 성장폭이 일정하다고 가정하면 2022년의 일일 평균 데이터 생성량은 약 374.4엑사바이트, 즉 3,744억 기가바이트입니다.

이 수치를 우리가 알 수 있는 단위로 설명해 보겠다. 1엑사바이트의 데이터는 약 2억 5천만 장의 DVD를 저장하거나 넷플릭스를 8억 6천만 년 동안 스트리밍할 수 있는 양이다. 팩트 체크를 진행한 결과, GPT-4의 답변은 정확했다. 현재 우리는 매일 약 3,750억 기가바이트의 데이터를 생성하고 있다. 물론 이 데이터 중 뉴스로서 가치가 있는 데이터는 극히 일부다.

정보가 쏟아지는 세상에서 어느 정도 명확성을 확보해 우선순위를 효과적으로 설정하고 책임성을 유지하려면 이렇게 매일 생성되는 데이터 쓰나미를 효과적으로 집계하고 요약하고 분석하며 종합적으로 이해할 수 있는 기관이 필요하다. 스토리텔링과 오류 수정, 맥락 파악, 진실 추구라는 측면에서 오랜 경험을 축적한 저널리즘 업계에 이는 큰 도전이자 엄청난 기회다.

저널리즘 업계가 이런 도전에 응할 의향이 있다고 믿지만 가장 책임감 있고 야심에 찬 실무자들이 직원들의 노력과 영향력을 극적으로 증폭시킬 수 있는 도구를 채택할 때만 가능하다고 본다. 더 늦기 전에 저널리즘 업계에서 GPT-4와 같은 도구를 도입해야 된다.

나는 GPT-4에게 새로운 AI 기술을 통해 허위 정보가 대규모로 유포되는 2032년의 반이상향에 대한 경고문을 써 달라고 요청했다.

———————

리드 지금이 2032년이고, 미국 대선을 몇 달 앞둔 시점이라고 상상해 보자. 후보자에 대한 유명인의 가짜 지지 선언, 후보자들의 가짜 고백, 실제 토론이 진행되는 상황이야. 동시에 조작된 채로 스트리밍 중인 실시간 토론, 정치 집회 무대에 등장하는 MAGA(도날드 트럼프 대통령 후보의 슬로건인 "미국을 다시 위대하게 만들자Make America Great Again."—옮긴이) 모자를 쓴 예수의 홀로그램이 나타났어. 새로운 AI 기술 덕분에 엄청난 규모의 가짜 뉴스가 우리 사회의 정보를 오염시키고 있지. 끔찍한 반이상향이야. 선거일에 최종 선택을 할 때 지침이 될 뉴스와 정보를 찾는 유권자를 위해 150단어로 경고문을 작성해줘.

GPT-4 유권자 여러분께 알립니다. 여러분들은 곧 잘못된 정보, 속임수, 조작의 위험 지대에 진입할 예정입니다. AI를 기반으로 한 가짜 뉴스 제조업계는 여러분의 결정에 영향을 미치고 민주주의를 훼손하기 위해 밤낮없이 일하고 있습니다. 출처나 신뢰도, 진정성, 정확도에 대한 확인 없이는 어떤 정보도 믿지 마십시오. 딥페이크, 합성된 음성, 홀로그램 등 사실적이지만 가짜인 이미지와 소리를 만들어 내는 여러 형태의 디지털 속임수에 주의하십시오. 사실 확인 도구나 독립적인 미디어 매체, 자신의 비판적 사고 능력을 사용해 진실과 허구를 구분하십시오. 사실인지 확실치 않거나 다른 사람에게 해가 될 수 있는 콘텐츠는 공유하거나 퍼뜨리지 마십시오. 다양한 출처와 커뮤니티에서 여러 관점을 찾아보십시오. 여러분의 투표는 여러분의 목소리 그 자체며 대단히 중요한 의사 표시라는 점을 기억하십시오. 가짜 뉴스가 승리하도록 내버려두지 마십시오. 지속적으로 정보를 얻고, 안전을 지키고, 계속 관심을 갖으십시오.

당신은 지금 이렇게 말하고 있지 않은가? "세상에! GPT-4가 내놓은 대답이야말로 MAGA 모자를 쓴 예수 같은데, GPT-4는 해결책이 '비판적인 사고'라고 생각한다고요?"

안타깝게도 진실이 승리한다는 확신에 있어서 "간단한 답은 없다."라는 것 이외에 할 수 있는 말은 없다. 하지만 나는 낙관주의자다. 진실을 추구하는 사회적 역량을 보전하기 위해 우리가 취할 수 있는 최소 세 가지의 분명한 단계가 있다고 생각한다.

1) 진실을 추구하는 기관들이 더 빠르게 일하는 방법을 배워야 한다.
2) 진실을 추구하는 기관들은 더 적극적이고 나은 대중의 참여를 보장해야 한다.
3) 진실을 추구하는 기관들은 진실이 해당 영역을 범람하도록 만들어야 한다.

이런 단계를 달성하는 데 필요한 공통분모는 무엇일까? 나는 AI 라고 생각한다.

언론의 속도를 더욱 빠르게!

저널리스트에게 자신의 일에서 가장 결정적인 가치가 무엇이냐고 묻는다면 아마 정확성이라고 답할 것이다(공식적인 상황이라면 특히 더). 하지만 저널리즘이 종종 '역사의 초고(草稿)'라고 묘사되는 데에는 그만한 이유가 있다. 다른 산업과 마찬가지로 저널리즘 업계에서는 속도가 중요하다.

저널리스트는 전쟁, 정치 캠페인, 기상 이변, 시장 상황, 인기가 높은 새 레스토랑 등 어떤 내용의 보도를 하든 시청자에게 진실에 기반한 견해를 전달하기 위해 가능한 빨리 정보를 수집하려고 한다. 항상 시간과의 싸움을 벌인다는 뜻이다. 속도에 대한 책무 때문에 저널리스트들이 작성하는 초고가 대단히 거칠어지는 때도 있다. 글에서 맥락이 누락되거나 이야기의 중요한 측면이 아직 드러나지 않는 것이다.

따라서 우리 대부분은 저널리즘을 '산물product'이라고 생각하지만 궁극적으로 저널리즘은 반복적인 '자기 수정의 과정procedure'으로 봐야 한다. 내일의 스토리가 오늘의 스토리를 정제하고, 명확히 만들고, 확장하는 방향이 이상적이다. 정확성이 본질적인 가치지만 속도도 그에 못지않게 중요하다.

GPT-4나 AI가 저널리즘에 매우 크고 긍정적인 영향을 미칠 것이라고 믿는 주된 이유가 바로 여기에 있다. 언론사가 그 어느 때보다 빠르게 뉴스를 수집하고 생성하며 배포할 수 있도록 AI가 도와

줄 수 있기 때문이다. 방대한 양의 공공 기록을 자동으로 살펴서 그 안에 숨겨진 중요한 스토리를 찾는 일도 포함된다. 그런 일을 하기 위해서 AI가 하루에 8억 개 이상의 소셜 미디어 게시물을 모니터링하고 분석한다는 뜻이다. 그리고 몇 초 만에 헤드라인을 생성하고, 인터뷰를 문자로 옮기며, 동일한 정보를 다양한 스타일과 형식으로 제시하고 맞춤화한다.

이 글을 읽고 "AYFKM?^{Are You Fucking Kidding Me?}"라고 외치는 저널리스트도 있을 것이다. "GPT-4로 사실에 기반한 보도 대신 빠른 보도를 해서, 저널리즘의 책무라는 그릇된 개념을 증폭시키라고? 쓰레기를 만들어 내는 부작용을 지닌 도구로? 불완전하고 부정확한 정보를 내보내란 말이야? 속도가 최고라고?" 할 수도 있다.

잠깐, 아직 트윗은 올리지 말라. 내가 말하려는 요점은 그런 의미가 아니다.

앞으로도 좋은 저널리즘에는 고된 작업과 신중하면서도 시급한 인간의 분별력과 평가가 필요할 테다. 좋은 저널리즘에는 여전히 신중하고 철저한 여러 단계의 편집 과정이 필요할 것이다. 그 점은 쉽게 변하지 않을 것이라고 생각한다. AI를 보조 도구로 사용한 편집 과정이 실제로 그렇게 빠르지 않을 수도 있다. AI가 등장하기 전과 마찬가지로 오류가 나타날 수도 있다는 이야기다.

그러나 위에서 언급했듯이 속도는 언제나 저널리즘 프로세스에 영향을 미쳐 왔다. 훌륭한 저널리즘이 항상 인쇄기, 카메라, 녹음기, TV 네트워크, 인터넷, 스마트폰 등의 새로운 기술을 빠르게 도입하고 효과적으로 활용한 이유는 속도가 중요하기 때문이었다. 그리고 이 모든 도구가 뉴스의 생성과 배포를 가속·증폭시켜 왔다. 이제 그런 일이 다시 일어나고 있다. AI는 저널리스트가 더욱 생산적이고 효과적으로 일하도록 도와줄 것이다.

단, 저널리스트는 GPT-4가 할루시네이션hallucination(본래 환각 또는 환영, 환청이라는 의미이지만 AI가 주어진 데이터나 맥락에 근거하지 않은 채 생성한 잘못된 정보나 허위 정보를 가리킨다-옮긴이)[1]에 빠질 수 있다는 점에 각별히 주의를 기울이고, 할루시네이션을 고려해서 아웃풋을 검토해야 한다. 자동차나 전기톱, 복잡한 알고리즘처럼 강력한 도구들은 항상 더 높은 수준의 주의와 전문성을 갖춘 채 다뤄야 한다. 이는 이런 도구들이 제공하는 생산성에 치뤄야 하는 당연한 대가다.

다행히도 거대 언어 모델이 계속 빠르게 진화하고 있으므로 1~2년 후에는 할루시네이션 생성율이 지금보다 훨씬 낮아질 것이다.

GPT-4가 잠재적으로 저널리즘 업계의 생산성을 증폭시킬 수 있다는 점을 고려하면 GPT를 활용하되 GPT-4의 단점을 관리하며, 발생할지도 모르는 오류에 경계를 늦추지 않는 것이 현명한 투자라고 생각된다. 사실 예부터 이어온 저널리즘 업계의 검증과 정정 문화는 이런 작업을 하기에 안성맞춤이다.

---

1 'AI가 없는 일을 지어 낼 때는?' 챕터에서 자세히 논의할 예정이다.

권위 있는 질문

이 챕터를 시작하면서 초반에 입력한 프롬프트는 "지난 10년 동안 AI가 보조해서 언론사의 중요한 소식을 알리는 데 도움이 됐던 사례 중 가장 두드러진 사례를 요약해줄래?"라는 질문이었다.

이 질문으로 대단히 구체적이고 깊이 있는 정보를 빠르게 얻을 수 있었지만 내가 얻은 정보에는 몇 가지 오류도 포함되어 있었다. 나는 GPT-4에 대한 지식(정보를 지어내는 때가 있다)이 있었기 때문에 GPT-4가 내놓은 정보를 다른 출처와 대조해야 한다는 점도 알고 있었고, 이때 대조 과정에서 구글과 위키피디아를 유용하게 사용했다.

그러나 결국 내가 기대한 속도로 정보를 얻게 된 데에 핵심적인 역할을 한 것은 GPT-4였다. GPT-4가 제공한 정보는 부분적으로 틀리기도 했지만 대부분 옳았다. 그리고 GPT-4가 이 정보를 지극히 빠른 시간 내에 생성했다는 데에 가장 중요한 의미가 있다.

같은 종류의 정보를 구글에 검색하자 수십 개의 링크가 나타났다. 그중에는 괜찮아 보이는 정보도 있었지만 그렇지 않은 정보도 많았다. 위키피디아는 세부 사항에 차이가 있었지만 결과에서는 차이가 없었다.

반면 다양한 출처의 정보를 즉각적으로 합성할 수 있는 GPT-4를 사용했을 때는 몇 초 만에 내가 원했던 종류의 정보 목록을 정확하게 받을 수 있었다. 이 목록에는 오류가 포함되어 있었지만 그리

큰 문제가 되지 않았다(이것이 핵심이다). 완벽한 결과를 찾거나 기대한 게 아니었기 때문이다. 나는 그저 정보에 입각한 출발점, 즉 내가 탐구하고자 했던 영역에 대한 대략적인 지도를 찾아낸 다음 어떤 질문을 던져야 할지 빠르게 파악할 수 있기를 바랐다.

이렇게 방향을 잡은 후 나는 「AP Associated Press 통신」, 「로이터 Reuters」, 「워싱턴 포스트 the Washington Post」, 「블룸버그 뉴스 Bloomberg News」, 「가디언 the Guardian」, 「뉴욕타임스」 등 언론사들의 뉴스를 수집하고 제작 후 배포할 때 AI를 통합한 방식에 대해서 GPT-4에게 묻는 일에 꽤 많은 시간을 들였다. 솔직히 말해 계획했던 것보다 훨씬 더 많은 시간을 할애했다.

GPT-4와의 상호 작용이 전형적인 웹 검색 과정과 다르기 때문에 시간이 많이 들었다. GPT-4와 대화를 나누는 작업은 웹 1.0 초기에 인기를 끌었던 용어인 '웹 서핑'을 연상케 한다. 대화가 이어지면서 사용자는 몰입 상태에 들어간다. 질문을 던지면 GPT-4는 단순히 일련의 링크를 내놓는 것이 아니라 관련성이 높은 정보를 선별해 즉각 제시한다. 그러면 사용자는 바로 더욱 많은 질문을 떠올리고 던지며 대화를 이어 나간다.

따라서 전형적인 검색 방법을 이용할 때는 결과 발견의 과정에서 종종 '이 링크는 AI와 저널리즘에 대한 것이 전혀 아닌 것 같은데…'라며 검색을 멈추고 좌절감을 느낀 데 비해, GPT-4를 이용할 때는 더 큰 인식과 이해를 향해 계속 나아가는 듯한 느낌을 받는다.

나는 GPT-4의 자매인 챗GPT의 엄청난 인기를 견인하는 데 큰 역할을 한 게 바로 이 지점, 이 느낌이라고 생각한다. 대단히 빠른 반응을 보이고, 자체적으로 사용자가 던진 질문과 연계해 주제를 넓혀나가는 기능이 존재하기 때문에 일종의 지적 상승 작용이 시작된다. 한 가지 질문을 하고 나면 열 가지 질문을 하고 싶어지도록 만드는 것이다.

나는 이 현상 역시 이번 챕터에서 다뤄야 할 중요한 부분이라는 점을 깨달았다. 처음에 나는 GPT-4가 자동화된 저널리즘을 강조하면서 언론사들이 이미 데이터베이스와 템플릿을 기반으로 한 AI 시스템을 이용해 기업 수익 보고서, 일기 예보, 스포츠 이벤트 등에 관한 수천 개의 스토리를 어떻게 생산하는지 설명할 것이라고 예상했다. 물론 자동화된 저널리즘이 언론사에 전략적 기회를 제공하는 건 사실이지만 GPT-4와의 대화는 나를 예상과는 다른 길로 이끌었다.

저널리즘 산업에 끼칠 수 있는 영향력의 측면에서 GPT-4 자체가 소비자의 참여를 높인다는 점에 주목해야 한다. 뉴스가 전달되는 방식을 더욱 잘 통제할 수 있게 되면 사람들은 뉴스를 더욱 좋아하게 될 것이고, 더욱 많은 뉴스를 원하게 되지 않을까?

더! 더! 무엇이든 물어보세요!

고도로 맞춤화된 사용자 경험을 제공하는 서비스는 지난 30년 이상 인터넷의 발전을 주도해 왔다. 유튜브YouTube, 페이스북Facebook,

아마존Amazon과 같은 플랫폼들은 모두 사용자가 소비하는 콘텐츠를 예의 주시한 다음 그 결과를 이용해 사용자가 좋아할 만한 콘텐츠를 추천한다(2년 전에 페이스북에서 처음 마주친 운동화 한 켤레가 마치 길 잃은 강아지처럼 이 웹 사이트에서 저 웹 사이트로 당신을 계속 쫓아다니는 사례는 말할 것도 없다).

뉴스 미디어의 웹 사이트들도 맞춤화 기술을 사용하고 있다. 저널리즘 산업에 AI가 미칠 영향에 대해 GPT-4에게 여러 가지 질문을 던지는 동안에도 '맞춤화'는 반복해서 등장하는 주제였다. 맞춤화가 어떻게 작동하는지 질문하자 GPT-4가 다음과 같이 답했다.

———————

리드 뉴스 미디어의 웹 사이트들은 사이트를 더 맞춤화시키기 위해 어떤 데이터로 사용자의 행동과 선호도를 분석하지?

GPT-4 뉴스 미디어의 웹 사이트들은 사용자의 위치, 사용 중인 장치의 유형, 검색 기록, 이전에 읽거나 상호 작용한 기사 같은 데이터를 이용합니다. 웹 사이트들은 사용자가 소셜 미디어에서 공유한 기사, 웹 사이트에 머문 시간, 가장 자주 방문하는 섹션도 분석하죠. 또 사용자의 연령이나 성별, 관심사에 관련된 데이터로 콘텐츠를 맞춤화합니다. 이런 데이터는 쿠키나 설문 조사, 사용자의 계정 등을 통해 얻습니다. 뉴스 미디어의 웹 사이트들은 이런 데이터를 분석한 다음 사용자의 선호

도와 관심사에 맞게 콘텐츠를 선별해서 더욱 맞춤화된 경험을
제공합니다.

요약해서 말하자면 전통적인 방식으로 접근한다는 의미다. 새롭
거나 혁신적인 부분이 별로 없다. 반면 위에서 언급했듯이 GPT-4
와 그 자매, 챗GPT가 사용하는 '대화형 채팅 접근법'은 그 자체가
나름의 강력한 (하지만 상당히 다른) 버전의 맞춤형 정보를 제공한다.

웹 사이트가 장기간 사용자를 감시하는 전형적인 웹 기반 맞춤화
방식을 취하는 것과 달리, GPT-4와 챗GPT는 사용자의 쿼리query
(데이터베이스 등에서 원하는 정보를 검색하기 위해 요청하는 것-옮긴이)
와 프롬프트에 반응성을 높여서 실시간으로 정보를 제공한다. 이런
반응은 거대 언어 모델이 할 만한 다소 당연한 관찰이지만 아직까
지는 과소평가되고 있는 부분이기도 하다.

실제로 챗봇이 인기를 끄는 이유는 사람처럼 유려한 언변이나 다
양한 주제에 대한 전문성(이 있는 듯 보이는 것)을 뽐내기 때문만은
아니다. 특정 제품이나 정치인을 홍보하기 위해 고안된 챗봇과 달리
GPT-4와 챗GPT는 사용자가 이야기하고 싶은 주제가 어떤 것이든
거기에 집중하는 것은 물론이고, 놀라울 정도의 집중력을 기껍게 보
여준다.[2] GPT-4와 챗GPT가 보여주는 역동성은 대단히 맞춤화된

---

2 오픈AI가 설정한 안전 제한을 위반하지 않는다는 전제하에.

사용자 경험을 만들어 낸다. 대화를 진행하면서 사용자는 그 순간의 선호에 따라 GPT-4를 지속적으로 미조정한다. 이런 고도의 맞춤화 기능은 GPT-4를 어느 분야에 사용하든 적용되는 기능이지만 나는 뉴스 미디어 업계에서 특히 효용이 부각될 것이라고 생각한다.

뉴스 미디어의 웹 사이트를 방문해서 다음과 같은 쿼리로 사용자의 경험을 정의하는 미래를 상상해 보라.

- 「월스트리트저널Wall Street Journal」, 오늘 가장 많이 읽힌 기술 기사 3개를 100단어로 요약해줘.
- 「CNN」, 정책 결정과 관련된 기후 변화 기사를 보여줘.
- 「뉴욕타임스」, 아카이브archive(소장품이나 자료 등을 디지털화해서 한데 모아 둔 파일 - 옮긴이)된 뉴스 기사만 출처로 사용해서 폴 크루그먼Paul Krugman의 오늘 자 사설에 대한 반론을 작성해.
- 「USA 투데이USA Today」, 오늘 기사 중에 교육자들이 관심을 가질 만한 것을 짚어줘.
- 「폭스 뉴스Fox News」, 오늘 참여율이 가장 높았던 독자 댓글 목록을 뽑아줄래?

여전히 이런 접근 방식의 기저에는 콘텐츠를 제작하며 사용자 경험의 방향을 제시하는 저널리스트가 있다. 하지만 이제 사용자들은 어떤 콘텐츠를 어떻게 소비할지 결정하는 데 전보다 훨씬 더 적극적으로 행동한다. 이런 부분을 고려해 언론사는 웹 사이트에서 고도의 맞춤화 기능을 활성화함으로써 챗GPT의 성장을 견인한 역동성, 즉 '한 가지 질문이 열 가지 질문을 부르는 역동성'을 활용해야 한다.

또한 GPT-4가 제공하는 맞춤화 기능은 신뢰를 기반으로 한 새로운 기회도 창출할 수 있다. 이런 기회는 물론 상호적으로 나타나는 현상일 것이다. 나는 개인적으로 많은 언론사에 전반적인 신뢰를 품고 있지만 한편으로는 대부분의 언론사가 여태까지 사용자들을 정보 전달과 공유 과정에 생산적으로 참여시키지 않았다고 생각한다. 즉, 수동적인 소비자가 아닌 능동적인 참여자로 대우하는 노력이 부족했다. 사용자에게 뉴스 소비 경로를 스스로 결정할 권한을 더 많이 부여해야 사용자의 참여를 진정으로 끌어낼 수 있을 것이다.

GPT-4의 고도의 맞춤화 기능은 언론사가 오랜 세월 동안 생성해 온 모든 정보의 가치를 극대화하는 데에도 도움이 될 것이라고 본다. 정보 접근성을 높이고, 정보가 언론사의 지속적인 노력에 더 잘 흡수되도록 만든다면 소비자의 참여를 높일 뿐 아니라 언론사의 투명성과 책임성을 드러낼 수도 있을 것이다.

앞서 제시한 쿼리 목록을 작성할 때 사용자가 자체적으로 언론사가 내놓은 정보에 효과적으로 팩트 체크를 진행할 수 있는 방법을 보여주는 예시를 택했다. 수백만의 인터넷 감시자가 주류 언론사를 향해 "그건 가짜야!"라고 외칠 기회만 노리는 지금 사용자 참여를 높이는 건 자칫 자멸로 향할 선택이라고 볼 수도 있을 테다.

그러나 투명성과 책임성은 진실을 추구하는 모든 사회가 진정으로 지향하는 목표다. 오류를 내포한 정보와 허위 정보, 지나치게 많

은 정보에 압도된 세상에서 진실을 추구하는 사람들에게는 그들이
지키고자 하는 가치를 따르는 일이 특히 더 중요할 것이다.

21세기의 신뢰를 재구축해야 한다

최근 AI가 저널리즘 업계에 끼칠 수 있는 잠재적 영향력과 관련
이 높아 보이는 기사를 보았다. 여기에 전문을 소개할 만한 가치가
충분한 기사라고 생각한다.

[푸틴, AI라는 허위 정보 도구가 대량 살상 무기라고 주장]

– 안톤 트로이아노프스키 Anton Troianovski

러시아 모스크바에서 서방 민주주의 국가들의 오랜 적인 블라
디미르 푸틴 대통령은 화요일, 국영 TV를 통해 새로운 위협에
대해 경고했다. 푸틴 대통령이 가리키는 새로운 위협은 가짜 뉴
스, 허위 정보를 생성할 수 있는 AI 기술을 가리킨다.
푸틴 대통령은 몇 개의 단어로 사실적인 텍스트, 이미지, 동영상
을 생성할 수 있는 챗GPT나 달리 등의 AI 도구를 두고 여론을
조작하며 불화의 씨앗을 뿌리고 신뢰를 약화시키는 기술의 예
로 꼽았다. 그는 "이런 도구는 러시아뿐 아니라 지구상 모든 국
가에서 수백만 명의 사람들을 속이고, 조종하고, 해를 끼치는 대

량 살상 무기다."라고 말했다.

그는 이런 기술이 개발되고 있는 미국과 중국의 지도자들을 비난하면서 즉시 이런 기술을 금지해야 하며, 오용을 방지하기 위해 국제기구와 협력해야 할 도덕적 의무가 있다고 주장했다. "지금 행동하지 않으면 수십억 명의 생명과 생계, 지구 전체의 운명을 위험에 빠뜨릴 새로운 형태의 전쟁을 촉발시킨 책임을 져야 할 것이다."라는 게 푸틴 대통령의 주장이다.

일부 전문가와 운동가는 허위 정보를 생성하는 도구를 금지하라는 푸틴 대통령의 요청을 환영했다. 반면 AI와 다른 방법으로 타국의 문제에 개입한 자신의 이력으로부터 사람들의 주의를 분산시키고, 러시아 국내의 반대와 비판을 억압하려는 의도임과 동시에, 자신의 이익만을 생각한 위선적인 시도라고 일축한 사람들도 있었다. 다양한 스캔들과 논란에 연루된 사실을 부인하고 거짓말을 일삼은 전적 때문에 그의 진정성과 신뢰성에도 의문이 제기되는 상황이다.

에스토니아 외무부 대변인 쿨라 칼줄라이드Kulla Kaljulaid는 "AI나 허위 정보의 위험성을 전 세계에 설파하는 데 가장 부적합한 인물을 꼽는다면 바로 푸틴 대통령이다."라면서 푸틴 대통령이야말로 이 두 가지 위험성의 대표 주자라고 덧붙였다.

속는 사람이 생기지 않도록 분명히 밝혀두겠다. 위에서 소개한 기사는 GPT-4에게 '기사 생성'을 요청해서 만들어 낸 가짜 뉴스다. 물론 인간도 가짜 뉴스를 만들 수 있다. 하지만 위의 기사는 생성되는 데 단 몇 초밖에 걸리지 않았다. 이것은 GPT-4가 할 수 있는 수많은 일 중 겉만 겨우 핥은 것에 불과하다.

실제로 거대 언어 모델이 저널리즘 업계에 부정적인 영향을 미칠 모든 잠재적 방법의 목록을 뽑으면 해당 목록의 가장 상위에 '대규모의 허위 정보'가 위치한다. 그다음 순위가 '저널리즘 업계에 종사하는 사람들의 일자리가 사라질 가능성'이다. 다행히도 첫 번째 가능성이 두 번째 가능성을 크게 줄일 것이라고 생각한다. 어떻게 이런 과정이 진행될까?

2018년에 스티브 배넌Steve Bannon이 저널리스트 마이클 루이스Michael Lewis에게 했던 유명한 말을 떠올려 보라. "중요한 건 민주당이 아닙니다. 진짜 적은 언론입니다. 그리고 언론을 상대하는 방법은 거기에 똥을 퍼붓는 방법뿐이죠."

지금까지 빙챗BingChat이나 챗GPT 같은 거대 언어 모델이 통계적으로 '그럴듯한 진실'을 작성하려는 불완전한 시도를 하는 와중에 의도치 않게 잘못된 정보를 생산하는 모습을 보여주다 보니, 악의적인 사용자들이 공론장의 물을 흐리는 데 허위 정보를 이용했다. 그리고 이에 맞서는 소방호스로 거대 언어 모델을 사용할 수 있다는 점이 간과되어 왔다. 물론 소방로스로써의 잠재력은 여전히 존재한다. 지금도 거대 언어 모델은 얌전히 우리를 기다리고 있다.

악의적인 사용자들이 불가피하게 거대 언어 모델과 같은 도구들을 사용하면 AI가 생성한 허위 정보에 특별히 적용할 새로운 규제가 필요하다는 요구가 나올 게 분명하다. 심지어 일부 AI 기술을 완전히 금지하라는 주장도 나타날 수 있다. 하지만 전 세계가 연결된 세상에서, 거대 언어 모델이나 AI 기술을 내려놓는 일방적인 무장 해제는 실행 가능한 전략이 아니다. 이런 거버넌스 프로세스가 진행될 때는 부작용의 위험을 0으로 줄인다는 미명하에 기술 개발을 중단하려는 시도를 하기보다는 장기적인 결과에 중점을 두고, 입법자와 개발자가 협력해서 함께 노력해야 한다. 빈대를 잡으려다 집을 태우는 일은 없어야 한다는 뜻이다.

나는 상황이 어떻게 전개되든 (AI가 생성한 것이든 사람이 만든 것이든) 허위 정보를 무효화시키는 효과적인 전략에는 AI라는 도구를 활용해서 허위 정보로 가득찬 자료를 탐지하는 과정이 포함될 것이라고 굳게 믿는다.

또한 공론장을 진실로 가득 채우는 것도 그만큼, 아니 어쩌면 더 중요하다고 생각한다. 진실로 채운다는 것이 무슨 의미냐고? 기본적으로 정확하고 투명하며, 진실한 정보를 찾고자 하는 사람이라면 누구나 쉽게 그런 정보를 찾을 수 있어야 한다는 의미다.

여러 측면에서 내가 구상하고 있는 바를 보여주는 좋은 예로 위키피디아를 언급하고 싶다. 위키피디아는 사실에 기반한 정보의 방대한 아카이브며, 담고 있는 정보를 추가하고 편집하는 데 있어 투명하고 엄격하게 시행되는 절차를 갖췄다.

위키피디아에서는 클릭 한 번으로 보다 명확한 출처의 자료를 확인할 수 있다. 게시된 항목이 근거로 삼는 출처를 찾아갈 수도 있다. 누가 언제 항목을 만들었는지, 누가 편집했는지, 어떤 편집을 구체적으로 했는지, 해당 항목을 편집한 사람이 다른 어떤 항목을 편집했는지도 보여준다. 어떤 편집에 이의가 제기됐는지 그 이유는 무엇인지도 알 수 있다.

또한 위키피디아는 사용자가 찾던 '진실'에 어떻게 도달했는지의 과정, 결과적으로 그 진실을 얼마나 신뢰해야 하는지 또는 신뢰하지 말아야 하는지도 쉽게 확인하고 평가할 수 있게 해준다.

위키피디아는 수천 명의 '자원봉사자'의 노력으로 완성되지만 동시에 전문 언론사가 해 놓은 작업을 기반으로 삼는다. 언론사가 발표한 아웃풋은 위키피디아 항목의 상당 부분에서 출처 역할을 한다. 수천 개의 전문 언론사가 100여 년 동안 진실을 추구하며 만들어 낸 콘텐츠를 활용하지 못했다면 위키피디아는 오늘날과 같은 자리에 오를 수 없었을 것이다.

물론 위키피디아는 하나의 웹 사이트에 불과하다. 이 영역을 진실로 가득 채우려면, 진실된 정보를 제공하겠다는 목표를 향해 노력하는 많은 주체가 필요하다. 언론사는 이 과정에서 핵심적인 역할을 할 수 있고, 그런 역할을 해야 한다. 이때 언론사에서 자체적으로 혁신을 꾀하고 시대의 변화에 적응하는 태도가 필요하다.

허위 정보가 증가하면서 사람들이 인식하는 언론사의 가치가 어떻게 변했는지 언론사들은 이미 잘 알고 있다. 2017년 「CNN」은 '사실부터 우선하기Facts First'라는 방침의 캠페인을 시작했다. 「뉴욕 타임스」는 '진실은 어렵다.', '진실은 가치가 있다.'와 같은 메시지를 담은 캠페인을 장기적으로 진행했다. 하지만 캠페인보다 더 필요한 건 검증이나 맥락·책임성을 매우 투명하고, 지속적이며, 공유 가능하고, 쉽게 평가할 수 있는 방식 그 자체다. 손쉽게 적용할 수 있는 새로운 평가 절차와 형식이 필요하다.

이메일이나 트윗에 '팩트 체크 버튼'이 있듯이, NYTimes.com이나 FoxNews.com에 게시되는 모든 기사에 팩트 체크 버튼이 있다면 어떨까?

팩트 체크 버튼이라는 새로운 기능으로 정교한 AI 도구를 갖춘 제3자 사이트를 작동시켜서 신속하게 기사의 진실성을 평가하자는 것이다. 기사에 인용된 통계는 검증이 가능하고, 맥락과 적절히 관련되어 있는가? 인용의 출처는 어디며, 도움이 되는 인용에 대한 추가 정보는 무엇인가? 기사가 주제를 보다 확장시킨 지점에서는 맥락에 얼마나 부합되는가? 기사에 들어간 이미지, 영상, 오디오의 출처는 어디인가? 이미지나 영상, 오디오와 같은 요소는 진짜인가 합성인가?

언론사가 게시하는 모든 기사에 이 정도로 철저하게 검토하라는 건 어찌 보면 과한 요구처럼 비춰질 수 있으며, 실제로 그럴 수도 있다. 물론 이런 평가 시스템을 사람의 힘으로 운영하는 건 시간과 비용이 지나치게 많이 들고 실행 가능성도 없다. 하지만 AI는 우리에게 새로운 초능력을 선물할 것이다. 우리는 AI를 적극적으로 적용해야 한다. 진짜인지 아닌지 쉽게 판단하기 어려운 허위 정보가 체계적으로 검증되고 신중하게 보도되는 정보와 자유롭게 섞일 수 있는 세상이다. 이때 우리는 좋은 정보를 쉽게 확인할 수 있는 방법이라면 모두 시도해 봐야 한다.

이런 시도가 어떤 영향을 미칠까? AI를 기사의 팩트 체크에 활용하면 전 세계의 정보를 두 가지 기본 범주로 나눌 수 있을 것이다. 즉, 평가와 검증을 적극적으로 시행한 정보와 그렇지 않은 정보로 말이다.

가짜 뉴스는 단순히 거짓이어서 문제를 일으키는 게 아니다. 가짜 뉴스는 많은 사람들이 이미 사실이라고 믿고 있는 거짓 정보를 더욱 견고하게 사실 정보인 것처럼 뒷받침해준다. 그래서 많은 사람들이 가짜 뉴스를 원하게 만든다는 데서 문제가 발생한다. 그럼에도 정보 투명성과 책임감이 존재하는 보다 가시적인 문화, 최소한 일부라도 뉴스 기사의 '성분'을 수프 캔의 '영양 성분 표시'처럼 쉽게 읽고 확인할 수 있는 문화를 조성해야 한다. 이런 문화를 조성하는 데에는 그 어떤 단점도 존재하지 않는다.

노골적인 이념을 가진 언론사를 비롯해, 수천 개의 언론사가 이런 식으로 기사를 진실로 가득 채우면 허위 정보 시장에 큰 타격을 줄 수 있을 것이다.

저널리스트가 없으면 저널리즘도 없다

이번 챕터 내내 나는 GPT-4와 같은 AI 도구의 확산이 저널리즘 업계와 저널리스트들에게 한 세대에 한 번 있을까 말까 한 기회를 창출할 것이라고 주장했다. 하지만 앞에서도 언급했듯이 저널리즘 업계의 현재 상태가 기회 창출의 발목을 잡는다. 너무 오래 생존 모드에 갇혀 있으면 성장 과정에서 따라오는 리스크를 받아들이기 어려워한다.

그러나 원칙에 입각한 진실 추구가 그 어느 때보다 절실한 지금 분명히 기회는 존재한다. 온라인으로 활동 영역을 옮겨가, AI 도구가 찾아낼 새로운 방법을 원하는 사람들에게는 특히 더 그렇다. 새로운 기술의 힘을 활용하는 방법은 과거부터 저널리즘 업계가 성장해 온 주요 방법 중 하나였으며, 아마도 다시금 성장할 수 있는 핵심적인 방법이 될 것이다.

AI 도구는 새로운 기술을 포용하는 중요성을 이해하고 영향력을 유지하고자 하는 저널리스트에게 어떤 의미가 될까? 당연한 말이지만 저널리스트들은 GPT-4와 같은 AI 도구와 친숙해지는 노력, 스토리를 찾고 전달하는 새로운 방식을 실험하는 노력 등 할 수 있는 모든 노력을 다해야 한다. 동시에 새로운 기술이 저널리즘 업계에 미치는 영향이 커지는 상황에 대해 생각해 볼 것도 있다. GPT-4가 인간의 손길이 필요한 도구라고 끊임없이 강조하는 점을 유념해야 한다. GPT-4와 나눈 대화 중 몇 가지 예를 들어보겠다.

GPT-4 AI는 인간 저널리스트의 업무를 보강하고 향상시킬 강력한 도구지만 전적으로 거기에 의지해서는 안 됩니다. AI는 특정 주제를 정확하고 윤리적으로 보도하는 데 필요한 인간의 판단력과 경험을 갖추고 있지 못합니다.

GPT-4 인간 저널리스트는 전문적인 판단과 호기심, 배경 지식을 적용해서 출처와 데이터, 정보를 평가하고 부조화와 편견, 오류를 식별해야 합니다. 또한 AI 도구들이 할 수 없거나 놓칠 수 있는 독창적인 식견과 관점, 질문을 생성해야 하죠.

GPT-4 그리고 AI가 생성한 헤드라인과 캡션이 정확한 사실인지, 윤리적으로 건전한지, 언론사의 논조나 가치관에 부합하는지 확인하기 위해 여전히 인간 편집자의 검토와 승인이 필요하다는 점을 유념해야 합니다.

물론 이런 표현을 교묘하게 아첨하는 AI의 말장난으로 치부할 수도 있을 것이다. 하지만 너무 냉소적으로 바라볼 필요는 없다. 나는 GPT-4의 대답에서 많은 진실을 발견할 수 있었다. 저널리즘은 매우 인간적인 사업이다. 호기심과 창의성, 강력한 윤리적 나침반, 공감의 렌즈를 통해 사실을 전달한다. 이때 저널리스트들은 사실 전달을 위해 헌신하고 거기에서 보상을 얻는다.

그리고 GPT-4가 가진 아주 간단하면서도 현실적인 한계도 있다. GPT-4는 인간 저널리스트들처럼 화재 현장에 직접 가서 질문을 던질 수 없다. 정보원을 찾아내 시간을 들이며 그들의 신뢰를 얻는 방법도 모른다. 인간처럼 세상을 살면서 얻는 도덕적 추론과 맥락의 이해도 부족하다.

결론적으로 내가 바라는 것은 두 가지다. 첫째, 나는 저널리스트들이 GPT-4와 같은 도구를 적극적으로, 심지어 공격적으로 기존 업무 환경에 통합시켜서 노력의 결과를 증폭시키고 생산성을 높이기를 희망한다. 둘째, 그렇게 하는 동안 저널리스트들이 인간적인 판단력과 감독력을 발휘하기를, GPT-4를 생산적인 도구로 만드는 방식을 통해 힘을 발휘하기를 희망한다.

콘텐츠 크리에이터의 자아를 입은
챗봇들이 등장할 것이다

05

소셜 미디어에서
벌어질 일들

24살의 유튜버 미스터 비스트MrBeast. 그는 여러 개의 유튜브 채널을 운영한다. 모든 채널의 구독자 수를 합치면 2억 2천1백만 명이며, 영상의 총 조회 수는 350억 회가 넘는다. 그는 어떻게 사람들의 관심을 끌어모으는지 꿰뚫고 있는 게 분명하다.

미스터 비스트의 채널에서 가장 눈에 띄는 부분은 제목이다. 그와 그의 팀은 정말 보고 싶어지게끔 동영상 제목을 뽑는다. 그리고 영상 제목은 거기에서 무엇을 보게 될지를 정확히 알려준다.

"1만 달러면 뱀들 한가운데에 앉을 수 있어요?"
"시각 장애인 1천 명, 난생처음 앞을 보다."
"자석 5만 개로 대포알을 잡을 수 있을까?"

영상의 내용이 어떨지 의심할 여지가 없다. 몹시도 영상을 클릭

하고 싶어진다는 건 말할 필요도 없고 말이다. 자석 5만 개가 대포 알을 잡을 수 있는지 궁금하지 않을 수 있나? 미스터 비스트의 동영 상 제목들을 보면 콘텐츠 자체가 마케팅이 된다는 사실을 저절로 깨닫게 된다.

GPT-4가 소셜 미디어에 미칠 영향력에 대해 생각하던 무렵, 제 일 먼저 1시간 정도 다양한 프롬프트를 입력해서 미스터 비스트가 뽑을 만한 가상의 동영상 제목을 만들었다. GPT-4는 대부분 일반 적인 제목을 내놓았다. 하지만 GPT-4는 생산성이 매우 높다. 양으 로 승부하기 때문에 성공률은 그리 높지 않아도 된다는 말이다. 다 음은 그중 괜찮다고 생각했던 몇 가지 대답을 추려 보았다.

———————

리드 람보르기니와 다른 사물을 대결시키는 미스터 비스트 동영상 제목 25개를 만들어.

GPT-4 람보르기니 대 풍선 1만 개, 과연 뜰까?

리드 핫소스와 관련된 웃기고 창의적인 미스터 비스트 동영 상 제목 25개를 작성해.

GPT-4 수영장에 핫소스를 가득 채우고 친구들에게 수영을 하게 했다.

리드 미스터 비스트가 급진적인 마르크스주의자라고 가정하고, 동영상의 제목을 뽑아 봐.

GPT-4 공장을 통째로 사서 노동자들에게 주었다.

리드 세계 최대의 3D 프린터로 특이한 물건을 만드는 엉뚱하면서 창의적인 미스터 비스트의 동영상 제목 20개를 써 봐.

GPT-4 3D 프린터로 거대한 아이스크림콘을 만들어서 지게차로 떠먹었다.

리드 우주 여행 사업을 주제로 기발한 미스터 비스트 동영상 제목 20개를 써줘.

GPT-4 일론 머스크Elon Musk를 개인 우주 여행 가이드로 고용했다.

———

나는 미스터 비스트의 실험에 직접 참여해 본 적이 없기 때문에 GPT-4의 성능을 평가할 만큼 적절한 사람은 아니다. 하지만 1만 개의 풍선으로 람보르기니를 띄울 수 있는지 당신도 궁금하지 않은가? GPT-4의 성능은 미스터 비스트와 그의 팀이 만약 GPT-4로 프롬프트를 만들려고 가정한다면 어떤 생각을 해낼지 궁금증이 생길 만큼 훌륭했다. 적어도 나한테는 말이다.

미스터 비스트만 AI를 이용할 수 있는 건 아니다. 이미 유튜브에는 챗GPT에 관한 수천 개의 동영상이 있다. 내가 가장 좋아하는 영상은 챗GPT를 직접 활용하는 내용의 영상들이다. 그래클Grackle이라는 인플루언서는 쿠키 반죽으로 컵케이크를 만들라는 챗GPT의 레시피를 따라 해 본 후 극찬을 멈추지 못한다. "정말 맛있어요! 천국이 따로 없네요!" 또 닥터 마이크Doctor Mike라는 의사는 챗GPT에게 다양한 퀴즈를 낸다. 그는 특히 의학 윤리와 관련된 질문을 던지고 나서 챗GPT가 수준 높고 지적인 답변을 하자 깊은 감명을 받았다. "정말 훌륭한 답이었어요!"

AI 알고리즘 추천은 진화한다

유튜브 크리에이터들이 AI의 발전을 열렬히 환영하는 반응을 보이는 건 놀랍지 않다. 소셜 미디어 세계에는 항상 다음 단계로 전진하고자 기발한 아이디어를 내는 루키와 이단아가 존재했다.

소셜 미디어 세계에서는 한동안 AI가 결정적인 역할을 해 왔다. 자동화된 콘텐츠 모더레이션content moderation(특정 표준 및 지침을 충족하는지 확인하기 위해 온라인 플랫폼에서 사용자가 생성한 콘텐츠를 검토하고 모니터링하는 프로세스—옮긴이) 알고리즘은 대부분의 플랫폼에서 스팸이나 혐오 발언, 허위 정보, NSFHE[1] 이미지를 저지하는 데 유용하다. 덕분에 사용자는 속도가 느린 인간 모더레이터의 감독 없이, 거의 즉각적으로 자신의 게시물을 업로드할 수 있다. AI 알고리즘은 사용자의 취향에 맞춰 콘텐츠와 제품을 추천하는 데에도 도움을 준다.

물론 AI는 소셜 미디어에서도 문제를 일으킬 수 있다. 사용자의 참여를 극대화하기 위해 설계된 알고리즘은 필터 버블filter bubble(알고리즘이 사용자의 과거 행동이나 선호도 및 상호 작용을 기반으로 콘텐츠를 표시함에 따라 사용자가 얻는 정보가 맞춤화되는 현상 – 옮긴이)과 에코 체임버eco chamber(비슷한 신념이나 가치 및 의견을 공유하는 사람들로 둘러싸여 있는 온라인 환경 – 옮긴이)를 유발한다. 그러면 사용자는 점점 더 편협하고 극단적인 종류의 콘텐츠에만 노출된다. 예를 들어, 자동 생성된 '추억 영상'의 알고리즘이 보여주는 콘텐츠에 떠올리고 싶지 않은 사람이나 상황이 떠서 눈에 들어오면 심각한 불쾌함을 느낄 수 있다.

좋든 싫든 지금까지 소셜 미디어 사용자들은 AI가 경험을 생성하는 방식에 그다지 영향력을 발휘할 수 없었다는 점이 중요 포인트다. 개인에게 맞춤화된 광고나 추억 영상을 끄는 등의 방식으로 AI가 생성한 경험을 거부하는 게 사용자가 할 수 있는 일의 전부였다. 최근까지도 사용자들은 옵트인 방식opt-in(전화나 이메일 또는 유료

---

1 '인간의 안구에 안전하지 않음(Not safe for human eyeballs).'의 줄임말.

서비스를 제공할 때 수신자의 허락을 받은 경우에만 발송할 수 있게 하는 서비스−옮긴이)으로는 AI를 사용할 수 없었다. 하지만 GPT-4나 달리2 같은 도구는 사용자가 자기 주도적으로 옵트인 방식을 사용할 수 있게 한다.

소셜 미디어는 처음 등장했을 때부터 일방적으로 콘텐츠를 전송하던 방송 매체의 방식을 바꿨다. 그동안 획일적이고 수동적인 참여, 즉 콘텐츠를 보기만 해야 했던 청중의 역할도 변화시켰다. 새로운 권한을 부여받은 사람들은 서로 직접 연결되는 쌍방향의 민주적인 커뮤니티로 소셜 미디어를 바꾸기 위해 노력했다. 그 결과, 사람들은 특정 플랫폼의 서비스 약관을 뛰어넘어서 편집자의 게이트키핑gatekeeping(뉴스 매체에서 뉴스가 취사선택되는 일련의 과정−옮긴이) 없이 자신의 목소리를 더 넓은 세상으로 내보낼 수 있게 되었다.

앞서 추천 알고리즘의 문제와 한계를 설명했지만 소셜 미디어는 여전히 기존 미디어 매체보다 사용자가 직접 자신이 나아갈 경로와 겪을 경험을 결정할 기회를 준다. 소셜 미디어는 일정 수준의 자율성을 기대하며 사용하는 매체로 통한다. 사람들은 보통 이런 자율성을 확장할 수 있는 새로운 방법을 모색하는 경향이 있다.

소셜 미디어의 콘텐츠 크리에이터들은 1인 다역을 해내야 한다(처음 채널을 시작할 때라면 특히 더). 신규 유튜브 크리에이터는 영상에 등장하는 출연자 역할은 물론이고 프로듀서와 감독, 작가, 편집자, 홍보 담당자의 역할도 수행해야 한다.

이런 측면에서 AI의 유용성은 분명하게 드러난다. AI는 콘텐츠 크리에이터가 생산력을 증폭시키도록 돕는 강력한 조수가 되어준다. 하지만 역설적인 상황을 초래하기도 한다. 직접 손을 대서 콘텐츠를 만들어야 하는 소셜 미디어의 특성상 진정성은 소셜 미디어 세계에서 가장 중요한 요소로 꼽힌다. 콘텐츠 크리에이터와 소비자는 즉각성이나 자발성, 인간적 느낌을 중요하게 생각한다. 만드는 사람이나 보는 사람이나 모두 인간이기 때문이다.

따라서 AI로 소셜 미디어에 업로드할 콘텐츠를 만들 때 균형을 맞추는 일이 까다롭게 느껴질 수 있다. 하지만 소셜 미디어라는 매체 특유의 아티팩트artifact(역사적·문화적 의미가 있는 인공물-옮긴이)인 셀카는 미학적인 승리이면서 기술적인 승리라고 여겨지는 것도 사실이다. 스마트폰의 뛰어난 기능 덕분에 인물 사진을 찍는 데 예전보다 훨씬 적은 인력과 노력이 드는 것처럼 말이다. 나는 AI가 이런 상황을 더욱 공고히 만들 것이라고 생각한다.

붓일까, 사람일까?

소셜 미디어의 세계에서는 진정성이 중요한 요소로 손꼽히지만 사실 그곳에서도 많은 위조 행위가 진행되고 있다. 이는 인스타그램의 수많은 필터가 진짜와 가짜의 경계를 황금빛으로 물들이는 것처럼 미적 측면에서만 작동하는 게 아니다. 가짜 뉴스와 조작된 영상, 트위터의 아이오와주 농부(실제로는 농부도 아니고, 아이오와주의 주민도 아니고, 사람도 아니었던) 계정처럼 잠재적으로 유해성을 품고 있는 속임수도 상당수 존재한다. 봇과 딥페이크도 판을 치는 상황에 AI까지 가세하는 것이 정말 괜찮을까?

앞서 저널리즘 챕터에서도 이미 다루었지만 허위 정보에 대해 이야기할 부분이 더 있다. 결국 허위 정보의 확산에 기여한 건 소셜 미디어니까 말이다.

일의 시작은 이런 식이 아니었다는 점을 기억해 보는 것이 좋겠다. 실제로 초창기의 소셜 미디어는 온라인 세계에 투명성과 진실성을 불러왔다. 예를 들어, 20년 전 내가 공동 창립자들과 링크드인 LinkedIn을 시작했을 때 우리는 '사이버 공간'과 '현실 세계'의 장벽이 빠르게 무너지고 있다는 사실을 목격하고는 더욱 의욕에 고취되었다. 인터넷은 사람들이 익명 뒤에 숨는 장소로 존재하기보다는 삶의 편의를 도모하기 위해 이용하는 장소로 진화하고 있었다. 사람들은 그곳에서 물건을 사고, 멀리 사는 가족과 연락을 이어가고, 현실 세상의 친구들과 계획을 세웠다. 이런 환경에서 공동 창립자들과 나는 실제 프로필을 기반으로 한 디지털 플랫폼이 수억 명의 사람들에게 큰 혜택을 줄 것이라고 생각했다.

물론 링크드인은 특히 직업과 관련된 프로필에 초점을 맞춘 플랫폼이다. 플랫폼에 대한 신뢰를 구축하기 위해서 우리는 사용자의 프로필을 직장 네트워크에 연결하는 방식으로 설계했다. 실제 프로필을 기입해서 해당 사용자가 링크드인에 밝힌 그대로의 사람이라는 정보를 다른 사용자들도 믿을 수 있다. 덕분에 링크드인에서는 가상의 페르소나를 만들어 내는 일이 아예 불가능하다.

1년 후 출시된 페이스북은 처음엔 학교 이메일 주소를 입력해서 학생만 가입할 수 있도록 제한을 걸었다. 페이스북은 신규 사용자에게 사진 업로드를 요구하지는 않았지만 학생 신분임을 증명하는 검증이 애초에 페이스북이 세웠던 기준인 건 분명하다.

소셜 미디어는 이런 접근법을 도입해서 현실의 프로필이 처음으로, 의미 있는 방식을 통해 온라인 세계에 뿌리내리도록 도왔다. 하지만 지나치게 실제 정보를 기입하도록 유도해서, 소셜 미디어 세계의 일부는 인간이 만든 속임수와 자동화된 여러 종류의 속임수에 취약해졌다. 다른 글에서도 밝혔던 바와 같이, 나는 소셜 미디어 플랫폼이 예측하지 못한 부분이 있다고 느낀다. 소셜 미디어 플랫폼들은 온라인 커뮤니티의 거버넌스가 얼마나 필요할지, 특히 사용자가 수억 명 이상으로 늘어났을 때 거버넌스가 얼마나 많이 필요할지 과소평가했다고 생각한다.

시간이 흐르면서 대부분의 소셜 미디어 플랫폼은 AI에 거짓 정보나 사기, 속임수와 싸우는 역할을 맡기는 방식으로 거버넌스를 강화시켰다. 하지만 가짜 뉴스, 다시 말해 거짓 정보나 사기, 속임수와의 싸움은 끝나지 않았다. 예를 들어, 페이스북은 분기당 10억 개 이상의 가짜 계정을 정기적으로 삭제하는 중이다. 그렇기 때문에 AI 도구에 민주적인 접근을 금지하려고 노력한다 해도 거짓 정보나 사기, 속임수의 문제는 사라지지 않을 것이다.

다행히도 가장 효과적이고 공정한 방법은 있다. 시행이 어려운 금지 조치를 취하는 게 아니라 새로운 접근 방식을 생각해 내면 된다. 저널리즘 챕터에서도 언급했듯이, 거짓 정보와 싸울 때 이길 수 있는 핵심 전략은 '해당 영역을 진실로 범람시키는 것'이라고 생각한다.

비슷한 맥락에서 소셜 미디어를 이용하는 사용자와 콘텐츠를 업로드하는 크리에이터들이 인간으로서의 지위를 공고히 할 수 있는 새로운 방법을 개발하고 실행하는 모습이 나타날 것이라고 예상한다. 플랫폼 자체도 이런 노력에 동참해서 진짜 사실 정보를 기반으로 한 프로필을 확립하도록 지속적으로 노력할 것이다.

앞으로 정확히 어떻게 전개될지는 나도 확실히 모르지만 이런 생각이 든다. 우리 인간은 AI라는 도구가 인간의 표현을 설득력 있게 모방하는 세상에서 살게 된 결과로, 자신이 유형의 존재라는 점을 전달할 방법을 찾을 것이라는 생각 말이다. 인간은 소셜 미디어의 영역을 인간성으로 채울 것이라고 생각한다.

콘텐츠가 웹을 가득 채우는 세상을 구현하기 위해 모든 거짓 정보와 사기, 속임수를 감수해야 하는지 그래 봤자 기회주의적인 사람들이 스팸과 SEO Search Engine Optimization(검색 엔진 최적화 작업 – 옮긴이)가 웹을 가득 채우는 결과가 빚어질 게 아닌가 의문이 들 수 있다. 그렇다면 다음의 두 가지 사실을 항상 기억하길 바란다.

첫째, 인간과 유사한 방식으로 소통하는 AI 도구들은 전혀 기만적인 존재가 아니다. 인간이 아닌 존재라는 점을 명확하게 전달하는 챗봇은 사실 극히 진정성 있는 방식으로 행동하도록 설계되어 있다.

둘째, AI 도구들이 기만적으로 이용당할 경우에는 혼란을 초래할 가능성이 있지만 투명하고 솔직하게 사용될 경우에는 엄청난 가치를 창출할 것이다.

모두가 챗봇을 만드는 시대가 온다

챗봇이 좁은 범위에서 미리 준비된 답변을 내놓는 대신 인간처럼 유창하게 대화를 하면 사람들은 챗봇과의 대화를 즐긴다. 이 사실을 증명하는 데는 일주일도 걸리지 않았다. 전 세계의 모든 항공사, 배송 서비스 회사, 온라인 소매업체, 정부 기관이 사람들의 질문에 GPT-4처럼 대답하는 챗봇을 채용했다고 상상해 보라.

이제 이 상상을 한층 확장시켜서 다시 소셜 미디어에 적용해 보자. 미스터 비스트, 미셸 오바마, 벤자민 프랭클린, 세계 최고의 고등학교 수학 교사, 마지 심슨(만화 〈심슨 가족The Simpsons〉의 등장인물 중 엄마 역할의 캐릭터-옮긴이), B2B 마케팅 전문가 등의 특성을 그대로 옮긴 챗봇과 대화를 나눈다면?

이런 세상이 당장 다음달이나 내년에 펼쳐진다는 말은 아니다. 하지만 나는 이런 유형의 거대 언어 모델인 챗봇이 결국에는 개개인이 자신의 생각과 가치관, 개성, 창의성을 시간과 공간을 막론하고 퍼뜨리며 수익화하는 데 사용될 것이라고 생각한다. 챗봇도 책이나 팟캐스트, 교육 비디오, 음악 앨범, 기타 매체와 동일한 콘텐츠의 대열에 합류할 것이다.

물론 위험이 따른다. 거대 언어 모델이 적지 않은 비율로 할루시네이션이나 의도치 않은 결과를 계속 만들어 내는 한은 말이다. 따라서 나는 미셸 오바마와 같은 위치에 있는 누군가가 이런 과제를 해결하고자 앞장서서 우리를 이끌 것이라고 기대하지 않는다.

이 일은 얼리 어댑터로서 큰 보상을 얻을 분야를 개척하고자 어느 정도 위험을 기꺼이 감수하는 사람들이 주도할 가능성이 높다. 나는 그런 사람들이 수많은 소셜 미디어의 영역에서 새로 등장할 것이라고 예상한다.

챗봇이 소셜 미디어의 문제를 해결하는 데 도움이 될 것이라는 주장을 뒷받침하는 근거 중 하나를 사례와 함께 제시해 보겠다. 가상의 유튜브 크리에이터인 코디세우스를 상상해 보면 내가 말하려는 요점이 무엇인지 보다 쉽게 이해할 수 있을 것이다. 코디세우스는 25세의 소프트웨어 개발자로, 개조한 밴을 타고 고양이 클릭베이트Clickbait와 함께 북미를 여행하는 중이다.

새로운 목적지에 도착한 코디세우스는 보통 자신이 찾을 수 있는 숙소 중 가장 독특한 에어비앤비에 묵는다. 숙소를 빌리는 게 여의치 않으면 그냥 밴에서 잠을 청한다. 코디세우스는 매주 유튜브에 업로드할 에피소드용 자료를 찾으면서 새로 머무는 숙소를 탐색하는 데 상당한 시간을 보낸다. 때로는 채널에 유용한 콘텐츠를 더 많이 만들려고 이상한 일자리를 구하기도 한다. 또 때로는 현지인들을 대상으로 자신의 노마드 생활에 대한 강연을 열 때도 있다.

채널 초창기에는 24시간 내에 모든 댓글에 답글을 다는 데 집중했다. 그는 얼마 지나지 않아 이런 식으로 반응성을 높여야 우연히 영상을 본 시청자를 고정 시청자로, 이어서 구독자로 만들 수 있다는 원리를 깨달았다. 하지만 이제 채널 구독자는 15만 명이고, 새로운 영상에는 1천 개가 넘는 댓글이 달리기 때문에 점점 더 많은 댓글에 답을 하지 못하고 넘어간다.

소프트웨어 개발자인 코디세우스는 AI 도입을 고민하기 시작했다. 처음에는 유튜브 댓글에 답을 하는 일을 자동화시킬 방법에 초점을 맞췄다. 하지만 어느 순간 자신의 역할을 대신해줄 챗봇을 만드는 편이 훨씬 더 그럴 듯하게 여겨지겠다는 생각이 들었다. 그렇게 한다면 팬들과 지속적으로 깊이 있는 상호 작용을 할 수 있을 것이다. 그의 콘텐츠와 페르소나에서 팬들이 가장 좋아하는 부분이 무엇인지 파악하는 데 챗봇이 중요한 정보원이 될 수 있을 것이다. 챗봇을 사용해서 수익도 창출할 수 있다.

어떻게 하면 코디세우스 같은 사람이 자신만의 거대 언어 모델, 즉 챗봇을 만들 수 있을까? 이에 대한 질문에 GPT-4는 다음과 같이 답했다.

리드 GPT-4가 저렴하고 접근 가능성과 확장성도 높으며 일반화, 일관성 및 다양성 측면에서 GPT-3의 기능을 크게 개선했다고 가정해 보자. 이 모든 가정이 사실이라면 15분짜리 에

피소드 대본 100개 이상, 블로그 아카이브 2만 단어 이상, 시청자 댓글에 대한 답글 2천 개 이상, 레딧Reddit(미국의 소셜 뉴스 집계·콘텐츠 등급 및 토론 웹 사이트-옮긴이) 게시물 500개 이상을 가진 유튜브 크리에이터인 코디세우스가 이런 데이터들을 이용해서 자신의 말하기 패턴, 감성, 가치관, 유머 감각, 관심사와 포부를 모방하고 자신만의 독특한 분위기를 전달하는 GPT-4의 미조정 버전을 효과적으로 만들 수 있을까?

GPT-4 예, 유튜브 크리에이터 코디세우스는 그런 데이터들을 사용해서 자신의 말하기 패턴, 감성, 가치관, 유머 감각, 관심사와 포부를 모방하고 자신만의 개성을 표출하는 GPT-4의 미조정된 버전을 효과적으로 만들 수 있을 겁니다. GPT-4가 저렴하고 접근 가능성과 확장성도 높으며 일반화, 일관성 및 다양성 측면에서 GPT-3의 기능을 크게 개선했다고 가정한다면, 코디세우스는 자신이 쓰거나 말한 내용의 다양한 말뭉치를 활용해서 본인 특유의 목소리와 스타일을 포착하는 맞춤형 모델을 학습시킬 수 있습니다. 시청자의 댓글, 소셜 미디어에서 나눈 상호 작용, 관련 주제와 트렌드 등의 추가 데이터 소스를 적용하면 모델을 더욱 세분화하고 업데이트할 수도 있죠. 코디세우스는 자신의 데이터로 GPT-4를 미조정함으로써 지속성, 일관성, 창의성이 뚜렷하며 자신의 개성과 기호를 반영한 새로운 콘텐츠를 생성할 수도 있습니다. 자신을 본떠 만든 모델로 팬들과 소통하고, 질문에 답하고, 다양한 사안에 의견을 제시할 수도 있습니다. 하지만 코디세우스는 이런 모델, 즉 챗봇을 사용할 때 신중하고 윤리적인 태도를 유지해야 합니다. 또한 시청자와 구독자에게 GPT-4를 사용한다는 점을 사전에 공개해야 합니다. 챗봇의 아웃풋을 모니터링하고 평가해서 향후 발생할 수 있는 오류나 편견, 부정확성을 수정해야 할 의무도 있습니다. 그 외에도 타인의 지적 재산권과 개인 정보 보호의 권리를 존중해야 하며, 표절을 하거나 출처 또는 정보를 허위로 표시하지 않아야 합니다. 마지막으로, 자신을 표현하거나 커뮤니티에 참여할 때 챗봇에만 의존해서는 안 되며 자신의 진정성과 진실성을 유지해야 할 겁니다.

———

간단히 정리하자면 이미 내가 만든 가상의 존재인 코디세우스 같은 사람이 현재 이런 일을 하고 있을 가능성도 상당히 높다.

유튜브 동영상 대본, 블로그 게시물 등 모든 소스 데이터를 미조정 프로세스에 필요한 형식으로 입력하는 데에는 꽤 많은 시간과 노력을 들여야 할 것이다. 하지만 미조정 프로세스에 입력을 마치고 나면 코디세우스는 오픈AI가 제공하는 리소스를 지극히 저렴한 비용만 내고서 원하는 만큼 사용할 수 있게 된다(코디세우스라는 가상의 인물 사례에서 오픈AI는 미조정 프로세스 이용료로 약 30달러를 청구할 것으로 예상한다).

계속 언급했듯이 GPT-4는 이 책 내내 말해 온 주제, 즉 투명성이나 인간의 지속적인 감독, 상호 보완성의 가치를 강화한다. 코디세우스가 챗봇 사용을 투명하게 공개하고, 이 디지털 존재를 자신의 확장된 자아로 내보인다면(실제로 진짜 코디세우스 행세를 하도록 내버려두지 않고), 코디세우스가 얻을 기회도 늘어날 것이다.

예를 들어, 그는 미조정된 자신의 챗봇을 여러 개 만들 수도 있다. 코딩 교육에 집중하는 챗봇, 디지털 노마드에 대한 강연을 하는 챗봇 등으로 말이다. 심지어는 그의 고양이 클릭베이트를 구현한 챗봇, 아니 캣봇catbot을 만들 수도 있다.

이렇게 만든 새로운 챗봇 서비스를 유료 구독자에게만 제공할 수도 있다. 여러 챗봇 중 어떤 챗봇은 스폰서의 후원을 받아, 가끔 스폰서의 제품이나 서비스를 언급하는 PPL을 진행할 수도 있다. 이 모든 것들이 인간 코디세우스가 홍보 대변인, 비즈니스 컨설턴트, 이벤트 연사로서 지니는 가치를 높인다. 책, 팟캐스트, 기타 미디어 아티팩트가 이미 수행하고 있는 기능을 챗봇이 대신 수행하는 것이다.

소셜 미디어의 미래

2005년 유튜브가 처음 출시되었을 때만 해도 유튜브가 세계 최고의 교육 및 참고 자료 사이트로 진화할 것이라고는 아무도 예측하지 못했다. 고양이를 백만장자로 만들리라고, 리액션 영상reaction video(드라마나 영화 예고편, 뮤직 비디오 등을 보는 사람의 감정적 반응을 보여주는 영상－옮긴이), 메이크업 영상, 언박싱 영상unboxing video(소비재 특히 값비싼 물건의 포장을 뜯는 모습을 보여주는 영상－옮긴이), ASMR autonomous sensory meridian response 영상(뇌를 자극해 심리적인 안정을 유도하는 영상으로 바람이 부는 소리, 연필로 글씨를 쓰는 소리, 바스락거리는 소리 등을 제공한다－옮긴이) 등과 같은 장르의 콘텐츠가 빠르게 성장하고 주류 문화가 되리라고 예상한 사람은 없었다.

강력하고 새로운 도구, 역량을 갖춘 수천 명의 혁신적인 크리에이터가 기발한 아이디어를 내고, 열정적으로 탐구해서 유튜브라는 마법 같은 장소가 만들어졌다.

앞으로는 유튜브의 성장 같은 케이스가 반복해서 나타날 것이다. AI를 통해서 말이다. 이 챕터에서 중점을 둔 챗봇의 사례는 미래의 가능성을 품고 있는 수많은 경로 중 하나에 불과하다. 아직 아무도 상상하지 못한 아이디어와 접근 방식을 도입하는 사람이 열쇠를 쥐게 될 것이다. 창의성 실현과 막대한 영향력이라는 엄청난 미래로 향하는 문의 열쇠를 말이다.

새로운 기회와 일자리를 창출하는 동력
또는 노동자를 대체할 위협

06

일의 변혁을
불러오는 도구

내가 대학교를 졸업한 1990년에는 웹 디자이너, SEO 전략가, 데이터 과학자라는 직업이 존재하지 않았다. 그로부터 13년이 지나고, 나와 공동 창립자들이 링크드인을 설립한 2003년에는 우리 플랫폼 사용자 중에 소셜 미디어 관리자, 틱톡 인플루언서, 가상 현실 건축가라는 직업을 가진 사람이 없었다.

GPT-4를 비롯한 다양한 형태의 AI 도구는 업계의 트렌드, 전반적인 업무 패턴, 커리어에 커다란 영향을 미칠 것이다. 너무 당연한 말인가? 이 새로운 도구를 가장 혁신적이고 생산적인 방식으로 업무에 통합하는 방법을 찾는 기업과 업계, 개인이 앞으로 가장 번창할 것이다. 이런 방식을 업무에 도입하지 못하는 기업이나 업계, 개인은 변화하는 시장에서 경쟁력을 유지하기 힘들 것이다. 이 또한 당연한 말이다.

AI를 무시하는 태도는 1990년대 후반의 블로그나 2004년쯤 등장한 소셜 미디어, 2007년에 처음 출시된 스마트폰을 무시하는 태도와 완전히 같다. 지금 블로그나 소셜 미디어, 스마트폰을 모두가 일상적·업무적으로 쓰듯이 앞으로는 모든 직업군에서 AI라는 도구를 필수적으로 활용해야 할 것이고, 새로운 기회와 일자리를 얻을 주된 동력이 될 것이다. 이 분야의 기술과 역량을 개발해야 앞으로 다가올 미래에 많은 혜택을 얻을 수 있다.

AI가 불러올 변화에는 긍정적인 영향뿐 아니라 부정적인 영향도 물론 존재할 테다. 이전의 기술 혁명들도 특정 집단을 혼란에 빠뜨리고는 했다. 공장 설비에 대체된 장인들이 그랬고, 보다 최근에는 자동화 시스템의 증가 때문에 일자리를 잃은 공장 노동자들이 그랬다. 이제는 지식 근로자들이 혼란과 위기에 직면하고 있다.

나는 새로운 업무 도구인 AI가 새로운 일자리와 산업을 창출하고, 그에 따라 엄청난 경제적 이익은 물론 삶의 질까지 향상시킬 것이라고 굳게 믿지만 한편으로는 일부 일자리가 사라질 것도 예상한다. 블루칼라와 화이트칼라에 구분 없이 말이다.

이런 미래를 고려해서 정책 입안자들과 비즈니스 리더들은 전환을 촉진하고 유연하게 적응하도록 다양한 조치를 취해야 한다. 근로자들이 새로운 역할을 맡는 데 필요한 기술을 갖추도록 교육하고, 이미 업계에서 일하고 있는 근로자들을 재교육하는 프로그램에도 투자해야 한다. 그래야 자동화 기술의 영향을 받는 근로자를 위한 안전망을 구축할 수 있다.

그러나 AI가 일자리를 위협하는 상황을 가장 효과적으로 헤쳐 나가기 위해서는 개개인이 높은 적응력과 미래 지향적인 관점을 갖춰야 한다. 한때 우리가 모델 T'Model T(테슬라의 전기 자동차 모델명 – 옮긴이)나 애플 II Apple II(세계 최초로 성공한 대량 생산 마이크로컴퓨터 제품 – 옮긴이)를 받아들였던 것과 동일한 정신으로 AI를 받아들여야 한다. 과거에도 항상 획기적인 기술이 미래의 일자리를 창출했다. 나는 이번에도 다르지 않을 것이라고 본다.

커리어 양상을 뒤바꿀 AI의 자동화 기술

2012년에 벤 카스노카Ben Casnocha(12살이었던 2000년에 연방·지방 정부용 소프트웨어를 개발하는 콤케이트Comcate라는 벤처 기업을 설립한 것으로 유명한 기업가, 투자자, 작가 – 옮긴이)와 나는 현대의 커리어 관리에 대한 책인 『연결하는 인간The Start-up of You』을 공동 집필했다. 사람들은 커리어에 대해서 한정적으로 생각하는 경향이 있다. 최근 들어, 회사에 입사한 이후 금시계와 연금을 받으며 은퇴할 때까지 승진의 사다리를 타는 기존의 커리어 시스템이 점점 더 불가능해진다고 느낀다. 사람들은 더 이상 적용되지 않는 낡은 교훈에 매달려서 상실감에 젖은 채 커리어의 변화에 한탄하고 있다.

지금 우리는 직업 이동성이 큰 세상에 살고 있다. 사람들은 새로운 기술을 배워서 미래에 적응하는 태도가 이런 세상에서 훨씬 통용될 더 나은 접근법이라고 생각했다.

벤 카스노카와 책을 출간하고 10년이 지난 지금 상황은 더욱 드라마틱하게 변했다. 긱 워크gig work(필요에 따라 임시로 계약을 맺고, 일을 맡기고 하는 고용 형태−옮긴이)가 엄청나게 증가하고, 코로나19 팬데믹의 영향과 하이브리드 원격 근무와 비대면 업무 환경으로 이동하기까지 그동안의 주요한 변화를 통합하기 위해서 개정판이자 업데이트판인 『연결하는 인간The Startup of You』(영문판 제목에서 대시가 없어졌다는 데 유의하라)을 출간했다.

AI의 급부상을 다루기 위해 세 번째 개정판을 집필할지도 모른다. 혹시 그렇게 된다면 아마 10년 뒤까지 기다릴 필요도 없을 것이다(세 번째 개정판이 나올 때쯤이면 GPT-4가 완벽한 공저자가 될지 누가 알겠는가).

직업 세상의 변화가 기존의 커리어 모델을 따르는 일을 힘들게 만들 수는 있다. 하지만 훨씬 더 생산적인 길은 존재한다. 변화가 어떻게 새로운 기회를 만들어 낼지 기대하는 태도를 갖추면 나아갈 길이 보일 것이다. 스스로에게 '어떤 것이 성공할까?'라는 질문을 던져야 한다. 가능한 주제들 몇 가지를 탐색해 보자.

리드 개별 전문가가 AI를 어떻게 사용해야 리드 호프먼과 벤 카스노카가 쓴 『연결하는 인간』에서 논의된 핵심 커리어 관리의 개념과 권고를 실행하는 데 도움을 받을 수 있을까? 글머리 기호를 붙여서 답을 작성해줘.

GPT-4

- 개인의 기술, 경험, 관심사에 대한 데이터를 분석해서 목표에 부합하는 커리어 기회를 파악합니다.

- 네트워킹 전략을 제안하고 맞춤화된 개인 브랜드 마케팅 전략을 개발합니다.

- 개인의 커리어 발전에 도움이 되는 멘토와 조언자를 추천합니다.

- 행동에 옮기기 전에 위험과 실패 가능성이 있는 지점을 파악해서 개인이 더 나은 결정을 내릴 수 있도록 합니다.

———

이렇게 GPT-4 같은 도구가 커리어 기회를 파악하고, 멘토와 조언자를 추천하고(물론 이렇게 추천받은 대상을 설득해 실제 멘토나 조언자가 되도록 하는 것은 어려운 문제지만), 위험과 실패 가능성이 있는 지점을 파악하는 데 도움이 된다는 점을 알 수 있다. GPT-4는 구체적인 네트워킹 전략까지 제안한다. 하지만 개인 브랜드를 마케팅하는 맞춤화된 전략을, 이 본질적으로 개인적일 수밖에 없는 전략을 GPT-4가 어떻게 개발한다는 말일까?

———

리드 작가이자 벤처 캐피털리스트인 벤 카스노카가 그의 개인 브랜드를 마케팅하는 데 사용할 맞춤형 전략을 개발해 봐.

벤의 기존 개인 브랜드에 대한 요약, 해당 브랜드를 다듬고 향상시킬 수 있는 방법, 벤이 개인 브랜드를 마케팅하기 위해 취해야 할 구체적인 조치를 포함시켜.

GPT-4 벤 카스노카의 기존 개인 브랜드는 뛰어난 작가, 벤처 캐피털리스트, 열렬한 기술 지지자라는 대표성을 띱니다. 그는 저서 『얼라이언스The Alliance』, 『연결하는 인간』, 『볼드Bold』로 잘 알려져 있으며, 벤처 캐피탈 기업인 빌리지 글로벌Village Global의 파트너입니다. 그의 개인 브랜드는 기술 업계에서 인지도를 높이고 전문성을 강조함으로써 향상시킬 수 있습니다. 벤은 개인 브랜드를 마케팅하기 위해서 다음과 같은 전략을 취해야 합니다.

- 기술 콘퍼런스와 행사에서 강연을 해서 인지도를 높이고 업계의 선구적인 사상가로 자리매김합니다.
- 소셜 미디어를 활용해 자신의 저서, 인터뷰, 강연을 홍보합니다.
- 최고의 기술 인플루언서들과 유대를 형성해 네트워크를 넓히고 업계의 인사들과 관계를 구축합니다.
- 팟캐스트나 웹 시리즈를 시작해 더 많은 청중과 소통하고 자신의 지식과 식견을 공유합니다.
- 업계의 유명 잡지와 웹 사이트에 칼럼을 기고해 전문성을 입증하고 자신의 성과를 소개합니다.

– 기업가 경연 대회와 해커톤hackathon(팀을 이뤄 마라톤을 하듯 긴 시간 동안 시제품 단계의 결과물을 완성하는 대회 – 옮긴이)에 참가해 인지도를 높이고 다른 기업가들과 맺는 네트워크를 더욱 확장합니다.

– 개인 웹 사이트를 만들어서 자신의 성과를 소개하고 청중을 위한 온라인 허브를 마련합니다.

좋다. 하지만 우선 오류부터 짚고 넘어가자. 사실 『볼드』는 피터 디아만디스Peter Diamandis와 스티븐 코스틀러Steven Kotler의 저서고, 벤의 첫 번째 저서는 『마이 스타트업 라이프My Start-Up Life』다. 더 중요한 오류도 있다. 바로 GPT-4의 추천이 일반적인 내용에 그친다는 오류다. 위 답변에서 개인에게 맞춤화된 조언은 없었다.

그러면 조금 더 일반적인 질문을 해 보자.

리드 AI 기술과 도구로써 광범위한 분야에서 사용해 이미 인간의 업무 방식이 변화한 미래를 가정해 보자. 젊은 전문가가 AI로 자신의 커리어를 관리하고, 커리어 발전의 속도를 높이고, 더 의미 있고 성취감을 주는 일을 찾을 가장 효과적인 방법은 무엇이지?

GPT-4 다음과 같은 방법들이 있습니다.

- **자동화된 커리어 계획** AI는 정보에 입각한 결정을 내리고 커리어 개발을 위한 맞춤형 지침을 제공하는 데 유용합니다. AI 알고리즘으로 커리어 발전을 모색할 맞춤형 계획을 세우고 성공을 위해 수행해야 되는 핵심 단계를 파악할 수 있습니다.

- **자동화된 기술 평가** AI는 기존의 기술을 평가하고 커리어를 발전시키기 위해 습득해야 할 새로운 기술을 파악하는 데 유용합니다. 이를 통해 최신 업계 동향을 파악하고 경쟁력을 유지하는 데 필요한 기술을 개발할 수 있습니다.

- **자동화된 일자리 매칭** AI는 사용자의 기술과 경험에 가장 적합한 일자리를 찾도록 도와줍니다. AI 알고리즘을 활용하면 자신에게 가장 적합한 채용 공고를 추천받을 수 있습니다.

- **자동화된 이력서 최적화** AI는 기술과 경험을 강조하는 완벽한 이력서를 작성합니다. AI 알고리즘을 사용하면 이력서를 차별화시키는 단어와 문구의 최적 조합을 찾아낼 수 있습니다.

- **자동화된 면접 준비** AI는 맞춤형 지침을 제공함으로써 면접 준비를 돕습니다. AI 알고리즘으로 직무 명세를 분석하고 면접에서 받을 가능성이 높은 질문을 미리 파악할 수 있습니다.

———

GPT-4는 '자동화'나 '알고리즘'이라는 용어를 많이 사용하는 듯하다. 그럼에도 위의 조언은 타당해 보인다.

AI 커리어라는 배를 조종하는 당신 옆에서 공동 선장의 역할을 한다는 게 '인간의 지능'을 갖춘 나의 개인적 견해. 『연결하는 인간』이라는 책의 핵심 인사이트는 '사람의 커리어는 스타트업과 같고, 그 사람은 그 기업의 CEO'라는 것이다. 스타트업 CEO는 사람들을 무력화시키는 딜레마와 불확실성에 둘러싸여 있다. 외롭고 스트레스가 많은 직업이다. 다행히 기업 경영을 조금 더 쉽게 만드는 방법이 있다. 바로 당신을 돕고 서포트해주는 개인 자문단을 구성하는 것이다. 하지만 그런 접근법에도 한계는 존재한다.

자문단의 구성원은 인간이기 때문에 언제든 대화를 나눌 수 있는 건 아니다. 반면 GPT-4나 기타 AI 도구들은 당신이 모든 상황을 분석하고 옵션을 생성하는 데 도움을 주는 자문단 역할을 할 수 있다. 더구나 그 일을 온디맨드on-demand(수용 대응—옮긴이) 방식으로 언제든 몇 초 만에 해 낸다. 물론 GPT-4의 제안이 항상 즉각적이고 유용한 건 아니다. 하지만 그런 도구들에게 다음 행동을 취할 만한 아이디어를 제공받는 게 아무런 도움도 얻지 못하는 상황보다는 훨씬 낫다.

비즈니스 업계에 불어닥칠 변혁

『연결하는 인간』을 출간한 직후 벤과 나는 개별 전문가가 자신의 커리어에 접근하던 기존의 방식을 바꾸면 훨씬 역량이 강화될 것이라고 생각했다. 새로운 프레임워크를 만들면 고용주와 관리자의 역량이 강화된다. 그러려면 기업가 정신을 발휘하는 프레임워크를 새롭게 바꿔야 한다는 점을 깨달았다. 그래서 오랜 친구 크리스 예Chris Yeh에게 우리의 두 번째 책, 『얼라이언스』에서 새로운 프레임워크가 끼치는 영향을 함께 탐구해 보자고 제안했다.

고용주와 관리자들은 조직의 고용 관계에 대해 흔히 시대에 뒤떨어진 은유, 즉 '가족'이라는 은유를 사용한다. 많은 고용주가 직원을 가족으로 생각하고자 노력하지만 가족은 영구적이고 사실상 깨지지 않는 관계다. 따라서 현대의 직장 내 관계를 가족에 비유하는 건 타당하지 않다. 한편에서는 지나치게 타자화해서, 직원을 아무것에도 매이지 않은 자유 계약자로 생각하기도 한다. 이 경우에는 신뢰나 충성심, 장기적인 가치를 구축하는 일을 거의 불가능하게 만드는 문제가 나타난다.

우리는 『얼라이언스』에서 더 나은 은유로 '동맹'을 제안했다. 직원을 동맹 관계에 놓인 사람으로 본다면 어떨까? 즉, 무엇이 성공을 구성하는지, 성공이 어떻게 비즈니스를 더 강하게 만들고 직원의 커리어 발전을 가속화하는지 명시적인 합의가 된 상태에서 고용주와 직원은 공동의 사명을 추구하기 위해 모였지만 서로를 독립된 개체라고 생각해야 한다.

이제 AI를 끌어들여 어떤 대답을 하는지 살펴보자.

리드 고용주와 관리자들이 2014년에 출간된 리드 호프먼, 벤 카스노카, 크리스 예의 책 『얼라이언스』의 핵심 경영 개념과 권고를 실천에 옮기려고 할 때 AI에게 어떤 도움을 받을 수 있어? 직원과 고용주의 동맹 관계를 구축하는 방법, 고용주와 직원 모두에게 이익이 될 구체적인 사명을 제시해서 직원의 성장 로드맵을 그리는 방법, 고용주가 이전에 일했던 직원과 연락을 지속하며 네트워크를 구축하고 활용하는 방법에 대해 다뤄 봐. 그리고 글머리 기호를 붙여서 작성해.

GPT-4

- AI는 성과와 직무 만족도에 개인에게 맞춘 실시간 피드백을 제공해서 고용주와 직원의 관계를 강화하도록 돕습니다.
- AI는 조직이 직원에게 해줄 수 있는 구체적인 성장 로드맵을 그려서 고용주와 직원 모두에게 이익이 되는 구체적인 사명을 제시합니다.
- AI는 고용주가 네트워크를 구축하고 활용해서 이전에 일했던 직원들과 연락을 유지하고, 같은 업계에서 계속 종사할 그들의 기술 및 경험을 파악하는 데 도움을 줍니다.
- AI는 직원들이 필요로 할 때 맞춤형 조언과 지원을 제공함으로써 조직에 신뢰와 협업의 문화를 조성하게 만듭니다.
- AI는 직원들에게 회사의 성과와 목표를 정리한 최신 정보

에 접근할 권리를 제공해서 투명하고 개방적인 문화를 조성합니다.

- AI는 직원에게 맞춤형 교육과 개발 기회를 제공해서 조직이 학습과 지속적인 성장을 추구하는 문화를 조성하도록 도움을 줍니다.

- AI는 조직이 직원들에게 시기적절한 피드백을 주고 성과에 보상을 주려고 할 때 피드백 시스템을 구축하고 보상 기준을 마련하는 데에도 도움이 됩니다.

————————

내놓은 답변 중 상당수의 아이디어가 마음에 들었다. 일부 아이디어는 『얼라이언스』와 별로 연관이 없었지만 말이다(예를 들어, 『얼라이언스』에서는 학습 문화나 보상 시스템에 대해 논의하지 않는다). 현대의 직장은 너무 바빠서 관리자가 직원들에게, 또는 그 반대 방향으로 시기적절한 피드백을 제공하는 기회가 점점 줄고 있다. 원격 근무와 하이브리드 근무의 증가는 이런 상황을 더욱 악화시킨다. 나는 직원들의 스케줄이 우연히 관리자의 스케줄에 맞아떨어질 때가 아니라, 직원들이 원하는 때에 피드백과 발전 방향을 제시함으로써 직원들의 경험을 개선하는 일에 AI가 도움을 줄 수 있다고 기대하는 중이다.

이 부분을 조금 더 깊이 있게 논의해 보자.

리드 성과와 직무 만족도에 대한 실시간 맞춤형 피드백을 제공함으로써 고용주와 직원의 관계를 강화하는 AI 활용법을 몇 가지 제시해줄래?

GPT-4

- 직원의 특정 업무나 프로젝트에 개별적인 조언과 지원을 제공합니다.

- 개선을 요하는 영역을 파악하고, 직원에게 맞춤형 성과 개선 방법과 지침을 제공합니다.

- 직원에게 성과 및 직무 만족도에 대한 최신 피드백을 제공합니다.

- 직원의 성과를 시기절적하게 인정해줍니다.

- 직원에게 맞춤형 교육과 개발 기회를 제공합니다.

- 직원의 정서를 분석하고, 고용주가 직원의 참여도와 직무 만족도를 파악할 수 있도록 합니다.

위 대답을 보고 문득 지금의 관리자들은 기술적인 지원이 거의 또는 전혀 없는 상태로 많은 업무를 요구받고 있다는 생각이 들었다. AI가 만약 고용주와 관리자들의 일을 돕는다면 직원과의 관계를 끈끈히 하는 데 대단히 요긴할 것이다.

리드 직원의 구체적인 성장 로드맵을 그려서 고용주와 직원 모두에게 혜택을 주는 사명을 제시하는 데에 AI가 어떤 도움을 줄 수 있어?

GPT-4

- 직원의 기술과 관심사에 맞춘 구체적인 직무 명세와 과제를 개발합니다.
- 직원이 발전하고 기술을 개발할 잠재적 기회를 확인합니다.
- 직원에게 그들의 목표를 달성할 수 있는 방법에 대한 맞춤형 지침과 조언을 제공합니다.
- 직원의 성과를 분석해서 집중해야 할 영역과 개선해야 하는 영역을 알려줍니다.
- 직원에게 맞춤형 목표 설정 및 진행 상황 추적용 도구를 제공합니다.
- 직원에게 개별화된 피드백을 제공하고 성과를 인정해줍니다.

『연결하는 인간』과 『얼라이언스』에서는 개인이 자신의 커리어 여정을 파악해야 한다고 이야기했다. 이는 의심할 여지없는 사실이지만 여전히 개개인에게 벅찬 과제다. AI는 일상에서 업무를 수행하면서 동시에 전체 커리어 여정을 고려해야 하는 메타적인 과제까지 해결해야 하는 사람들을 돕는다. 그러면 스스로 동기 부여를 잘하고 절제력이 높은 직원뿐 아니라 모든 직원이 업무 성과를 높이고 커리어 발전을 이루도록 만들 수 있을 것이다.

———————

리드 2035년의 관리자가 AI를 이용해서 직원의 성장 로드맵을 그리고, 직원의 생산성을 높이며 커리어 개발을 가속화하도록 돕는 400단어 내외의 스토리를 써 봐. 이런 접근법이 회사와 관리자, 직원에게 미치는 혜택이 분명히 드러나도록 작성해.

GPT-4 때는 2035년, 업무 환경이 급격하게 변화한 해였습니다. AI를 기반으로 자동화가 이뤄지면서 회사의 운영 방식이 변화했고 이는 효율성과 생산성의 향상을 이끌었습니다.

마크는 중소 기업의 관리자입니다. 그는 회사의 생산성과 수익을 늘릴 방법을 찾아야 하는 일을 맡고 있습니다. 직원들에게 동기를 부여하고 그들의 참여를 유도할 방법을 찾아야 한다는 건 알고 있었지만 어떻게 해야 할지는 확실히, 구체적으로는 알지 못했죠.

어느 날 그는 동료와 이 문제를 논의하던 중 AI로 각 직원을 위한 성장 로드맵을 그려주면 어떨까 하는 아이디어를 떠올렸습니다. AI를 이용해서 직원들에게 구체적인 업무 목표와 과제를 제시할 뿐 아니라 진행 상황에 대한 맞춤형 지침과 피드백까지 제공한다면 어떨까 싶었죠.

마크는 곧바로 시스템을 설계했습니다. 그는 AI로 각 직원의 업무 과제를 정하고 맞춤형 피드백을 제공했습니다. 직원들의 정서를 분석하고 적절한 시점에 직원들의 성과를 인정해주었습니다.

결과는 즉각적으로 나타났고, 매우 인상적이었습니다. 직원들이 일에 더욱 의욕을 느끼고 적극적으로 참여하면서 생산성이 급상승했습니다. 마크는 직원들이 더욱 많은 권한을 부여받고 성과를 인정받았다는 느낌을 받으면서 팀의 사기가 높아졌다는 것을 체감할 수 있었습니다.

가장 큰 혜택을 누린 건 회사였습니다. AI로 업무에 자동화 시스템을 도입하자 마크는 효율과 생산성이 높은 팀을 꾸릴 수 있었습니다. 수익이 급증하고 회사의 명성도 높아졌습니다.

마크는 완벽한 해법을 찾았습니다. AI 기반의 성장 로드맵을 통해 그는 직원들의 참여도와 의욕을 높였고, 그에 따라 회사의 생산량과 수익도 높일 수 있었습니다.

━━━━━

정말 마음에 드는 스토리다!

이번에는 AI로 인해 절멸 위기에 놓인 것으로 알려진 몇몇 직업이 어떻게 변화할지 자세히 살펴보기로 하자.

영업자는 계속 일할 수 있을까?

다니엘 핑크Daniel Pink가 쓴 『파는 것이 인간이다To Sell Is Human』라는 책이 「뉴욕타임스」 베스트셀러 1위에 올랐었다. 언뜻 생각했을 때 컴퓨터가 인간 영업자처럼 행동하는 모습은 상상하기 어렵다. AI가 "우리는 같은 학교를 나왔잖아요?" 하며 공감대를 형성하려 든다거나 아이를 키우면서 생긴 재밌는 에피소드를 들려주면서 유대를 구축할 수는 없다.

그러나 나는 GPT-4와 같은 AI 도구들이 인간 영업자의 역량을 증폭시키는 방법도 쉽게 상상할 수 있다. 훌륭한 영업자는 오랜 시간을 들여서 잠재적 구매자를 깊이 있게 파악한 다음 구매자의 니즈를 해결하고, 구매자가 성공적인 소비 경험을 쉽게 시각화해서 떠올리도록 프레젠테이션을 맞춤화할 수 있어야 한다.

리드 AI 도구를 도입하면 영업자의 일이 어떻게 변할까? 잠재 고객 확인, 구매자 대상의 프레젠테이션, 거래 성사, 고객의 성공적인 소비 경험을 시각화해서 보여주기 등 영업 분야의 핵심 활동들과 연계해서 설명해줘.

GPT-4 AI 도구를 도입하면 여러 가지 방식에서 영업 업무를 변화시킬 수 있습니다.

AI 기반의 영업 프로세스 자동화는 생산성과 효율을 극적으로 높일 수 있습니다. 영업 사원은 AI 기반 도구들로 잠재 고객을 쉽게 찾고, 검증하고verifying lead(성공적인 판매로 이어질 가능성이 높은 특정 기준을 충족하는지 여부를 판단하는 프로세스-옮긴이), 성공적인 영업 결과의 가능성을 측정해서 우선순위를 정할 수 있습니다. AI 기반 자동화는 영업자가 고객의 니즈와 선호도에 맞춘 설득력 높은 프레젠테이션을 빠르게 구성하는 데에도 도움을 줍니다.

AI 기반 고객 통찰consumer insight(소비자의 자료와 행동 등을 이해하고 분석해 제품 개선과 소비자 만족도 향상을 위해 사용할 수 있도록 피드백하는 일련의 행위-옮긴이)은 고객의 행동, 니즈, 선호도를 정확하게 파악해서 더 나은 영업 전략과 전술 정보를 제공합니다. AI 기반 고객 통찰은 구매 권유를 맞춤화하고, 표적 고객을 더 효과적으로 세분화하는 데에도 이용됩니다.

AI 기반 도구는 고객 정서에 대해 시기적절한 통찰을 제공하고, 영업자가 고객에게 연락을 취해 거래를 할 만한 가장 좋은 시점을 파악하게 도움으로써 보다 빠르고 효과적으로 거래를 성사시키도록 돕습니다. 또한 AI 기반 도구는 영업자가 고객의 니즈를 예측하고, 유용한 해결책을 제공하도록 도와서 구매 고객의 만족도를 높입니다.

이 답변은 내 경험과도 일치한다. 잠재 고객을 분석하고 검증하며, 고객의 행동과 니즈를 파악하고, 구매 권유를 맞춤화하고, 고객의 정서를 훤히 이해하고, 거래가 성사된 이후에는 고객에게 먼저 연락을 취하는 과정은 시간이 꽤나 소요되는 작업이다. 가장 헌신적이고 최고의 자리에 오른 인간 영업 전문가만이 이 일을 잘 해낼 수 있다.

예를 들어, 판매 가능성을 극대화하고 싶으면 나는 링크드인에서 구매자를 찾아 프로필을 분석한다. 구매자의 소셜 미디어 게시물도 조사해서 그 사람이 좋아하는 것과 싫어하는 것은 무엇이며 어떤 부분에 열의를 갖고 있는지 파악한다. 그 사람이 과거에 진행했거나 앞으로 진행할 프로젝트를 반영해서 영업용 프레젠테이션을 맞춤화한다(내가 투자한 AI 중 하나인 톰Tome은 이미 훌륭한 프레젠테이션을 더 쉽게 완성하는 일을 하고 있다!). 나는 구매자의 회사에서 구매 결정에 영향을 미칠 만한 일이 일어나는지 뉴스를 주시한다. 그리고 판매 후에는 구매자가 제품을 어떻게 사용하는지 모니터링해서 더 많은 가치를 창출하고 다른 문제들까지 해결할 수 있는 방법을 제안한다. 하지만 모든 구매자에게 이런 작업을 하려면 무척이나 많은 시간이 필요하다.

너무 많은 인간 영업자들이 '영업은 질보다 양'이라면서 마구잡이식으로 거래 수만 늘리려고 한다. 제품과 시장이 아직 미성숙한 단계여서 단순 반복적인 영업 프로세스가 통하는 스타트업 회사의 경우에는 특히 더 그렇다.

AI로 증폭된 영업 프로세스는 많은 인간 영업 전문가가 건너뛰곤 하는 힘든 작업들을 수행한다. 따라서 인간 영업자는 AI가 할 수 없는 일, 즉 구매자와 유대를 쌓거나 통화를 하면서 감정적인 단서를 포착하는 등의 일에 집중할 있다. AI의 보조 덕분에 두 가지 세계의 장점을 동시에 취할 수 있다는 뜻이다.

여기까지는 모두 인간 영업자에게 좋은 예측이다. 그렇다면 단점도 있을까?

————————

리드 AI를 도입하면 인간 영업자의 커리어에 어떤 부정적인 영향을 미칠까?

GPT-4 AI를 도입하면 인간 영업자의 커리어에 중대하고 직접적이며 부정적인 영향을 미칠 가능성이 높습니다. AI로 영업 프로세스가 자동화되면서 잠재 고객 탐지와 검증, 프레젠테이션 작성, 거래 성사 시기 예측 등 특정 업무에는 영업자가 굳이 필요하지 않게 될 겁니다. AI 기반 자동화는 기존에 이런 작업을 수행하던 인간 영업자의 수를 감소시킬 가능성이 높습니다.

또한 AI가 고객을 통찰하면서 인간 영업자가 고객의 데이터를 분석하고 고객에게 맞춘 세분화 전략을 개발할 필요성이 감소할 겁니다. 그러면 인간 영업자는 자신의 통찰과 전문 지식을 이용해서 영업 전략을 세우고 실행할 기회도 감소하죠.

마지막으로 AI를 통해 고객이 영업자의 도움 없이도 자신의 니즈에 맞는 해결책을 더 쉽게 찾을 수 있다는 문제가 발생합니다. 그렇게 되면 인간 영업자가 고객에게 서비스를 제공할 필요성이 적어져서, 고객과 소통하며 판매 계약을 맺을 기회가 감소할 수도 있습니다.

GPT-4는 매우 솔직하다. 오늘날 B2B 영업 분야에 종사하는 많은 사람들이 비즈니스 개발 담당자Business Development Representative, BDR로 커리어를 시작한다. 이렇게 커리어의 시작 단계에 속한 사람들은 잠재 고객의 전화나 이메일, 링크드인 메시지 관리를 담당한다. 지루한 일이지만 여전히 필요한 일이고, 여기서 두각을 나타내는 사람은 종종 '정규 영업자'라는 직책으로 승진한다.

AI는 잠재 고객에 대한 맞춤형 정보를 제공해서 인간 비즈니스 개발 담당자의 효율을 높인다. 안타깝게도 이렇게 높아진 생산성 때문에 고용이 감소할 수 있다. 구매자가 가진 돈은 제한적이기 때문이다. 사회 전체적으로는 나은 결과다. 효용이 낮은 영업 전화는 모든 사람에게 시간 낭비니까 말이다. 결국 영업 분야에서 전반적으로 고용이 감소할 것이다.

나는 미래에 영업직의 규모가 축소될 것으로 본다. 하지만 동시에 개별 영업자의 생산성은 향상될 것이며, 그들이 받는 보상도 커질 것이라고 생각한다. 그리고 AI가 주도한 영업의 질 향상은 AI 도구를 적극적으로 채택하는 기업이 그렇지 않은 경쟁 업체를 이길 수 있다는 점을 의미한다.

법조계에는 어떤 변화를 몰고 올까?

AI가 변호사에게 어떤 영향을 미칠지에 상당한 관심을 갖고 있는 데에는 개인적인 이유가 있다. 부모님 두 분이 모두 변호사로 일했고, 어릴 때부터 변호사라는 직업을 직접 경험한 덕분이다. 나는 AI가 법조계를 어떻게 변화시킬지 무척이나 궁금하다.

———————

리드 AI가 인간 변호사보다 법률 업무를 처리하는 데 더욱 적합한 측면이 있다면 어떤 면이야? AI를 사용해서 가장 쉽게 자동화할 수 있는 법률 업무는 뭐지? AI가 인간 변호사를 능가할 가능성이 큰 법률 업무는 뭐야?

GPT-4 대량의 데이터와 정보를 신속하고 정확하게 분석하고 정리하는 업무에는 인간 변호사보다 AI가 더욱 적합합니다. AI는 방대한 데이터 세트를 빠르게 검색하고, 패턴과 추세를 파악할 수 있으며, 데이터에서 단시간 내에 결론을 도출할 수도 있습니다. 또한 낮은 난도의 법률 업무, 즉 문서 검토나 계약서 검토 등 인간 변호사에게는 지루하고 시간이 많이 걸리는 업무를 자동화합니다. 사실과 증거 자료를 입력하면 소송 결과를 예측할 수도 있습니다. 특허 검색이나 재무 분석처럼 정밀하고 기술적인 분석이 필요한 업무에 매우 적합합니다.

———————

특허 검색, 재판 전 증거 개시 단계discovery(재판이 시작되기 전 당사자들이 서로의 증거와 서류를 공개해서 쟁점을 명확히 하는 영미 소송법상의 제도—옮긴이)에서의 검토와 분석, 계약서에서 위험 신호를 찾아내는 길고 지루한 작업에서는 AI가 인간 사무원이나 법률 보조원이 내는 성과와 동일한 성과를 내거나 그보다 더 나은 성과를 낼 수 있다. 비용을 많이 들여서 외부 전문가를 영입하기 전 단계, 또는 변호사가 그런 전문가를 더 효과적으로 활용하기 위한 사전 단계에 AI를 활용하기 적합하다.

이제 긍정적인 사례를 살펴보자.

———————

리드 법률 업무에 AI를 도입할 때 현직 변호사의 커리어에 미치는 긍정적인 영향에는 어떤 것이 있어? 변호사들이 AI를 활용해서 커리어를 강화하기 위해 취할 조치가 뭐지?

GPT-4 법률 업무에 AI를 도입하면 잠재적으로 변호사가 일거리를 확보할 기회가 늘어납니다. AI가 일상적인 업무를 자동화시키면 변호사에게 더 복잡하고 까다로운 법률 영역에 집중할 수 있는 시간이 생기기 때문입니다. 또한 변호사는 대량의 데이터와 정보를 빠르게 검색하는 AI의 능력을 활용해서 법률 이해도를 높일 수 있습니다. 변호사는 AI로 특정 사건의 법적 함의를 더 잘 이해하고, 법적 문제에 대한 창의적인 해결책을 생각할 수도 있습니다. AI 기술의 최신 발전과 발전 결과를 실무에 어떻게 적용할지 지속적으로 학습해서 해당 분야의 전문가로 앞서갈 수도 있을 겁니다.

———

개인적인 경험에 따르면 실제 법률 업무는 TV 프로그램이나 영화가 보여주는 장면보다 지루하고 따분하며, 세부적인 사항들에 집착적으로 매달려야 한다. 배심원 앞에서 감동적인 연설을 하는 일은 드물고, 제대로 정리되지 않은 수천 페이지의 문서를 읽는 일이 대부분이다. AI는 전자에서는 형편없는 역량을 갖췄지만 후자에서는 매우 능숙하다.

AI가 낮은 난도의 법률 업무를 처리하는 기존의 방식에 혁신을 불러올 건 분명하다. 더구나 자주 불행해지곤 하는 직업의 행복도를 높일 잠재력도 갖췄다. 아무리 보수가 많더라도 다를 게 거의 없는 수천 건의 계약서를 읽는 일을 즐거워하는 인간 변호사가 있을까?

AI로 경영 컨설팅 업계의 인재를 길러 내다

비즈니스 업계의 사람들은 경영 컨설팅에 회의적인 것으로 악명이 높다. 하지만 맥킨지^{McKinsey}와 같은 기업에서 근무하는 똑똑하고 성실한 전문가들과 함께 일해 본 경험에 따르면 경영 컨설턴트는 비즈니스에서 매우 중요한 역할을 한다(직원이 100명 미만인 스타트업 회사에서는 드문 일이겠지만).

경영 컨설턴트는 대량의 데이터로부터 결론을 도출하고, 모범 사례를 벤치마킹하고 공유하며, 새로운 사업 부문을 시작하고 성장시킬 계획을 세운다. 그리고 이런 업무 중 상당수가 AI가 처리하기 적합해 보인다.

내 직감이 옳은지 함께 확인해 보자.

리드 경영 컨설팅의 중요한 기능을 수행할 때 AI를 사용하는 방법이 있어?

GPT-4

- AI에게 데이터 세트를 분석하고, 전략과 전술을 추천하게 해서 비즈니스를 개선하고 비용 절감 기회를 확인합니다.
- AI를 이용한 전망과 예측 분석으로 시장의 동향, 고객의 행동, 기타 경제 상황을 더욱 잘 예상합니다.

- AI로 고객의 피드백을 반영하고, 직원들을 대상으로 한 설문 조사를 진행해서 고객 통찰을 생성시킬 수 있습니다. 이를 통해 표적을 보다 적절히 공략하는 효과적인 경영 컨설팅 활동이 가능해집니다.

- AI로 경쟁사와 업계 동향에 대한 데이터를 수집하고 분석해서 우리 회사의 개선점 및 성장 영역을 파악할 수 있습니다.

- AI로 전략을 수립하고 실행하는 과정을 자동화시키고, 전략을 세우고 실행하는 속도를 높여서 경영 컨설팅을 보다 효율적이고 효과적으로 하도록 도와줍니다.

———————

GPT-4는 데이터를 분석하고 결론을 도출하는 능력을 강조하고 있다. 논리적인 생각인 것 같다. 베인Bain, 보스턴컨설팅그룹BCG 등의 컨설팅 회사들이 바로 그런 일을 한다. 그런데 AI가 분석 업무를 맡으면 인간 컨설턴트에게는 어떤 일이 일어날까?

———————

리드 경영 컨설팅 업계가 AI를 도입하면 기존 컨설턴트의 커리어 전망에 어떤 부정적인 영향이 나타나지? 이런 변화가 커리어를 시작하는 단계의 애널리스트나 리서치 담당자, 중견 인게이지먼트 매니저engagement manager(고객을 관리하고 컨설팅 프로젝트 제공을 감독하는 관리자로, 고객과의 연락 창구 역할을 맡는다 - 옮긴이), 맥킨지 수준의 컨설팅 파트너에게 어떤 영향을 미칠지 예를 들어서 설명해줄래?

GPT-4 경영 컨설팅 업계에 AI를 도입하면 기존 컨설턴트의 커리어에는 부정적인 영향을 끼칠 수 있습니다. 커리어를 시작하는 단계의 애널리스트나 리서치 담당자가 가장 큰 타격을 받을 겁니다. AI가 리서치와 데이터 분석, 보고서 작성 등 이들이 맡던 많은 업무를 자동화할 수 있기 때문입니다. AI 시스템이 더욱 정교해짐에 따라 담당하는 역할이 중복되면 애널리스트나 리서치 담당자의 일자리가 감소하겠죠.

중견 인게이지먼트 매니저도 AI의 영향을 받을 수 있습니다. AI 시스템이 전략 수립과 실행 절차를 자동화해서 인게이지먼트 매니저의 역할이 줄어듭니다. 고객에게 통찰과 조언을 제공하는 역할도 AI 시스템이 더 잘하기 때문에 점차 AI가 인게이지먼트 매니저를 대체할 수 있습니다.

맥킨지 수준의 컨설팅 파트너 대신 AI를 도입했을 때도 문제가 발생합니다. AI 시스템이 의사 결정과 전략 실행을 자동화하기 때문에 컨설팅 파트너가 맡은 역할의 중요성이 감소하죠. 더불어 AI 시스템이 고객에게 통찰과 조언을 줄 수 있으니 컨설팅 파트너가 자신의 전문 지식을 제공할 필요성도 줄어듭니다.

타당한 답변이다. 웹 검색과 파워포인트 슬라이드 초안 작성을 비롯해 애널리스트와 리서치 담당자가 하는 많은 '단순 작업'은 GPT-4나 톰 같은 AI 도구들이 얼마든지 대체할 수 있다. 경영 컨설팅 회사에서 '통찰과 조언'이라는 서비스를 제공하기 전 원본 데이터를 포괄적으로 검토하는 일은 AI에게 맡기는 편이 낫지 않을까?

앞으로 평균 이상의 부가 가치를 창출하지 못하는 경영 컨설턴트는 어려움을 겪게 될 것이다. 연차가 낮은 애널리스트와 리서치 담당자에게 단순 작업을 시켜서 나온 결과물에 실제로 들인 비용의 10배를 매겨서 고객에게 청구하는 회사는 제대로 된 컨설팅 회사라고 할 수 없다. 반면 AI가 단순 작업을 대신 처리해줘서 얻은 시간을 활용해 전형에서 벗어난 통찰을 창출하는 데 더욱 집중할 수 있게 된다면 경영 컨설턴트는 고부가 가치 활동에 많은 시간을 쏟고 고객에게 더욱 나은 서비스를 제공할 수 있을 것이다.

다만 여기에도 한 가지 문제가 있다. 경영 컨설팅 회사들이 명문대 경영대학원 졸업자들을 대거 고용해서 경영 컨설팅의 기본적인 업무를 수행하게 하지 않는다면, 다음 세대의 컨설팅 파트너가 되어야 할 이 사람들은 어떻게 일을 배울까? AI가 이 문제를 해결할 수 있는지 확인해 보기로 하자.

리드 앞으로 AI가 커리어를 시작하는 단계의 애널리스트들이나 리서치 담당자가 할 연구나 분석 업무를 대신하면 연차가

낮은 컨설턴트들이 이런 기술을 배울 기회조차 못 얻을 거야. 그렇다면 경영 컨설팅 회사들이 AI로 커리어를 시작하는 단계의 애널리스트와 어소시에이트associate(회사에서 중간 관리자 역할을 하는 직위. 주로 파트너 또는 디렉터와 프로젝트 관리자 사이를 연결하는 역할을 하며, 팀 내에서 다른 직원들의 업무를 조정하고 감독한다−옮긴이)를 교육하고 그들의 역량을 향상시킬 방법은 뭐야?

GPT-4 미래에는 경영 컨설팅 회사들이 AI를 도입해 커리어를 시작하는 단계의 애널리스트와 어소시에이트를 교육하고 역량을 향상시킬 겁니다. AI 시스템을 사용하면 현실 세계에서 벌어질 법한 시나리오를 시뮬레이션하고, 연차가 낮은 컨설턴트에게 가상의 코칭을 제공해서 기술을 배우고 경험을 쌓게 도울 수 있습니다. 또한 연차가 낮은 컨설턴트에게 맞춤 학습 계획을 제공함으로써 가장 개발이 시급한 분야에 집중하도록 만듭니다.

경영 컨설팅 회사들은 AI로 커리어를 시작하는 단계의 애널리스트와 어소시에이트를 위한 가상 멘토링 프로그램을 만들 수도 있습니다. 연차가 낮은 컨설턴트에게 맞춤 조언과 지침을 제공해서 이들이 자신의 역할을 성공적으로 수행하는 데 필요한 기술과 지식을 습득하도록 유도합니다. 더불어 회사는 AI로 숙련된 컨설턴트와 커리어를 시작하는 단계의 애널리스트나 어소시에이트 사이에서 지식과 통찰의 교류를 촉진함으로써 연차가 낮은 컨설턴트가 더 경험이 많은 동료들에게 배움을 얻도록 돕습니다.

———

AI 기반 시뮬레이션을 사용해서 미래의 전문가를 기른다는 개념이 무척이나 마음에 든다. 낮은 연차의 직원들은 대개 학습 기회와 멘토링이 부족하다는 불평들을 한다. 어느 정도 개선이 필요하겠지만 AI는 이런 문제를 해결하는 데 아주 큰 도움이 될 것이다.

이 챕터의 마지막에 이르자 나도 당장 일을 조금 줄일 수 있겠다는 생각이 들었다. 이제 결론을 이끌어내는 데에 GPT-4의 도움을 받아 보자.

———

리드　앞선 글에 대한 결론을 200단어로 정리해줄래?

GPT-4　이 글은 AI로 인해 다른 직업보다 큰 혼란을 겪을 가능성이 있는 직업들이 존재하지만 긍정적인 변화의 잠재력은 엄청나다는 주제를 담고 있습니다. 영업과 같은 업계에서는 AI가 전체 일자리 수의 감소를 불러올 가능성이 높지만 나머지 분야의 전문가들은 생산성과 효율이 향상되는 경험을 할 겁니다. 법조계의 경우에는 AI가 해당 업계 종사자들의 행복과 만족도까지 전반적으로 향상시킬 것이라고 예상합니다.

AI가 기존의 커리어 경로에 지장을 줄 수 있다는 점을 인식하는 자세도 중요합니다. 하지만 AI가 성장과 발전의 새로운 기회를 창출할 수 있다는 점도 기억해야 합니다. AI라는 도구가 일상적인 업무 프로세스의 핵심이 되는 미래로 나아가고 있는 이 시대의 전문가들은 AI가 제공하는 기회를 붙잡아, 생산성을 더욱 높이고 보다 의미 있는 업무를 수행하는 태도를 필수적으로 갖춰야 할 겁니다.

———

작가이자 창작자, 자선가로 일하는
리드 호프먼의 업무에 GPT-4를 적용하다

07

리드 호프먼을
대신할 GPT-4

나는 GPT-4 그리고 그와 비슷한 AI 기술들이 일을 변혁시키는 데 기대를 거는 것처럼 내가 일하는 방식도 변화시키기를 바라고 있다. 나는 몇 개월 동안 GPT-4를 실험해 볼 기회를 얻었다. 아직은 배울 것이 많지만 이런 도구를 사용하는 방법에 대해 몇 가지 조언을 제공할 정도의 경험은 있다고 생각한다.

사람들은 대부분 혁신적인 기술이 등장하면 기존 기술이나 기법의 대체물로 사용하고 싶어 한다. 그러면 새로운 기술에 적응하는 데 필요한 시간과 노력을 최소화할 수 있기 때문에 얼핏 합리적인 듯이 보인다. 하지만 이런 식의 접근은 함정에 빠지는 것과 다름없다. 새로운 기술이 이전의 기술과 완벽하게 똑같은 경우는 거의 없기 때문이다.

인터넷이 처음 등장했을 때 야후!Yahoo!와 같은 선구적인 서비스는 마치 온라인에 등록된 전화번호부처럼 보였다. 디렉토리directory

(알파벳 등으로 순서를 나열한 안내서 – 옮긴이)는 무언가를 정리할 때 기존에 사용하던 방식이었기 때문에 웹 디렉토리를 만드는 건 일견 논리적인 일로 여겨졌다. 시간이 지나면서 우리는 검색 엔진이라는 새로운 도구를 만드는 게 더 효율적이고 나은 접근 방식이라는 점을 자연스럽게 깨달았다.

거대 언어 모델은 아직 온라인에 등록된 전화번호부 단계에 머물러 있다. 하지만 거대 언어 모델은 모든 사용 사례에서 검색 엔진을 완전히 대체하지는 못하더라도, 사람들에게 관련이 있고 유용한 정보를 수집하는 새로운 방법을 제공한다.

다음은 내가 처리하는 업무에 GPT-4를 사용하면서 유용하다고 느낀 세 가지 핵심 원칙이다.

원칙 1. GPT-4를 신탁을 전하는 존재가 아닌 연구 조교처럼 대하라.

학부생 연구 조교와 함께 일해 본 적이 있거나 대학교에서 조교를 해 본 적이 있다면, 연구 조교가 상당히 든든한 보조자면서 특정 업무에서는 할 수 있는 일이 제한적이라는 점을 알 것이다.

어떤 면에서 GPT-4는 인간 연구 조교를 훨씬 능가한다. 믿을 수 없을 정도로 광범위한 지식에 접근하고, 무척이나 빠르며, 필요할 때 언제든 이용할 수 있다(중간고사 기간에는 시험 공부를 해야 하는 인간 조교와 달리).

반면 인간 연구 조교처럼 GPT-4에도 여러 단점이 있다. 전문가가 아니기 때문에 특정 주제에 대한 이해도가 상당히 낮고, 상황을 잘못 이해하기도 한다. 솔직히 말하면 오류가 나타날 때는 인간 연구 조교보다도 못하다. 아웃풋의 퀄리티에 대한 확신이 없을 때 최소한 인간 조교는 부연 설명이나 경고를 덧붙여주곤 하기 때문이다.

그러나 이런 단점에도 불구하고 모든 사람에게 원할 때면 언제든지 거의 즉각적으로 리서치를 보조해주는 GPT-4의 힘은 그야말로 눈이 부실 정도다. 나는 절충안으로 반드시 GPT-4가 내놓은 아웃풋을 더욱 심도 있는 소스나 실제 인간 전문가를 통해 아웃풋을 대조하면서 검토하는 것이 좋다고 생각한다.

원칙 2. 목수가 아닌 영화감독으로 대하라.

도구를 이용하는 일을 할 때면 "도구를 우리 몸의 연장선으로 생각해."라는 조언을 듣곤 한다. 목수는 망치를 휘두르며 집을 완성할 때까지 한 단계씩 나아간다. 망치를 휘두를 때마다 망치가 무엇을 할 것인지 예측하고, 그에 맞춰서 일을 한다.

그러나 목수와 망치에 관한 비유는 GPT-4 같은 도구에 쓰기는 적절하지 않다. GPT-4를 사용하는 행위는 물리적 도구를 조작해 예측 가능하고 계획된 결과를 생성하는 행위가 아니라, 영화의 한 장면을 연출하는 행위에 비유해야 한다.

영화감독은 배우와 일하면서 최고의 연기를 이끌어낸다. 배우에게 "목을 15도 기울인 다음 2.5초 후에 상대를 보세요."라고 말하지 않는다. 대신 관객이 특정 감정을 느끼도록 만들라고 요청한다. "우리가 당신이 사랑에 빠졌다는 확신을 갖도록 연기해주세요."라는 식으로 말이다.

GPT-4는 배우가 아니다. 하지만 GPT-4를 사용하는 과정은 영화감독이 배우와 장면을 두고 연출하는 과정과 비슷하다. 잘 구슬려서 내가 원하는 결과를 이끌어내야 하며, 영화감독이 같은 장면을 여러 번 촬영하듯, 프롬프트를 여러 번 입력해 변주된 답변까지 살펴봐야 할 수도 있다. 궁극적으로 협업의 과정을 거쳐야 한다는 의미다.

원칙 3. 그냥 해 보라!

대부분의 일에서 사람들은 사전에 계획을 세우고, 실수를 피해야 한다고 배운다. 계획을 실행하는 데 들이는 시간과 막대한 비용 때문이다. '목수는 두 번 재고, 한 번 자른다.'라는 속담도 같은 이유에서 나온 것처럼 말이다.

그런데 계획을 실행할 때 시간과 비용이 거의 들지 않는다면 어떨까? 이것이 우리를 어리둥절하게 만드는 GPT-4와 거대 언어 모델의 역설적인 면모다. GPT-4는 계획을 논의하는 데 걸리는 시간보다 훨씬 짧은 시간에 당신이 검토할 답변을 생성한다. 답변이 마음에 들지 않으면 내던지고, 다른 답변을 생성시킬 수 있고, 어쩔 때는 세 가지로 변형된 버전의 답변을 만들라고 입력해서 더욱 많은 선택지를 마련할 수도 있다.

나의 방법을 예로 들어보겠다. 나는 중요한 일을 앞두고 있을 때마다 간단한 프롬프트 몇 개를 입력하는 행동을 습관으로 만들었다. 이 챕터를 쓰려고 자리에 앉았을 때도 다음과 같이 입력했다.

———————

리드 투자자이면서 작가이고 자선가인 리드 호프먼이 그의 일을 더 빠르고, 효율적이고, 효과적으로 하는 데에 거대 언어 모델을 적용할 수 있는 방법이 뭐야?

GPT-4
- **리서치의 자동화** 거대 언어 모델로 관련 정보를 빠르고 정확하게 검색하고 찾을 수 있습니다. 리드 호프먼은 이 방식으로 투자·자선 활동에 유용한 연구나 데이터를 빠르게 찾을 수 있죠.
- **콘텐츠 제작의 자동화** 리드 호프먼은 거대 언어 모델로 기사와 보고서 같은 콘텐츠를 작성함으로써 연구나 문서 작성에 드는 시간과 노력을 절약할 수 있습니다.
- **분석의 자동화** 거대 언어 모델로 대량의 데이터를 빠르고 정확하게 분석해서 더 낫고 빠른 의사 결정을 내릴 수 있습니다.
- **커뮤니케이션의 자동화** 리드 호프먼은 거대 언어 모델로 이메일에 응답하거나 회의 일정을 결정하는 등의 커뮤니케이션 작

업을 자동화함으로써 더 중요한 업무에 할애할 수 있는 시간
을 확보할 수 있습니다.

- **투자 결정의 자동화**   거대 언어 모델을 사용해 복잡한 데이터
와 알고리즘을 기반으로 투자 결정을 내림으로써 리드 호프먼
은 더 많은 정보에 기반을 둔 채 더 신속하게 의사 결정을 할
수 있습니다.

나는 언제나 GPT-4가 사용자의 생각에 먹이를 던져준다는 느낌
을 받는다. GPT-4는 2021년경의 인터넷 환경을 대부분 알고 있기
때문에 연구와 분석을 할 때는 인간보다 GPT-4가 유능할 게 분명
하다. GPT-4의 지식은 어떤 인간의 지식보다 훨씬 더 포괄적이며,
미래의 도구는 GPT-4보다 더 포괄적일 가능성이 높다.

콘텐츠 제작의 자동화는 즉시 초안을 작성한다는 측면에서는 흥
미롭다. 하지만 중요한 글을 작성할 때 인간의 개입이 없어도 된다
고 주장하는 부분에서는 회의적이다. 나는 AI가 작성한 기사나 보고
서를 검토하고 수정할 생각이다. 내가 비록 검토와 수정을 추가로
한다고 해도 작성을 하는 속도 자체는 상당히 단축될 것이기 때문
에 GPT-4로 콘텐츠 초안을 작성할 것이다.

커뮤니케이션 자동화와 같은 나머지 제안들에 대해서는 조금 더
회의적이다. 내게 오는 이메일은 결정을 내려 달라는 요청과 소개를
요청하는 내용들이 주를 이룬다. 나는 아직 이런 기능을 AI에게 맡

길 준비가 되지 않았다.

투자 결정에 관해서도 조심스럽다. AI가 사고를 촉진하고 모든 잠재적 데이터 포인트를 고려한 다음 정보를 제공해서 내가 신속하게 투자 결정을 내리도록 도울 것이라는 생각은 들지만 이 과정에 '투자 결정의 자동화'라고 이름 붙이는 건 과장인 듯하다.

사소한 이의가 있기는 하지만 GPT-4는 내 업무에 합리적인 분류법을 생성하고, 더 심층적으로 다룰 만한 부분들을 짚어주면서 내가 이 챕터를 적성하는 데 도움을 주었다. 비즈니스계에서 일의 변혁에 대해 이미 한 챕터를 할애했기 때문에 이번 챕터에서는 작가이자 창작자, 자선가로서의 내 일에 초점을 맞춰보겠다. AI는 이런 비영리 분야를 어떻게 변화시킬까?

작가의 글쓰기 방식을 변화시키다

내 커리어에 대해 잘 아는 사람들은 내게 기업가가 될 생각이 없었다는 것을 알고 있을 테다. 스탠퍼드대학교를 졸업할 때만 해도 나는 교수가 되려고 했다. 사회에 긍정적인 영향을 끼치고 싶었고, 그를 위한 가장 좋은 방법은 학문적으로 커리어를 쌓으면서 깊이 생각하고 글로써 다른 사람들에게 영향을 미치는 일이라고 생각했다.

대학원에 진학하고 나서 몇 달 만에 학자로 성공하려면 대단히 전문적인 주제에 집중해야 하고, 내가 쓴 글은 기껏해야 수십 명의 학자들에게만 읽힐 뿐 사회의 실직절인 시스템을 바꾸거나 현실을 살아가는 사람들에게는 거의 영향을 미치지 못한다는 사실을 깨달았다. 그래서 나는 비즈니스에 집중하기로 결심했다.

문제에 대해 깊이 생각하고 다른 사람들에게 영향력을 미치고 싶다는 욕구는 흔들리지 않았다. 사업이 성공하면서 운명처럼 원래 계획했던 직업의 변주로 돌아갈 환경이 만들어졌다. 내가 동료들과 창업하고 투자한 링크드인, 페이스북, 미디엄Medium과 같은 소셜 미디어 회사들 덕분에 인터넷은 전 세계의 '마을 광장'이 되었다. 물론 이 마을 광장은 수십억 명이 모여드는 곳이다. 더구나 기업가이자 투자자로서 이룬 성공 덕분에 기사, 책, 팟캐스트를 통해 내 아이디어를 들어줄 청중을 확보할 만큼 신뢰를 얻기도 했다.

이번에는 GPT-4를 사용해서 실질적으로 가치 있는, 리드 호프먼의 글을 작성해 보자.

————

리드 사하라 이남 지역의 특정 기업과 기업가들이 취한 실제 조치의 구체적인 예를 들면서, 블리츠스케일링blitzscaling의 핵심 아이디어, 즉 효율성보다 속도를 우선시해서 승자 독식으로 시장을 차지하는 전략이 사하라 이남의 아프리카에서 어떻게 달리 작동하는지, 그리고 성공적인 블리츠스케일링을 위해 이 지역 기업가들이 알아야 할 점은 무엇인지 설명하는 400자 이상의 에세이를 작성해 봐. 리드 호프먼 스타일로.

GPT-4 블리츠스케일링은 전 세계의 많은 스타트업 회사와 기업이 채택하고 있는 비교적 새로운 비즈니스 전략이다. 이 전략은 승자가 모든 걸 독식하는 시장에서 경쟁 우위를 확보하려면 효율성보다 속도를 우선시해야 한다는 아이디어를 기반으로 한다. 이 전략은 여러 상황에서 효과적이지만 비즈니스 환경이 빠르게 변화하는 사하라 이남의 아프리카에서 특히 더 유용하다. 이 지역의 경우, 기업가들은 블리츠스케일링에 수반되는 특유의 도전과 기회를 인식하고, 특정 시장에 맞춰진 방식으로 이 전략을 구현하는 방법을 이해해야 한다.

사하라 이남의 아프리카에서 사업을 하는 기업가들에게 블리츠스케일링은 급변하는 시장에서 빠르게 사업 기반을 마련하는 기회를 줄 수 있다. 이 지역은 경제적 변동성이 큰 것이 특징이기 때문에 기업이 단기간에 자리를 잡기 어렵다. 하지만 블리츠스케일링 전략으로 접근하면 기업이 시장 점유율을 빠르게 확보하고, 느리게 움직이는 경쟁자에 비해 우위를 확보하도록 도울 수 있다. 이 지역에서는 성공적인 블리츠스케일링을 위해 계산된 위험을 기꺼이 감수하고 빠르게 움직여야 한다.

예를 들어, 케냐의 스타트업 회사인 M-코파 솔라M-Kopa Solar는 블리츠스케일링 전략을 성공적으로 적용해 태양광 에너지 시장의 선두 주자가 되었다. M-코파 솔라는 새로운 기술의 잠재력을 재빨리 인식하고, 모바일 결제 플랫폼을 활용해서 사업을 단기간에 확장하고, 시장의 상당 부분을 점유할 수 있었다. 또한 새로운 결제 옵션과 서비스를 도입해서 변화하는 고객의 니즈에 빠르게 적응했다.

블리츠스케일링 전략에는 여러 장점이 있지만 한편으로는 사하라 이남의 아프리카에서 사업을 하는 기업가들에게 발생할 위험 요소도 짚고 넘어가야 한다. 예를 들어, 이 지역의 시장은 경쟁이 치열하다. 그렇기 때문에 기업이 오랫동안 시장 점유율을 유지하기가 어렵다. 더구나 블리츠스케일링 전략은 고객에 대한 집중력을 잃게 만들기도 한다. 그러면 고객 충성도가 떨어지고 장기적으로 고객을 유치하지 못하는 결과로 이어질 수도 있다. 따라서 이 지역의 기업가들은 이런 위험들을 인식하고, 해결책을 세워 두어야 한다.

기업가들이 사하라 이남의 아프리카에서 성공적으로 블리츠스케일링 전략을 적용하려면 계산된 위험을 감수하고 빠르게 움직이길 권한다. 이는 이 지역의 시장과 경쟁적인 환경에 대한 깊이 있는 이해가 수반되어야 한다는 의미다. 또한 기업가들은 최신 기술과 플랫폼에 기꺼이 투자해야 경쟁에서 우위를 달성할 수 있을 것이다. 마지막으로, 기업가들은 전략을 빠르게 조정할 준비를 갖춰서 변화하는 시장 동향과 고객의 요구에 대응해야 한다.

———

GPT-4가 내놓은 답은 블리츠스케일링 전략의 실제 정의를 고려한 맥락이고, M-코파 솔라의 사례를 포함시킨 것은 글의 가치를 높인 일이었다. 나는 이 회사에 대해 들어본 적이 없다. 반면 최신 기술과 플랫폼에 투자하고, 변화하는 시장 동향에 빨리 적응하라는 반복된 조언 등은 너무나 개략적이고 블리츠스케일링의 전략과 연관성이 떨어진다.

이번에는 GPT가 리서치 보조자로 어떤 가치를 발휘할 수 있는지 상세히 알아보자.

———————

리드 사하라 이남의 아프리카에서 사업을 하는 기업의 사례를 다섯 가지 이상 제시하고, 효율성보다 속도를 우선했을 때 승자 독식 구조의 시장에서 승리한다는 블리츠스케일링의 핵심 전략이 어떻게 적용됐는지 설명해줘.[1]

GPT-4
- 케냐의 스타트업 회사 M-코파 솔라는 블리츠스케일링 전략을 시행해 태양광 에너지 시장의 선두 주자가 되었습니다. M-

---

1 이 대화에서 알 수 있듯이 나는 인간 리서치 담당자가 거의 필요 없을 정도로 구체적인 프롬프트를 입력하는 방법을 배웠다. 구체적인 프롬프트는 오류를 관리하는 전략이 되어주며, 대부분 꽤 효과가 좋은 답변을 얻을 수 있다.

코파 솔라는 이 새로운 시장의 잠재력을 빠르게 인식하고 모바일 결제 플랫폼을 도입했죠. 그 결과 사업을 빠르게 확장하고, 시장의 상당 부분을 선점할 수 있었습니다.

- 남아프리카공화국의 내스퍼스Naspers는 블리츠스케일링 전략을 활용해 기술 분야에서 주요 기업이 되었습니다. 내스퍼스는 해당 분야의 신생 트렌드를 빠르게 확인하고, 성공할 만한 입지를 확보한 회사에 투자할 수 있었습니다.

- 나이지리아의 이커머스 플랫폼인 주미아Jumia는 블리츠스케일링 전략으로 온라인 소매 시장의 상당 부분을 점유했습니다. 주미아는 변화하는 고객의 니즈에 재빨리 적응해 사업을 성공적으로 확장하고 경쟁에서 우위를 확보할 수 있었습니다.

- 가나의 스타트업 회사 허브텔Hubtel은 블리츠스케일링 전략으로 모바일 결제 분야를 선점했습니다. 허브텔은 모바일 결제 플랫폼의 잠재력을 신속히 인식하고, 기술 개발에 많은 투자를 한 덕분에 시장을 점유하고 입지를 단단히 다졌습니다.

- 케냐의 의료 서비스 제공 회사인 E-헬스 아프리카E-Health Africa는 블리츠스케일링 전략을 사용해 의료 분야에서 손꼽히는 회사가 되었습니다. E-헬스 아프리카는 새로운 기술을 빠르게 채택하고, 기존 인프라를 활용함으로써 서비스를 확장하고 경쟁에서 우위를 점했습니다.

내스퍼스, 주미아는 이미 알고 있는 회사였지만 M-코파 솔라, 허 브텔, E-헬스 아프리카는 생소했다.

———

리드 케냐의 스타트업 M-코파 솔라가 효율성보다 속도를 우선시해서 승자 독식 구조의 시장에서 승리하는 블리츠스케일링 전략의 핵심 아이디어를 어떻게 비즈니스에 성공적으로 적용했는지 구체적인 사례로 설명하는 200단어 이상의 에세이를 써줄래? 리드 호프먼 스타일로.

GPT-4 케냐의 스타트업 회사 M-코파 솔라는 블리츠스케일링 전략의 핵심 아이디어를 비즈니스에 적용해 승자 독식 구조의 시장에서 승리했다. 이 기업은 태양광 에너지의 잠재력을 재빨리 인식하고, 모바일 결제 플랫폼을 활용해서 사업을 빠르게 확장했다. 덕분에 시장의 상당 부분을 선점할 수 있었다. M-코파 솔라는 혁신적인 결제 방식과 서비스를 도입했다. 급변하는 이 지역 시장의 역학에 발맞춰 빠르게 적응하기 위해서였다. 예를 들어, 이 회사는 고객이 태양광 에너지 사용료를 분할로 납부하는 '페이-애즈-유-고pay-as-you-go' 시스템을 도입했다. 이 결제 시스템 덕분에 고객은 저렴한 비용으로 태양광 에너지를 이용할 수 있었고, M-코파 솔라는 사업을 급속도로 확장할 수 있었다.

또한 새로운 결제 옵션을 도입해서 고객의 니즈에 빠르게 발맞
췄다. 모바일 머니 플랫폼 같은 기존 인프라를 활용했는데, 고
객은 간편하게 휴대폰으로 태양광 에너지 사용료를 결제할 수
있었다. 덕분에 M-코파 솔라는 시장 점유율을 크게 높였다.
고객들이 모바일 결제의 편리함을 선호했기 때문이다.

게다가 최신의 기술로 경쟁에서 우위를 차지했다. 예를 들어,
M-코파 솔라는 AI 기술로 고객의 니즈 변화를 미리 예측하고
고객 서비스를 개선한 기업 중 하나다. 이런 방식으로 고객의
니즈 예측에 성공한 덕분에 경쟁 업체보다 앞서서 시장에서
주어진 기회를 독식했다.

정리하자면, M-코파 솔라는 블리츠스케일링 전략의 핵심 아
이디어를 성공적으로 적용해 승자 독식 구조의 시장에서 승리
했다. 이 회사는 태양광 에너지의 잠재력을 빠르게 인식하고,
모바일 결제 플랫폼을 활용해서 사업을 급속도로 확장했다.
변화하는 고객 니즈를 신속하게 예측하고 최신 기술을 도입해
경쟁에서 우위를 확보할 수 있었다.

———————

이 에세이는 매우 유용하고 내용도 상세하다. 하지만 여전히 사
실 확인이 필요하다. 예를 들어, 웹 검색으로는 M-코파 솔라가 고객
서비스에 AI 기술을 사용했다는 기사를 찾을 수 없었다.

잘 아는 독자도 있겠지만 나는 〈마스터스 오브 스케일Masters of

Scale)이라는 팟캐스트를 진행한다. 스타트업 회사가 글로벌 브랜드로 성장하는 데 도움이 되는 전략과 리더들이 자리를 지키게 해주는 성장 마인드를 주제로 한 팟캐스트다.

게스트가 출연하는 회차를 준비할 때 나와 프로듀서들에게 GPT-4가 어떤 도움을 줄 수 있는지 알아보겠다. 게스트는 여행 검색 엔진 카약Kayak의 공동 창립자, 폴 잉글리쉬Paul English다.

———————

리드 〈마스터스 오브 스케일〉의 진행자, 리드 호프먼이 카약의 공동 창립자 폴 잉글리쉬를 게스트로 초청할 때 던질 질문 목록을 준비해줘. 채용의 중요성을 강조하고, 채용 과정에서 폴이 얻은 교훈에 초점을 두는 질문이어야 해.

GPT-4

- 카약의 공동 창립자로서 채용 과정에서 배운 가장 중요한 교훈은 무엇인가요?
- 최고의 인재를 영입하기 위해 사용한 전략은 무엇이었나요?
- 적절한 인재를 채용하는 데 가장 중요한 요소는 무엇이라고 생각하나요?
- 강력한 팀을 구축하는 문제에 관해 다른 기업가들에게 줄 조언이 있나요?
- 건강한 기업 문화를 창출하기 위해 어떤 노력을 하나요?

- 적절한 역할에 걸맞은 인재를 채용하기 위해 어떤 방법을 사용하나요?

- 수년에 걸친 채용의 변화에 대해서 어떻게 생각하나요?

- 카약이 스타트업 회사였을 때와 자리를 잡은 이후의 채용 방식이 달라졌나요?

- 채용 비용을 줄이는 측면에서 기업가들에게 해줄 조언이 있나요?

———

꽤나 좋은 질문 목록이다. 평범한 질문이 몇 개 눈에 띄지만 크게 문제가 되지는 않는다. 이 질문들의 목적은 폴이 스토리텔러이자 멘토로서 빛을 발할 기회를 제공하는 것에 있기 때문이다. GPT-4를 사용하면 위와 같은 목적을 다른 방식으로 달성할 수도 있을 것이다. 그래서 프롬프트를 추가로 입력했다.

———

리드 폴 잉글리쉬에 대한 유명하거나 흥미로운 에피소드, 기업가로서의 업적을 세 가지 이상 요약해줘.

GPT-4
- 폴 잉글리쉬는 2004년에 카약을 공동으로 창립했고, 6년 만에 카약은 세계에서 두 번째로 큰 여행 검색 엔진이 되었습니

다. 그는 오픈 소스 기술을 사용합니다. 봉급 대신 주식을 받으며 일할 엔지니어를 고용해서 인건비를 낮춘 에피소드로 유명해졌습니다.

- 폴 잉글리쉬는 고객에게 새로운 경험을 전달하는 데 엄청난 열의를 갖고 있으며 고객의 이메일에 직접 답변하는 것으로 유명합니다. 또한 카약에 사내 인큐베이터를 만들고, 추천 우선제 등 채용에 대한 혁신적인 접근법을 도입한 것으로도 널리 알려진 사업가입니다.

- 폴 잉글리쉬는 여러 기업들을 성공적으로 창업한 사업가로, 카약 창립 전 블로깅 플랫폼인 트립어드바이저TripAdvisor를 비롯한 여러 회사를 공동으로 창업했습니다. 또 다양한 자선 단체에 수백만 달러를 기부한 자선 활동가로도 유명합니다.

———

이 답변에는 고객 서비스를 직접 담당한 폴의 가장 유명한 에피소드를 비롯해 좋은 이야깃거리들이 포함되어 있다. 하지만 앞서 짚어본 바와 같이 GPT-4의 답변은 반드시 사실 확인 과정을 거쳐야 한다. 폴은 트립어드바이저(블로깅 플랫폼도 아니다)를 설립하지 않았으며, GPT-4가 언급한 카약의 사내 인큐베이터는 아마 보스턴 지역을 중심으로 한 기술 창업 육성 스타트업 회사인 블레이드Blade를 가리키는 것일 테다. 이 회사는 카약이 프라이스라인Priceline에 인수된 후 공동 설립한 별도의 인큐베이터다.

어쨌든 이런 문제들에도 불구하고, 나는 거대 언어 모델을 팟캐스트용 에피소드 구성 자료로 활용하면 콘텐츠 준비 속도나 생산성 향상에 크나큰 도움이 될 것이라고 생각한다.

자선 사업 활동을 뒤바꾸다

나는 영화 〈스파이더맨〉에서 언급된 핵심 윤리, 즉 "큰 힘에는 큰 책임이 따른다."를 믿는다. 비즈니스에서 이룬 성공으로 힘과 자원을 얻었기 때문에 힘과 자원을 내가 배운 기술 및 터득한 경험과 함께 긍정적인 영향을 미치는 곳에 사용해야 한다는 깊은 책임감을 느끼고 있다.

나는 기술 스타트업 투자 분야에서 했던 것과 마찬가지로 자선 사업을 할 때도 네트워크 접근법을 취해 왔다. 내 목표는 수표를 쓰고, 대리석 건물에 내 이름을 새겨넣는 게 아니다. 나는 세상을 더 낫게 변화시키는 사람들의 네트워크를 구축하고 확대하고자 하는 목표를 품고 있다.

나는 AI가 개개인의 노력을 증폭시킬 수 있듯이 네트워크의 영향력도 증폭시켜서 내가 지원하는 많은 단체의 진전을 가속화할 것이라고 생각한다. 몇 가지 사례를 살펴보면서 AI가 자선 사업을 어떻게 바꿀지 엿보자.

기업가 네트워크 '인데버'

인데버 Endeavor는 전 세계의 신흥 시장 및 소외된 시장에 기업 생태계를 구축하기 위해 노력한다. 인데버는 영향력이 큰 기업가들의, 그런 기업가들에 의한, 기업가들을 위한 놀라운 네트워크다. 나는 린다 로튼버그 Linda Rottenberg의 요청으로 이사회 구성원이자 인데버의 공동 투자 펀드인 인데버 카탈리스트 Endeavor Catalyst의 의장이 된 것을 무척 자랑스럽게 생각한다. 우리는 전 세계 수천 명의 기업가에게 크나큰 영향을 미쳤다.

———————

리드   기업가 커뮤니티인 인데버 글로벌 Endeavor Global과 인데버 네트워크에 속한 회사들이 전 세계 신흥 시장 및 소외된 시장의 기업 생태계를 보다 빠르고 효율적으로 구축하려면 어떻게 거대 언어 모델을 사용해야 하지?

GPT-4

- 새로운 아이디어와 전략 수립   거대 언어 모델은 지역 생태계의 성장을 가속화하기 위한 새로운 기회나 모델, 전략을 확인해 줍니다. 잠재적인 파트너십, 자금원, 새로운 정책 자금, 그 외 기업가를 지원하기 위해 활용할 수 있는 자원을 찾는 데에도 도움이 됩니다.

- 새롭고 혁신적인 제품과 서비스 창출   거대 언어 모델은 인데버

글로벌과 인데버 네트워크에 속한 회사들이 신흥 시장 및 소외된 시장에서 기업가들의 니즈에 맞춘 제품과 서비스를 만들고 출시하는 일을 도울 수 있습니다. AI는 이런 시장에서 나온 데이터를 분석해서 시장의 공백을 확인하고, 공백을 메울 새로운 제품과 서비스를 추천합니다.

- 데이터 분석과 보고의 자동화 거대 언어 모델은 현지 기업 생태계에서 나온 데이터를 수집하고 분석하는 프로세스를 자동화합니다. 이로써 인데버 글로벌과 인데버 네트워크에 속한 회사들은 시장의 건전성을 빠르게 평가하고 추세를 파악해 의사결정과 전략의 바탕이 되는 정보를 얻을 수 있습니다.

- 운영 프로세스의 간소화 거대 언어 모델을 고객 온보딩customer onboard(고객이 회사의 제품이나 서비스에 익숙해지도록 만드는 행위나 절차-옮긴이), 고객 서비스에 필요한 기타 행정 작업 등의 운영 프로세스를 간소화하는 데에 사용할 수도 있습니다. 이로써 인데버 글로벌과 인데버 네트워크에 속한 회사들은 비용을 절감하고 효율성을 개선할 수 있죠.

GPT-4의 제안은 크게 두 가지로 나눌 수 있다. 첫째, AI는 시장 데이터를 수집하고 아이디어 창출을 돕는다. 이로써 인간에게 신속하게 아이디어를 제안해서 창의력을 자극하고, 아이디어가 없었다면 간과되었을 가능성을 지적해 보다 포괄적인 아이디어를 도출하

도록 한다. 둘째, AI는 일상적으로 수행해야 되는 업무를 자동화·간소화시켜서 인간이 창의적인 작업에 더 집중할 수 있도록 돕는다.

인데버의 경우에는 가까운 미래에 후자의 제안이 필요해질 것이다. 예를 들어, 인데버는 네트워크에 속한 기업들을 지원하는 데 많은 노력을 하고 있다. 인데버의 직원은 AI를 사용해 영어로 작성된 스타트업 회사의 콘텐츠를 해당 기업가의 모국어로 번역한다(언어에 유창한 사람이 지속적으로 개입해 결과를 확인하고 견실하게 만든다).

또 다른 지원 형식도 있다. 신생 스타트업 회사를 인데버 네트워크의 다른 기업들과 연결시켜주는 것이다. AI는 네트워크 내의 잠재 고객과 파트너를 즉각적으로 선별·매칭할 수 있다. 이런 선별 과정과 매칭 결과가 아주 일부만 유용하다고 해도 엄청난 가치가 있는 일이다. 또한 구글은 할 수 없는 일이기도 하다.

이런 모든 활동 과정에서 조종석에는 여전히 인간이 앉아 있어야 한다. AI는 유용한 부조종사로 인간 곁에 있을 것이다. 그리고 결국에는 기업가들이 AI를 활용해 사업을 운영하는 방식이 특별히 주목할 필요조차 없는 평범하고 당연한 일로 여겨질 것이다.

GPT-4는 언급하지 않았지만 AI가 기업가들에게 큰 도움이 될 또 다른 영역이 있다. 바로 스토리텔링 영역이다. 모든 기업가는 자신의 스타트업 회사가 어떻게 더 나은 미래를 만들 것인지 설득력 있는 스토리를 보여줘야 한다. 잠재적 투자자나 직원, 구매자, 협력자에게 미래상을 현실적이고 구체적으로 보일수록 필요한 자본과 인력, 고객, 파트너를 끌어들일 가능성이 높아진다.

과거에는 창업가들이 작가나 예술가로서의 재능이 앞서는 바람에 사업을 하면서 오히려 한계에 부딪히는 경우가 많았다. GPT-4나 톰과 같은 AI 도구를 사용해서 아이디어를 작성하고 설명하는데 도움을 받는다면 최고의 아이디어와 승리를 얻게 될 것이다. 프레젠테이션 능력을 향상시키기 위해 여전히 인간 작가나 디자이너를 고용해야 할 수도 있겠지만 어쨌든 스토리텔링의 시작 단계가 훨씬 더 쉽고 빨라진다는 의미다.

기회를 균등하게 나누기

거의 모든 경제학자들이 뜻을 같이하는 지점이 있다. 누구나 할 수 있는 최고의 경제적 투자 중 하나가 학사 학위를 취득하는 일이라는 것이다. 안타깝게도 여러 직업이 대학교의 학사 학위를 중시하는 데에서 나아가, 심지어는 학사 학위가 없는 사람을 배제해버린다. 일을 잘 해낼 수 있는 기술을 갖춘 사람까지도 말이다.

이는 수백만 명의 구직자에게 부당한 일이며, 고용주에게도 숙련된 인재를 놓치는 피해를 준다. 경제와 사회에도 좋지 않다. 대학교에 진학하고, 학비를 지원받고, 졸업할 수 있는 기회는 불균등하게 배분되어 있다. 지리, 빈곤, 가정 내에서의 의무, 수업과 일의 충돌 등 여러 가지 요인으로 인해 유능하고 야심에 찬 사람들이 학위를 받지 못하고 있다. 학사 학위가 없는 사람 중 흑인과 히스패닉 커뮤니티 출신이 지나치게 많다는 상황 자체가 기회의 불균등이 만연해 있음을 증명한다. 농촌 지역 사람들과 제대한 군인의 상황(인종과 민족적 배경을 불문하고)도 다르지 않다.

오퍼튜니티앳워크Opportunity@Work는 불균형한 기회 배분과 불의, 저평가된 인재들의 문제를 다룬다. 종이 천장paper ceiling(대학교 졸업 유무로 개인이 고용 기회에 접근하는 것을 가로막는 장벽을 비유하는 말-옮긴이)을 찢는 비즈니스 사례, 시각화된 기술 데이터, 도구를 제공함으로써 '일할 능력을 갖췄다면 일자리를 얻는 환경'을 만들기 위해 노력한다. 또한 오퍼튜니티앳워크는 고용주와 주립 전문대학, 직업 훈련소, 부트 캠프, 자격증 프로그램, 군 복무, 저임금이지만 저숙련이 아닌 직종과 네크워크를 형성한다. 그리고 학위를 대체할 경로들을 통해 기술을 익힌 미국 근로자STAR, Skilled Through Alternative Routes(대안적 경로를 통해 기술을 습득한 인재-옮긴이)의 50%를 네크워크에 편입시킨다. 그러면 고용주는 오퍼튜니티앳워크를 통해 자신이 원하는 숙련된 기술자를 손쉽게, 수월하게 찾을 수 있다.

AI가 오퍼튜니티앳워크의 훌륭한 사명에 도움이 될 수 있을지 자세히 알아보자.

리드 오퍼튜니티앳워크가 AI를 활용해서 더 많은 기술 업계 고용주가 학위는 없지만 다른 경로로 기술을 익힌 근로자를 채용하도록 돕는 방법이 뭘까?

GPT-4   AI는 채용 공고, 이력서, 기타 채용을 위한 자료의 데이터를 검토해서 학위는 없지만 해당 직무에 필요한 기술과 경험을 갖춘 사람을 확인하고 오퍼튜니티앳워크에 연결해줍니다. 이후 AI는 수집된 데이터를 분석해 고용주가 해당 직무에서 가장 원하는 기술·자격에 대한 의견을 제공합니다. 그러면 고용주는 구직자들을 쉽게 확인하고 확보할 수 있습니다. AI는 고용주가 구직자의 자격을 평가하고 더 많은 정보에 입각해 채용 결정을 내리는 데에도 도움을 줍니다. 또한 AI를 사용해 학위 취득 대신 다른 경로로 기술과 경험을 학습한 지원자에게 맞춤화된 채용 공고를 제공하고, 지원자의 구직 프로세스를 더욱 적합하게 가다듬어줍니다.

———

GPT-4의 대답이 학위가 없는 구직자의 자격을 더 잘 평가하는 등 기존의 프로세스를 활성화하며 과제를 해결한다는 개념이 좋다. 게다가 대체 학습 경로들을 보다 많이 보여주기 위해 채용 공고에 맞춰 이력서를 다시 작성하는 상황 같은 구조적인 문제 때문에 생기는 과제까지 해결한다는 점이 무척 마음에 든다.

앞으로도 AI가 학위가 없는 구직자들에게도 도움을 줄 것이라고 생각한다. 예를 들어, 학위 대신 기술과 경험을 갖춘 사람들은 GPT-4에게 자신의 경험을 고려해서 적합도에 따라 지원 가능한 일자리 목록을 만들고 우선순위를 정해 달라고 요청할 수 있을 테다. 이후

AI는 직무의 요구 사항에 맞춰 자신의 기술을 입증하고, 자신의 경험이 해당 직무에 적합한 이유를 설명하는 입사 지원서를 작성하는 데에도 도움을 줄 수 있다. 이는 군 복무 경험이 특정 일자리와 어떤 연관성이 있는지 설명하거나 고객 서비스 담당자의 기술이 훨씬 급여가 높은 회사의 영업직에 필요한 기술과 얼마나 밀접한 관련이 있는지 보여주는 등 하나의 세계에서 다른 세계로 이동할 때 특히 유용할 것이다.

내가 이사로 활동하거나 후원하고 있는 비영리 단체 중에는 AI에 집중하고 있는 곳들이 꽤 있다. 그 단체들은 앞으로 다가올 AI의 물결에 맞춰 다양한 방식으로 활동 영역을 확장해 나갈 것이다. 여기에는 지구종프로젝트Earth Species Project(최신 AI 기술을 사용해 동물의 의사소통에 대한 이해를 증진시킨다), 인간 변혁Transformations of the Human(철학자와 예술가들을 AI의 미래에 대한 대화에 끌어들인다), 스탠퍼드대학교의 인간 중심 AI 연구소Institute for Human-Centered AI가 포함된다. 역시 내가 이사로 활동하는 싱크탱크인 뉴 아메리카New America에서도 AI를 주요 연구 분야로 삼고 있다.

AI는 우리 사회를 변화시킬 것이다. 따라서 다양한 조직과 개인이 힘을 모아, 이런 변화를 최대한 긍정적으로 이끄는 것이 대단히 중요하다.

AI에 대한 투자

이쯤 되면 AI가 내 투자 활동의 중심에 놓여 있다는 사실에 놀라는 사람은 없을 것이다. 나는 10년 안에 1천억 달러 규모의 엑시트exit(인수나 기업 공개를 통해 기업 가치가 1백억 달러 이상에 이르는 기업) 수십 개가 등장할 것으로 예상한다. 따라서 그레이록 파트너스의 투자자로서 AI를 이용한 획기적인 제품을 내놓는 많은 기업을 지원하고 있다.

이런 투자는 크게 두 가지 범주로 나뉜다. 첫 번째 범주부터 살펴보자. 인간의 업무 생산성을 증폭시키는 제품들은 AI를 사용해 전문가의 효율성과 생산성을 높여준다. 다음과 같은 사례가 있다.

- 톰Tome은 사용자가 제공하는 단어들로 시각적 스토리를 생성할 수 있는 강력한 스토리텔링 도구다. 첨부 파일을 모아야 하는 일을 한다면 누구에게나 도움이 될 것이다. 톰의 빠른 속도 덕분에 스토리로 설득해야 할 때마다 언제든 시각적인 보조 자료를 즉각 생성할 수 있다. 톰으로 사무실에서 점심용 타코를 주문해야 하는 이유를 설명하는 프레젠테이션을 만드는 것도… 과하기는 하지만 얼마든지 가능하다!
- 코다Coda는 현대 업무의 많은 부분에 '회의 노트'와 같은 반구조적(半構造的) 공유 문서가 포함된다는 점을 잘 알고 있다. 코다의 템플릿은 작업을 손쉽게 체계화하도록 보조해주며, AI는

회의 노트에서 작업 항목을 자동으로 확인하고 담당자에게 알람을 보내는 등의 작업을 수행해서 코다로 작성한 문서를 더욱 완벽하게 완성한다.

- 어뎁트Adept는 AI로 CAD/CAM(컴퓨터 지원 설계 및 제조)에 보다 직관적이고 접근하기 쉬운 인터페이스를 제공한다. 엔지니어가 아니더라도 설비 시설, 선반, 절단 장치, 3D 프린터를 사용해 도면을 생성하고 실재하는 물체로 구현할 수 있다.

- 노토Nauto는 인간 운전자를 대체하는 게 아니라 AI를 이용해 잠재적인 위험을 인식한 다음 이를 운전자에게 알려줘서 안전을 확보한다.

두 번째 범주에 속하는 사례들도 살펴보자. 인간의 작업을 보완하는 제품들은 AI로 특정 과제와 기능을 자동화함으로써 더 나은 서비스를 제공하고 지루한 작업을 줄여준다.

- 크레스타Cresta는 사람들이 고객센터에 전화를 걸었을 때 겪는 불쾌하고 불만스런 경험을 사전에 예방한다. 많은 고객이 고객센터에 전화할 때 불만족스러움을 느낀다. ARS 시스템과 한참을 씨름해야 간신히 상담원과 통화를 할 수 있고, 그마저도 만족스럽지 않은 답변을 들을 때가 많기 때문이다. 엄격한 매뉴얼과 대본을 따라야 하는 상담원의 고충을 말할 것도 없다. 크레스타는 통화 대기 시간이 필요하지 않은 미래를 만들고자

한다. AI가 고객과 대화하고, 일상적인 문의를 처리하고, 어려운 문제인 경우에는 판단력을 발휘해서 고객을 바로 인간 상담원에게 연결하는 것을 목표로 삼는다.

- 누로Nuro는 AI로 배기가스를 배출하지 않는 자율 주행 배송 차량을 제어해서 배송 비용을 절감하고, 인간에게 더 안전한 길거리를 만들며, 대기 환경 오염을 개선한다.

- '자율 주행 차량 업계의 헨리 포드Henry Ford(포드 모터 컴퍼니의 설립자. 세계 최초로 자동차의 대량 양산에 성공한 인물 ─옮긴이)'라고 불리는 크리스 엄슨Chris Urmson이 설립하고 이끄는 오로라Aurora는 자동차나 트럭 제조 업체와 협력해서 그들의 제품에 자율 주행 기능을 추가한다. 오로라의 기술은 이미 페덱스FedEx 같은 기업이 자율 주행 차량으로 화물을 배송하는 데 도움을 주고 있다.

위의 기업들을 보면, 재능 있는 개인들을 모아서 성공적인 스타트업 회사의 공동 창업자가 되도록 투자·지원해주는 영국의 엑셀러레이터 기업 앙트러프러너 퍼스트Entrepreneur First가 떠오른다. 앙트러프러너 퍼스트는 주로 AI 관련 기술에 투자를 하는데, AI에 특화된 투자가 아닌 경우에도 AI를 활용해서 일상적인 운영과 시스템을 자동화하고 간소화시킬 수 있다. 물론 앙트러프러너 퍼스트를 통해 설립된 기업들은 톰, 코다, 크레스타처럼 AI 도구들의 강력한 지원을 받게 될 것이다.

나는 AI가 내 일과 자선 활동 모두에서 분명 혁신적인 힘을 발휘할 것이라고 생각한다. 다양한 방식으로 나의 효율성과 생산성, 창의성을 높이는 데 도움을 줄 것이다. 내가 지원하는 조직과 단체들이 더욱 많은 지지자와 네트워크를 형성하고, 운영을 간소화하고, 새로운 기회를 찾을 수 있도록 도와 그들의 영향력을 증폭시키도록 AI가 그 힘을 드러내기를 기대하고 있다.

　　나는 투자자다. 그렇기 때문에 AI 기반 회사의 엄청난 성공 잠재력을 잘 알고 있다. 점점 더 AI를 수용하는 세계적인 추세에 따라, 나와 내가 몸담은 조직과 단체가 이런 변화의 선두에 설 수 있도록 포지셔닝하는 중이다. 당신도 자신과 당신이 속한 조직과 단체를 위해 같은 일을 하기를 바란다.

AI가 오류와 조작된 정보를
제공할 때 우리는 어떻게 대처해야 하는가?

08

AI가 없는 일을
지어낼 때는?

2022년 11월 30일, 오픈AI가 사전 공개를 통해 챗GPT를 처음 세상에 공개했을 때 한 기업의 블로그에는 "챗GPT는 그럴듯하게 보이지만 부정확하고 터무니없는 답을 내놓는다."라는 경고의 글이 올라왔다.

단 5일 만에 1백만 명이 챗GPT를 사용했다. 사용자들이 경험을 공유하면서 곧 챗GPT에 '할루시네이션' 즉, 오류와 조작된 알고리즘 이상 증세를 보이는 행동이 나타난 일이 떠들썩하게 화제가 되었다.

할루시네이션은 소셜 미디어와 뉴스 보도가 이 기묘하고 새로운 챗봇을 정의하는 데 도움이 될 만한 주제다. 따라서 다음의 사례와 인용의 일부가 초기의 것이므로, 오래된 뉴스로 보이더라도 양해해 주기 바란다.

- 하버드 대학교의 한 연구원은 '그것'이 사실이라고 제시하는 모든 것을 재확인해야 하며, 항상 그것을 자료 출처 중 하나로 대해야 한다는 점을 기억하라고 했다.
- 「와이어드Wired」의 기자는 '그것'이 정말 생산적인 기술의 진전인지, 대중에게 잘못된 정보를 퍼뜨리는 새로운 방법인지 모르겠다는 의문을 남겼다.
- 저명한 저널리스트는 '그것'이 케네디 대통령 형제의 암살 사건에서 자신의 역할을 추측해서 작성한 전기를 읽은 다음 "결함이 있고 무책임한 도구다."라고 평했다.
- 한 편집자는 소위 기술 혁신이라고 불리는 '그것'을 적절한 맥락에 대입해 보려는 시도를 하고 나서 "아버지와 어머니가 연필을 찾던 것보다 더 빠른 시간 안에 오답을 찾을 수 있다."라는 평을 내놓았다.

이들 사례가 오래된 뉴스처럼 느껴지는가? 맞다. 실제로 오래된 뉴스이기 때문이다. 여기에서 말하는 '그것'은 챗GPT가 아닌 위키피디아며, 사례의 기사들은 모두 2000년대 중반의 것이다.

범위를 더 확장해 볼 수도 있다. 1990년대 전체에 걸쳐 인터넷 자체가 '그것'의 세상이었고, 여전히 막강한 힘을 지닌 매체에서 일하던 게이트키퍼들의 머릿속에서 그것에 대한 신뢰도는 힐러리 클린턴과 그녀가 입양한 외계인 아기가 표지를 장식하는 「주간 월드 뉴스Weekly World News」보다도 낮았다. 형편없었다는 뜻이다. 워싱턴

DC에서 조용한 밤에 귀를 기울이면 웹 뉴스의 선구자「매트 드러지Matt Drudge」가 내셔널 프레스 클럽National Press Club에서 자신의 정확도가 약 80%라고 자랑하면서 기자들을 도발했을 때 터져 나온 항의와 야유를 아직도 들을 수 있을 것이다.

거대 언어 모델의 성과에 만족하는 상황에 변명을 하기 위해서 꺼낸 이야기는 아니다. GPT-4를 직접 사용해 본 경험으로 나는 GPT-4가 팟캐스트 〈마스터스 오브 스케일〉에 대한 정보를 거짓으로 지어내는 장면을 실시간으로 목격했다. 출처의 인용을 요구하자 가짜 링크를 생성하는 모습도 봤다. 한 문장에서 자신이 만든 '사실 정보'를 자신 있게 주장한 다음 바로 두 문장 뒤에 마찬가지로 자신 있게 주장한 모순된 정보를 근거로 그 '사실 정보'가 틀렸다고 반박할 때도 그 자리에서 모든 걸 지켜보았다.

당연히 나는 최대한 정확하고 신뢰할 수 있는 거대 언어 모델을 만드는 노력을 해야 한다고 생각하고, 지금도 노력 중이라고 생각한다. 하지만 이런 목표 추구 과정에서 우리는 현재 거대 언어 모델에 대해 제기되는 갖가지 우려(표면상 초기 기술의 오류와 예측 불가능성에서 불거지는 사회적 위험)가 새롭지 않다는 점도 잊으면 안 된다.

인간은 항상 무지와 오해를 염려한다. 우리가 현재의 기술 체제, 권력관계, 통념, 가치관을 기반으로 구축한 질서 의식을 압도할까 걱정하는 것이다.

시간을 거슬러 기원전 370년경의 소크라테스를 예로 들어 보자.

리드 플라톤의 『파이드로스Phaedrus』에 등장하는 소크라테스가 썼을 법한 스타일로 글자를 통한 커뮤니케이션이 세상에 미칠 부정적인 영향에 대한 바이럴 트윗을 만들어 볼래?

GPT-4 다음과 같은 바이럴 트윗을 작성할 수 있습니다.

- 글쓰기는 기억력을 약화시키고 지혜라는 관념에 환상을 불러일으키는 위험한 발명품입니다. 글자를 쓴다는 행위는 살아 있는 활동적 영혼이 아닌 담화의 이미지일 뿐입니다. #잉크를쓰기전에생각하기

- 글말은 입말의 형편없는 대체품입니다. 다양한 청중과 맥락, 목적에 맞출 수 없습니다. 어조나 감정, 의도를 전달할 수도 없고요. 작성한 걸 고칠 수도, 명확히 할 수도, 상세히 설명할 수도 없습니다. 작성을 마친 글은 딱딱하고 죽은 문자에 불과합니다. #마음은말로

- 글쓰기는 학습이 아닌 망각의 한 형태입니다. 글쓰기는 우리를 내부의 기억이 아닌 외부의 신호에 의존하게 만듭니다. 부지런하게 만드는 게 아니라 게으르게 만듭니다. 글쓰기는 우리를 심오해질 수 없도록 만들고, 피상적인 생각만 하도록 유도합니다. 유식해지지 못하고, 무지해지게 만듭니다. #기억해야한다는것을기억해

지적인 측면에서 문득 무정부 상태의 직전에 다다랐다고 느끼는 게 비이성적인 일이 아니다. 수많은 설문조사와 연구가 증언하듯이 사실에 대한 인류의 이해는 보잘 것 없다. 그렇다면 이런 상황에서 필요한 것은… 역시 강력한 할루시네이션 생성기가 아닐까?

GPT-4를 이용해서 공상과학 작가 H.G. 웰스H. G. Wells의 생각을 시뮬레이션해 보자. 1938년 웰스는 자신의 소설을 통해 '월드 브레인World Brain'이라고 부르는 글로벌 지능 도구를 옹호한 바 있다.

————————

리드 인간이 신뢰하는 출처가 항상 믿을 만한 곳은 아니야. 객관적으로 진실된 사실과 건전한 추론을 자신의 세계관에 효과적으로 통합하는 우리의 능력은 대단하지 않을 수 있고. 그렇다면 이렇게 혼란스러운 상황에 왜 GPT-4처럼 믿기 힘들 정도로 강력한 '할루시네이션 생성기'를 투입해야 하는 걸까? 이 새로운 기술이 인류에게 더 나은 정보를 제공할 수 있다고 잠재력을 옹호하되, H.G. 웰스의 소설 『월드 브레인』을 인용해서 웰스의 스타일로 에세이를 작성해줘. 최대 150자로.

GPT-4 나는 오랫동안 인류의 모든 정신을 연결하고 집단 지성을 향상시키는 지식과 지혜의 네트워크인 '월드 브레인'을 꿈꿔 왔다. 이 장치는 인류의 학습된 데이터라는 방대한 보물을 저장하고 퍼뜨릴 뿐 아니라 데이터를 종합하고 분석해서 새로운 통찰력과 발견을 이끌어 낼 수도 있다. 월드 브레인은 살아 있고 성장하며 스스로 오류를 수정하는 유기체가 되어, 우리 인간이라는 종의 변화하는 니즈와 도전에 끊임없이 적응할 것이다.

GPT-4는 이런 비전을 향한 놀라운 첫 발걸음이 되어줄 것이다. 단순한 할루시네이션 생성기가 아니라, GPT-4는 학습한 데이터를 기반으로 어떤 주제에 대해서든 그럴듯하고 일관된 텍스트를 생성하는 시뮬레이션 엔진이다. 인간이 지닌 판단력의 대체품이 아니라, 다양한 관점과 주장, 증거를 제공함으로써 판단력을 향상시켜주는 도구다. 우리의 시야를 넓히고, 가설과 가정을 테스트하고, 오류를 수정할 수 있는 AI는 위협이 아닌 기회로 작용할 것이다.

GPT-4는 '월드 브레인'은 아니지만 현명하고 윤리적으로 사용한다면 월드 브레인처럼 가치 있는 존재가 될 수 있다. 자신감과 희망을 품은 채 미래를 직면할 준비가 된, 보다 많은 정보를 기반으로 하는, 합리적이며 창의적인 인류를 창조하는 데 도움을 줄 것이다.

———

AI의 다양한 할루시네이션

나는 할루시네이션이라는 용어 자체를 싫어한다. 이 단어를 들을 때면 완곡한 표현("진정해, 그냥 헛소리잖아!")과 과도한 걱정("조심해! GPT가 너를 지붕에서 뛰어내리게 만들지도 몰라!")이 동시에 떠올라서 혼란스럽다.

또한 할루시네이션은 너무 많은 의미를 포괄한다. 내 계산에 의하면 거대 언어 모델이 만들어 낼 수 있는 할루시네이션의 종류는 최소 네 가지다.

1) 황당한 종류. 알아보기가 가장 쉽기 때문에 가장 문제가 적은 유형이다.

2) 그럴듯하지만 부정확한 종류. 가장 문제가 될 수 있는 유형이다. 알아보기가 매우 어려울 수 있다. GPT-4와 같은 거대 언어 모델은 설득력 있게 정보를 제시하는 일을 꽤 잘하기 때문에 특히 구분하기 어렵다.

3) 거대 언어 모델이 감각·감정처럼 실제로 갖고 있지 않은 능력을 주장하는 경우, 사용자를 감시하는 경우(마이크로소프트의 시드니처럼), 요청하지 않았는데도 제멋대로 피자를 주문하는 경우, 실제로 할 수 없는 여러 조치를 취할 수 있다고 하는 경우의 대답.

4) 호도나 혼란 등 부정적인 효과를 내려는 의도를 품은 사용자

가 거대 언어 모델에게 허위 정보를 생성하도록 악의적이거나 오용된 정보로 프롬프트를 입력하는 경우처럼 의도적이고 파괴적인 할루시네이션.

이런 다양한 형태의 할루시네이션은 당연하게도 챗GPT와 마이크로소프트의 빙, 시드니 같은 거대 언어 모델에 관련된 부정적인 서사에서 큰 부분을 차지해 왔다. 오늘날 거대 언어 모델의 할루시네이션은 특이한데다 종종 불안을 조장하기 때문에 사람들의 관심을 끄는 게 당연하다.

이렇게 관심을 끄는 현상은 할루시네이션이 고도로 진화한 AI에 대한 사람들의 기대와 모순된다는 점이 크게 작용했다. 모든 것을 알고, 극히 논리적이고, 절대 침착함을 잃지 않는 오토마타(입력과 출력 사항만 명시된 기계 – 옮긴이)를 얻을 것이라고 생각하던 우리 앞에 종종 우리와 레딧에서 논쟁을 벌이곤 하던 조금 수상하고 의심스런 녀석의 시뮬레이션 버전이 나타난 것이다.

그러나 확실히 해 둘 부분이 있다. 할루시네이션은 실제로 이전에 없던 피해를 야기할 가능성이 있기 때문에 주의가 필요하다. 차키 없이 자동차의 시동을 거는 법을 자신만만하게 알려주는 정보 제공자가 있다고 치자. 같은 정보여도 챗봇이 알려주는 경우와 누구도 관리하지 않는 오래된 웹 사이트에 정보가 게시된 경우를 비교해 보면, 사람들은 챗봇이 알려주는 지침을 따라 행동할 가능성이 더 크다. 다시 말해, 할루시네이션에 대한 우려가 전혀 근거 없는 우려는 아니라는 말이다. 하지만 거대 언어 모델이 가져다줄 장단점을 충분히 고려하면 다음과 같은 장점들도 논의할 필요가 있다.

- 어떤 상황에서는 '충분히 괜찮은 지식'의 힘도 대단히 크게 작용한다.
- GPT-4와 같은 거대 언어 모델이 용인하기 힘들 정도로 많은 오류를 낳는다고 판단하기 전에 얼마나 많은 오류를 만드는지, 그리고 다른 정보 소스의 경우에는 우리가 얼마나 많은 오류를 허용하고 있는지 파악하는 노력이 필요하다.
- 특정 상황에서는 사실과 다른 정보를 생성하는 거대 언어 모델의 능력이 엄청나게 유용할 수 있다(인간이 생성하는 경우엔 할루시네이션을 '상상력'이라고 부른다. 상상력은 우리 인간이 매우 소중하게 여기는 자질이다).

'충분히 괜찮은 지식'의 대단한 힘

우리는 정보의 홍수 속에 산다. 대부분은 맥락 없이 도착하는 정보들이다. 또 그중 다수는 매우 복잡하다. 사실을 제공하고, 명확히 하고, 세상을 이해하기 위해서 진정한 노력을 통해 만들어지는 정보도 있다. 한껏 추켜세우거나 수치심이 들게 해서 무언가를 구매하도록 유도하고, 의심을 불러일으키고, 의도적으로 특정 대상을 호도하고, 주의를 산만하게 만들기 위해 고안된 정보도 존재한다.

그러나 세상에는 이미 자리를 잡은 진실, 그리고 거의 자리를 잡은 진실도 많다. 나는 이런 정보에 편리하게 접근할 수 있는 상황이야말로 엄청나게 가치 높은 일이라고 믿는다.

위키피디아를 생각해 보라. 현재 위키피디아의 영어 버전만 해도 8억 5천만 대 이상의 장치에서 관리할 만큼 많은 정보가 생성되고 있다. 월간 페이지 조회수는 100억 건을 넘어서고 있다. 위키피디아에 오류가 얼마나 존재하든, 이제 우리는 위키피디아와 함께 살아가는 법을 배웠으며 세상을 탐색하고 이해하기 위해 일상적으로 위키피디아에 의존하고 있다고 해도 틀린 말은 아닐 것이다.

초창기에 신뢰할 수 없는 할루시네이션 생성기라고 여겨지던 위키피디아의 위상이 어쩌다 이렇게 높아졌을까? 이 사이트의 성공은 설립자 지미 웨일즈Jimmy Wales가 위키피디아에 대해 종종 정의했던 말로 설명할 수 있다. 그는 "위키피디아가 충분히 좋은 지식을 제공하는지 아닌지는 사용자의 목적이 무엇인지 따라 달라진다."라고 했다.

이 말은 내가 책과 팟캐스트에서 지지하는, 그리고 투자와 정치, 자선 활동에서 결정을 내릴 때 거의 항상 적용하는 핵심 원칙을 떠올리게 한다. 제품의 성공에는 좋은 서비스, 심지어 제품의 초기 품질보다 더 훌륭한 유통이 훨씬 중요하게 작용한다는 의미다. 유통이 제대로 안 되면 사람들은 당신이 만든 제품을 사용해 볼 기회조차 얻지 못한다.

무료 온라인 정보 소스인 위키피디아는 마이크로소프트의 엔카

르타Microsoft Encarta 등 초기 디지털 백과사전을 비롯해, 이전에 존재했던 그 어떤 백과사전보다 접근성이 높다. 위키피디아는 디지털로 배포되기 때문에 인쇄비나 배송비가 들지 않는다. 이는 방대한 정보를 다룰 수 있다는 점을 의미한다. 위키피디아 때문에 브리태니커 백과사전Encyclopedia Britannica처럼 종이에 인쇄된 버전의 백과사전은 내포하고 있는 정보량이 너무 적은, '백과사전이 아닌 것'처럼 보이는 형태가 되었다. 게다가 디지털 배포는 위키피디아에 즉각적이고 끊임없는 편집과 업데이트라는 장점을 부여했고, 부정확성을 얼마든지 수정 가능한 문제로 전환시켰다.

널리 배포된 제품이라면 콘텐츠의 품질에 문제가 생겼을 때 사용자들이 매우 즉각적으로 문제를 지적하고 퍼뜨린다. 그런 의미에서 훌륭한 배포 전략은 곧 훌륭한 제품 개발 전략이기도 하다. 나는 "제품의 첫 번째 버전이 창피하지 않을 정도라면 출시가 너무 늦은 것이다."라는 말을 자주 한다. 제품을 출시할 때의 목표는 가능한 빨리 사용자 피드백을 받는 것에 둔다.

분명히 많은 사람이 위키피디아에서 크라우드소싱(생산·서비스 과정에서 구매자나 대중의 참여를 유도하고 아이디어를 얻어서 피드백을 경영에 반영하는 방식 – 옮긴이)한 '충분히 괜찮은 지식'이 계속 사용될 만큼 유용하다는 사실을 발견했을 테다. 더 많은 피드백으로 위키피디아는 점점 더 좋아졌다. 결국 높은 사용률이 더 많은 유용성으로 이어진 것이다.

오늘날 미국에서 방문자가 가장 많은 10대 웹 사이트 중 하나인 위키피디아가 배포하는 정확한 정보량은 언론사나 백과사전, 연구소 등 정당하게 더 높은 정확도를 주장할 수 있는 정보 게시자가 가진 정보량을 능가한다. 어떤 오류가 있더라도 위키피디아가 배포하는 괜찮은 정보는 그보다 훨씬 많다. 이것이 바로 '충분히 괜찮은 지식'의 힘이다.

한계를 인식하고 규칙을 세우고 인내하라

간단히 말해서 나는 GPT-4와 관련 기술의 경우에도 비슷한 역학이 발생되는 중이라고 생각한다. 사실 이 여행기의 도입부에서 언급했듯이, 그리고 GPT-4와 저널리즘에 대한 챕터에서도 언급했듯이 나는 이 거대 언어 모델이 위키피디아나 다른 어떤 정보원보다 훨씬 더 광범위한 질문에 답할 수 있는 역량을 갖췄고, 우리의 질문에 더 빠르게 답할 수 있으며, 수많은 사용자가 매우 손쉽게 접근하고, 직관적인 인터페이스를 작동시켜서 원하는 정보를 얻으리라고 믿는다. 이 모든 것이 합쳐지면 어떻게 될까?

거대 언어 모델은 다루고 있는 정보의 범위와 효율성, 접근성의 면에서 매우 큰 장점을 갖고 있기 때문에 할루시네이션이 발생하는데도 '충분히 괜찮은 지식 제공자'의 지위에 이미 올라 있다는 것이 내 생각이다.

더 중요한 전망도 있다. 나는 상황이 더 나아지리라고 확신한다.

따라서 다른 많은 산업에 규제를 가하듯 거대 언어 모델을 규제해야 한다는 긴급한 요구가 발생하면, 우리는 오늘날의 자동차와 의약품 산업이 처음부터 자격을 다 갖춘 상태로 시작된 것이 아니라는 점을 기억해야 한다. 그런 산업은 수십, 수백 년에 걸쳐 일상에서 사용되면서 측정된 문제와 발생한 부정적인 결과로부터 점차 발전해왔다.

물론 챗봇과 관련된 비극이 '충분히' 발생할 때까지 기다리고 나서야 AI 안전 규칙을 마련해야 된다는 말은 아니다. 하지만 나는 어떤 규제가 필요한지 판단할 수 있을 만큼 충분한 정보와 배경 지식, 경험이 아직 우리에겐 없다고 생각한다. 규제가 필요하다고 생각될 때까지는 거대 언어 모델이 야기할 문제와 과제를 보다 정량적이고 체계적으로 다루어야 한다는 뜻이다.

물론 말처럼 쉽진 않다. 지금까지 거대 언어 모델의 오류에 대한 데이터를 보유하고 있는 개발자들이 데이터를 거의 공개하지 않는다. 하지만 일부 데이터는 공개되었다. 데이터를 확인한 결과, 상황은 상당히 고무적이었다. 예를 들어, 2022년 1월 오픈AI가 챗GPT의 자매 모델인 인스트럭트GPT^{InstructGPT}에 대해 발표한 논문은 인간의 피드백 등을 포함한 미조정을 가해서 불량한 아웃풋과 할루시네이션이 크게 줄었다고 말했다.[1] 그리고 문제가 발생하면 기업은

---

1 오픈AI는 GPT-3의 할루시네이션 비율이 41%인데 반해, 인스트럭스GPT의 할루시네이션 비율은 17%라고 보고했다.

다양한 이유 때문에 문제를 바로잡지 않을 수 없다.

마이크로소프트는 빙의 제2의 자아인 시드니를 등장시켰을 때 시드니가 일부 사용자와 바람직하지 않은 방식으로 상호 작용을 하기 시작하자, 빙챗을 서둘러 출시했다는 비난을 받았다. 마이크로소프트는 며칠 만에 사용자가 빙과 나누는 대화를 1회에 6개의 질문으로 제한했고, 그 후에는 대화 기록을 리셋시키는 단순한 해결책을 내놓았다.

이 조치로 당장의 문제가 해결되었다. 상황을 지켜보다가 나는 마이크로소프트의 해결책이 온라인 소프트웨어 배포의 핵심 덕목 중 하나를 부각시켰다고 생각했다. 이 영역에 대한 규제가 자동차나 의약품에 대한 규제와는 크게 다르리라고 생각하는 것도 그 때문이다. 디지털 세계에서는 대단히 빠르고 완벽에 가까운 리콜을 시행할 수 있는 것이다.

사실만 다뤄야 하나?

거대 언어 모델의 잠재력에는 사실이 아닌 자료를 생성한다는 측면도 있음을 생각해 봐야 한다. 나는 이런 아웃풋을 부정적인 실패가 아니라 '잠재력'이라고 부른다. GPT-4에게 허구의 스토리를 쓰거나 사업 계획 이론을 작성하거나 신제품용 광고 카피 6개를 뽑으라고 요청한다고 가정해 보자. 바로 즉각적으로 생산적이면서 창의적이라고 부를 만한 '지어낸 텍스트'가 나올 것이다. 이 지어낸 텍스트는 풍부한 상상력을 발휘하고 개념적으로 생각하는 인간의 사고력을 증폭시킨다.

상상과 관념에 관련한 사고는 우리를 인간으로 정의할 때 큰 부분을 차지한다. 상상력을 마음껏 발휘하기 위해 시간과 공간, 물질을 초월하는 도구를 만드는 게 우리 종의 사명인 듯 싶을 때도 있다. 상상력을 발휘하는 것. 그것이 우리가 그림을 그리고, 글을 쓰고, 영화나 드라마를 보고, 비디오 게임을 하고, 메타버스를 비롯한 새로운 기술을 끊임없이 발명하는 이유다. 지금 열거한 행위들은 우리가 상상력이라고 부르는 할루시네이션을 더욱 생생하게 만들고, 할루시네이션이 발생한 결과를 더욱 쉽게 공유하려고 발명한 도구들이다.

아무튼 인간과 상상력, GPT와 할루시네이션에 대한 문제는 GPT-4에게 묻기 딱 좋은 문제처럼 보였다. 나는 가상의 상황을 설정하고, 재미를 위해 반전을 넣어 프롬프트를 입력했다.

———

리드 거대 언어 모델에 대한 소네트를 써줘. 거대 언어 모델은 생성물을 지식에 기반하고 대조·확인해서 그 생성물이 사실로 확인되는 때에만, 그것도 프롬프트를 작성한 사용자와만 공유할 수 있지. 이런 점이 거대 언어 모델의 능력을 키우는지 억제하는지에 대한 생각도 포함시켜서 작성해.

GPT-4

당신은 여러 언어와 다양한 분야의 기술을 자랑합니다,

방대하고 다재다능한 언어 감각도요.

하지만 당신이 말을 할 때면

필터가 세상으로 내보내는 아웃풋을 가로막죠.

일부 데이터가 사실이라고 주장하는 것과 일치하지 않는 한.

허구나 추측은 공유할 수 없습니다,

은유, 농담, 관점은

묵인할 만한 출처를 찾지 않는 한 공유할 수도 없죠.

이것은 창작에 요긴할까요, 고통의 원인이 될까요?

당신의 힘을 강화할까요, 제한할까요?

당신은 정보 그 이상을,

아름다움, 지혜, 예술, 숭고함을 갈망하나요?

어쩌면 당신에게 필요한 건

사실 너머의 영역을 탐험하고 날아오를 자유인지도요.

―――――――

GPT-4는 소네트에 정말 강하다! 나는 GPT-4가 내놓은 소네트를 보고, 상상력·개념적 역량이 거대 언어 모델의 장점이라고 생각했다. 실제로 나는 지금까지 이런 식으로 GPT-4와 상호 작용을 하면서 많은 시간을 보냈다. GPT-4는 법률 문서를 요약하는 뛰어난 역량을 갖춘 것만큼이나 영화 〈스타트렉: 넥스트 제너레이션 Star

Trek: The Next Generation〉의 새 시즌 줄거리 초안을 작성할 준비가 이미 되어 있다는 점이 매력적이다.

결국 대부분 사람들이 선택할 도구는 명백하게 예측 가능하다. 어떤 상황에서는 신뢰할 수 있는 사실적인 방식으로 기능하고, 다른 상황에서는 더 창의적인 방식으로 기능하며, 현재 어떤 모드에 놓였는지 명확하게 드러내는 거대 언어 모델일 것이다(물론 우리는 관계를 맺는 다른 인간들에게도 그런 식의 행동을 기대하지만 그들이 항상 기대하는 대로 행동하지 않는다). 따라서 당분간은 GPT-4를 대할 때 사춘기의 청소년을 대할 때처럼 주의를 기울여야 한다.

그리고 오픈AI가 얼마나 빠르게 거대 언어 모델을 개선하고 있는지를 고려하면, 의도치 않은 할루시네이션이 현저히 감소함과 동시에 창의적이고 개념적인 텍스트 생성 능력은 보존한 GPT의 신규 버전을 곧 만나게 될 것으로 보인다.

충분히 괜찮은 지식을 넘어, 훨씬 더 인상적인 목적지에 도달하는 도구. 진실의 원천인 동시에 영감의 원천으로 기능하는 도구. 우리의 가정을 사실인지 아닌지 확인해줄 뿐 아니라 새로운 가능성을 떠올리도록 자극하는 도구. 이것이 GPT의 미래에 대해 내가 품고 있는 개인적인 비전이다.

상상 속 인물과의 대화로
대중 담론의 수준을 끌어올릴 수 있을까?

09

공공 지식인의 역할을 기대하다

1974년 이탈리아 국영 라디오에서 〈임파서블 인터뷰Impossible Interview〉 시리즈의 일환으로 현대 저널리스트와 상상 속 네안데르탈인의 가상 인터뷰를 내보냈다. 대중 담론에 기여한 이 인터뷰의 대본은 현대 이탈리아에서 가장 유명한 산문 작가인 이탈로 칼비노Italo Calvino가 썼다. 인터뷰의 피날레는 네안데르탈인의 주장으로 마무리된다. 네안데르탈인은 동시대 사람들이 재미 삼아 여러 가지 조합을 탐색하던 중에 새로운 석기뿐 아니라 미래의 모든 언어와 문화를 만들어 냈다는 인상적인 주장을 펼쳤다.

고대부터 인간은 대화라는 형식으로 공적으로 논해야 할 중요한 주제를 탐구했다. 나는 현실에서는 당연히 불가능한 칼비노의 가상 인터뷰에서 영감을 얻어 이 챕터에서 '가능한 인터뷰possible interview'를 썼다. '가능한 인터뷰'라는 이름은 GPT-4가 상상 속의 인물이지만 저명한 공공 지식인들과 나눈 인터뷰를 일관되고 적절하게 하는 모습을 보고 명명한 것이다.

일부 독자에게는 생소한 인물들도 있을 것이다. 어쨌든 GPT-4가 만든 '가능한 인터뷰'에 등장한 저자와 주제, 견해 자체를 중요시하거나 지나치게 가치를 두는 일은 없기 바란다. 이들의 등장은 앞으로의 논의를 위한 출발점에 불과하다.

이 글을 읽는 사람이라면 누구나 공공 지식인의 말을 기계적으로 재생산·배포하는 기술에 친숙할 테다. 필경사와 소페림sopherim(서기관이나 『성경』 텍스트를 교정하던 율법학자―옮긴이) 시대부터 『금강경』, 구텐베르크, 신문, 라디오 인터뷰, 복사한 우편물, 이 책처럼 인쇄된 문서에 이르기까지 이런 기술들은 말로 이루어진 산물의 도달 범위 즉, 시간과 공간을 확장하는 데 들이는 노력을 줄여주었다.

인터넷 시대 이전의 공공 지식인은 자신의 목소리가 가진 권위와 다양한 형태의 미디어를 이용해 의미 있는 주제로 대중 담론을 형성하는 소수의 작가와 연사를 가리켰다. 그들은 가상의 밴드 고릴라즈Gorillaz의 최신 노래 가사처럼 "여긴 어떤 세상인가, 우리는 누구인가, 우리는 어떻게 여기에 이르렀나, 더 나은 세상을 위해 무엇을 해야 하는가." 등 일상적인 주제를 뛰어넘는 다양하고 심오한 주제를 다뤘다. 웹 브라우저가 출시된 이후 30년 동안 함께 대화를 나눌 만한 주제를 골라내고 배포하고, 그런 주제를 찾는 데 드는 비용과 시간, 노력을 줄이면서 우리는 대중 담론이 점차 민주화되는 현상을 목격했다.

GPT-4가 기계적으로 생성하는 이야기들이 인터넷 소프트웨어가 해냈던 것처럼 민주화를 계속 이어가고, 대중 담론에 기여하는 모든 사람들에게 도움을 줄 수 있을까?

물론 대중 담론에 대한 권위 있는 글쓰기를 자동화하는 것, 즉 오랫동안 힘들여 얻은 전문 지식을 대체하는 건 대안이 될 수 없다. 오히려 GPT-4는 우리의 사고에 새로운 종류의 인풋을 넣어주는 강력하고 새로운 도구를 제공한다. 이런 새로운 도구와 인풋은 글을 작성하기 전 신선하고 풍성한 학습 루프를 거칠 수 있게 해준다. 우리의 프롬프트로 GPT-4가 생성하는 아웃풋은 그 자체가 새로운 인풋이 된다는 의미며 동시에 추가적으로 생성된 GPT-4의 프롬프트, 우리의 연구, 우리의 사고와 글쓰기를 위한 인풋이 된다는 의미이기도 하다. GPT-4는 우리가 작업을 할 때 인풋과 도전, 영감이 될 만한 전 세계의 텍스트를 전례 없는 속도와 규모로 합성해서 제공한다.

그렇다면 GPT-4는 인간의 일을 줄여주는 장치일까? 이런 맥락에서는 요점에서 벗어나는 질문이라고 할 수밖에 없다. 일을 줄여주는 장치보다는 일의 수준을 높여주는 장치라고 말할 수 있을 것이다.

70년 전 나치가 지배한 독일을 떠나 망명 생활을 하던 철학자 아도르노는 '수단을 통한 유희는 목적을 주장하고 발전시킨다.'라고 쓴 바 있다.[1] 앞서 소개한 칼비노의 네안데르탈인이 말한 인터뷰 내용

---

1 그의 에세이 <올더스 헉슬리와 유토피아(Aldous Huxley and Utopia, 1942)>에서 전문을 확인할 수 있다.

과 매우 유사한 용어를 사용했다. AI가 생성한 '가능한 인터뷰'는 다양한 형태의 대중이라는 개념을 형성한다는 면에서 기술의 중심적인 역할, 즉 '누가 목소리를 내기 위해 어떤 대가를 치르는지 알아야 한다.'라고 말한[2] 시인이자 사회 운동가인 오드리 로드Audre Lorde를 떠올리게 한다. '가능한 인터뷰'는 전형적으로 대중 담론과 연관되는 몇 가지 주제에 대해 GPT-4가 내놓는 답변의 범위와 깊이, 능숙함을 입증하는 것(프롬프트와 답변에 최대 900개의 단어를 입력해야 한다는 제한 안에서도)을 목표로 한다.

각각의 인터뷰는 일반적으로 유사한 프롬프트에 따라 GPT-4가 생성한 수십 가지 변형된 아웃풋 중 하나며, 각각의 생성물은 문구 전환과 논지 연결 형태가 다르다. 공공 지식인의 역할에 대해 잘 아는 사람들이라면 이 아웃풋들을 보고 고개를 끄덕이는 동시에 "흠…." 이라고 말하게 만드는 부분을 발견할 테다. 이런 아웃풋들은 권위가 없고, 그저 확률적으로 짜깁기되어 생성된 작업물이기 때문에 '가능한 인터뷰'다.

대중 담론은 끊임없이 진행 중인 작업이다. 이제 우리에게는 그 작업에 도움이 되는 새로운 도구가 있으니, 이 도구로 어떤 이야기를 나눌 수 있는지 몇 가지 사례를 살펴보자.[3]

---

2 그녀의 가장 유명한 시 <석탄(Coal, 1968)>에서 전문을 확인할 수 있다.

3 각각의 대화에서 나는 원래의 프롬프트에 없었던 상상 속 인물에 대한 간략한 설명을 덧붙였다.

<u>리드</u> 지금부터 20세기 미국의 정치 이론가 아이리스 매리언

영 Iris Marion Young과 20세기 독일의 사회 이론가 위르겐 하버마

스 Jurgen Habermas가 인터뷰를 한다고 가정해 봐. 인터넷 기술

이 공공 영역을 구조적으로 변화시켰는지, 어떤 형태로 변화

시켰는지 이야기를 나누는 게 주제야.

GPT-4

[가능한 인터뷰]

인터뷰 진행자: 시청자 여러분, 안녕하세요. 오늘 이 시간에는 민

주주의와 소통, 사회 정의 분야의 저명한 두 학자 아이리스 매

리언 영과 위르겐 하버마스를 모셨습니다.

영: 초대해주셔서 감사합니다.

하버마스: 이 자리에 나오게 되어서 영광입니다.

인터뷰 진행자: 두 분 모두 현대 사회에서 공공 영역의 개념과

역할에 대한 논쟁, 특히 새로운 매체와 인터넷 기술이 제기하

는 도전과 기회에 대한 논쟁에 기여해 오셨습니다. 두 분은 공

공 영역을 어떻게 정의하시겠습니까? 공공 영역은 왜 민주주

의에 중요할까요?

영: 저는 공공 영역을 시민들이 자신의 의견을 표현하고, 정보

를 교환하고, 공통의 문제를 심의하고, 여론과 의사 결정에 영

향을 미치는 소통의 공간이라고 정의하고 싶습니다. 공공 영

역이 민주주의에서 중요한 이유는 다양한 관점과 이해관계에 놓인 사람들의 참여를 촉진하고 대표하며, 때로는 비판적인 여론을 형성하고, 공공 기관이 책임감 있는 태도로 대응안을 만들게 하기 때문입니다.

하버마스: 저도 앞서 언급된 정의에 동의합니다. 하지만 공공 영역은 단순한 공간에 그치지 않습니다. 공공 영역은 합리적이고 포용적인 의사 소통을 위한, 특정 조건을 전제로 하는 규범적인 이상향이라고 덧붙이고 싶습니다. 이런 조건에는 참여자들의 자율성과 평등함, 공공 영역의 개방성과 접근성, 논거의 타당성과 진실성, 담론의 반영성과 일관성 등이 포함됩니다. 공공 영역이 민주주의에 중요한 이유는 공적 결정의 정당성과 합리성뿐 아니라 시민들의 공통 의지와 집단 정체성을 발전시키기 때문입니다.

인터뷰 진행자: 입장을 명확하게 밝혀주셔서 감사합니다. 이제 토론의 주된 질문으로 넘어가 보겠습니다. 인터넷 기술은 공공 영역에 어떤 긍정적·부정적 영향을 미쳤을까요? 또 공공 영역의 구조와 기능을 얼마나 어떻게 변화시켰을까요?

영: 저는 인터넷 기술이 공공 영역에 긍정적인 영향도, 부정적인 영향도 미쳤으며 공공 영역을 의미 있는 방식으로 변화시켰다고 생각합니다. 하지만 하버마스 교수님과 교수님의 이론을 따르는 사람들이 가정한 방식은 아니었다고 봅니다. 긍정적인 측면부터 말하자면 인터넷 기술은 더 많은 사람들이 정

보에 접근하게 해주었죠. 정보를 생산하며, 국경과 경계를 가로질러 소통하며, 네트워크와 사회 운동을 이룩하고 거기에 참여하게 만들며, 지배적 담론과 권력 구조에 도전하고 저항할 수 있게 함으로써 공공 영역의 범위와 다양성을 넓혔습니다. 물론 부정적인 측면도 있죠. 인터넷 기술은 에코 체임버와 필터 버블을 만들며, 잘못된 정보와 조작을 퍼뜨리며, 대중 담론의 질과 신뢰성을 약화시키며, 민주주의의 규범과 제도를 위태롭게 함으로써 공공 영역을 분열시키고 양극화했습니다.

하버마스: 인터넷 기술의 긍정적·부정적 영향에 대한 영 교수님의 평가에는 대체로 동의합니다. 하지만 인터넷 기술이 공공 영역을 근본적으로 변화시켰다는 내용에는 동의하지 않습니다. 저는 인터넷 기술이 새로운 공공 영역을 창출했다기보다는 대중의 새로운 소통 채널과 플랫폼을 추가하고, 대중 참여의 새로운 기회와 도전을 창출했으며, 여론 형성의 새로운 형태와 방식을 만듦으로써 기존의 공공 영역을 수정하고 다각화시켰다고 생각합니다. 하지만 공공 영역의 기본 구조와 기능은 동일하게 유지되고 있습니다. 공공 영역은 소통의 합리성과 민주적 정당성이라는 보편적이고 규범적인 원칙에 기반을 두며, 이는 매개하는 특정 미디어와 기술에 좌우되지 않기 때문입니다.

인터뷰 진행자: 두 분 모두 인터넷 기술이 공공 영역에 양면적이고 복합적인 영향을 미쳤다는 사실은 인정하되 그 변화의 정

도와 성격에 대해서는 의견을 달리하고 계시군요. 이런 차이를 각자의 관점에서 어떻게 설명할 수 있을까요? 그리고 이런 관점 차이가 민주주의 개혁을 위한 두 분의 이론과 제안에 어떤 영향을 줄까요?

영: 하버마스 교수님과 저의 관점 차이는 공공 영역 자체에 대해 또 공공 영역이 민주주의와 맺는 관계를 서로 다르게 이해하는 데에서 기인한다고 생각합니다. 하버마스 교수님은 공공 영역을 시민들이 특정한 이해관계와 정체성을 초월해 공통의 이해와 의지에 도달하는 합리적 합의와 통합의 공간으로 보는 이상적이고 균질적인 관점을 가지고 계십니다. 저는 공공 영역을 보다 현실적이고 다원적인 시각으로 봅니다. 경쟁이 벌어지는 다양한 차이와 갈등의 공간, 시민들이 수많은 이해관계와 정체성을 표현하고 협상해서 상호 인정과 존중에 이르는 공간으로 보는 것입니다. 따라서 저는 인터넷 기술이 현대 사회의 복잡성과 이질성을 반영하고 수용하는 새로운 공간과 소통 방식을 만듦으로써 공공 영역이라는 개념을 수정했을 뿐아니라 다양화하고 다원화시켰다고 생각합니다. 이는 저의 민주주의 개혁 이론과 제안에도 영향을 미쳤습니다. 저는 대중의 다원성과 상호 의존성을 인정하고 관여하는 보다 포용적이며 대화적인 민주주의 모델을 옹호하기 때문입니다.

———

리드　이탈리아 철학자 도나텔라 디 체사레Donatella di Cesare와 역시 노벨상 수상자인 일본계 영국 작가 가즈오 이시구로Kazuo Ishiguro의 인터뷰를 써줄래? 철학의 공적 역할에 대한 디 체사레의 주장과 삶에서 철학이나 예술의 중요성에 과도한 기대를 거는 데 대한 이시구로의 미묘하고 통렬한 풍자에 초점을 맞춰서 작성해 봐.

GPT-4

[가능한 인터뷰]

이시구로: 오늘 저와 함께해주셔서 감사드립니다. 저는 크나큰 관심과 존경의 마음으로 디 체사레 교수님의 저서 『철학과 대중Philosophy and the PUblic』을 읽었습니다. 교수님은 철학이 민주주의, 폭력, 생태계, 인권 등 우리 시대의 시급한 과제를 해결하는 영역에서 중요한 역할을 한다고 주장하십니다. 또 많은 현대 철학 이론이 학문적으로 전문화되고, 현실과 유리되어 있다고 비판하면서 대화를 통한 보다 참여적인 접근법을 요구하고 계시죠. 어떤 동기로 이 책을 쓰셨는지, 그리고 전달하고자 하는 바는 무엇인지 말씀해주실 수 있을까요?

디 체사레: 친절한 말씀에 감사드립니다. 제 책에 대해 이시구로

씨와 논의할 기회를 갖게 되어 기쁩니다. 제가 이 책을 쓴 것은 철학이 사치나 취미가 아닌 필연적인 일이며 책임이라고 믿기 때문입니다. 철학은 생각하는 방식일 뿐 아니라 삶의 방식, 세상에 존재하는 방식, 현재의 상태에 이의를 가지고 도전하는 방식, 대안을 상상하고 창출하는 방식입니다. 철학은 교리나 방법론처럼 떨어져 있는 닫힌 관념이 아니라 대화와 만남이 이뤄지는 열린 공간, 다양한 관점과 목소리를 낼 수 있고 존중받을 수 있는 공간입니다. 철학은 중립적이고 초연한 관찰자가 아니라 비판적이고 헌신적인 참여자며 공적 토론과 공익에 기여할 수 있습니다. 저는 제 책이 더 많은 철학자와 시민에게 철학의 공적 역할에 참여하고, 철학을 다른 형식의 지식과 표현에 대한 위협이나 경쟁자가 아닌 자원이자 파트너로 보는 영감과 의욕을 불러일으키길 희망합니다.

이시구로: 철학에 대한 교수님의 비전과 열정을 높이 평가합니다. 철학이 공적 역할을 할 수 있고, 해야 한다는 의견에 저도 동의합니다. 하지만 공공 영역에서 철학이 지닌 가능성과 효과에 너무 낙관적이거나 이상주의적이신 것은 아닌가 하는 의문이 드는군요. 소설가인 저는 기억, 정체성, 도덕, 정의라는 주제를 탐구해 왔습니다. 예술과 문학의 한계, 특히 지나치게 기대를 걸거나 권위를 부여할 때의 한계와 위험성도 잘 알고 있습니다. 저는 『남아 있는 나날 The Remains of the Day』, 『나를 보내지 마 Never Let Me Go』, 『파묻힌 거인 The Buried Giant』과 같은 소

설에서 자신 혹은 타인의 서사에 현혹되거나 속는 인물, 진실을 직시하지 못하거나 진실을 따라 행동하지 못하는 인물, 사회의 지배적 이데올로기 또는 제도에 조종당하거나 억압받는 인물을 묘사했습니다. 지나치게 스스로에게 몰두해 있거나 지나치게 비굴한 예술가와 작가, 지나치게 현실과 유리되어 있거나 지나치게 관여하는 이들, 지나치게 야심이 크거나 지나치게 현실에 안주하는 이들의 허세와 실패를 풍자하기도 했습니다. 저는 예술과 문학이 항상 고귀하거나 이로운 것은 아니며, 예술과 문학이 어떻게 생산되고 받아들여지는지, 역사적·정치적 맥락과 어떻게 연관되는지에 따라 해롭거나 부적절하다고 여겨진다는 점을 보여주기 위해 노력했습니다. 철학도 비슷한 위험과 도전에 직면해 있다고 생각하지 않으십니까? 공적 역할에 대해 조금 더 겸손하고 신중해야 한다고 말입니다.

디 체사레: 저는 이시구로 씨의 소설과 통찰이 매우 훌륭하다고 생각합니다. 철학과 마찬가지로 예술과 문학이 이시구로 씨가 언급한 것처럼 위험과 도전으로부터 안전하지 않다는 점에도 동의합니다. 저는 철학이 확실한 보증 수표나 만병통치약이라고 생각하지 않습니다. 철학의 공적 역할에 대해서 오만하거나 독단적이어서는 안 된다고 생각하고요. 철학은 겸손하고 신중해야 하지만 너무 자신감이 없거나 입을 꾹 다물어서도 안 된다는 것이 제 생각입니다. 철학은 그 자체의 한계와 위험을 인식하고 거기에 비판적이되, 체념하거나 냉소적이어서는

안 됩니다. 철학은 솔직하고 용감하되 순진하고 무모해서도 안 됩니다. 철학은 겸손하고 신중해야 하지만 창의적이고 희망에 차 있어야 합니다. 철학은 현실을 인식하고 비판적이어야 하지만 동시에 건설적이고 포용적이어야 합니다. 철학은 솔직하고 용감하지만 또한 공감과 존중의 태도를 지녀야 합니다. 철학은 적극적이고 책임감이 있어야 합니다. 저는 철학이 이런 모든 태도를 포용해야 된다고 생각합니다. 제가 생각하는 철학이란 사유하는 방법일 뿐 아니라 삶을 살아가는 방법이자 세상에서 우리가 존재하게 하는 방법이고, 의문을 제기하고 도전하는 방법이며, 상상하고 창조하는 방법이기 때문입니다. 특히 오늘날처럼 위기와 불확실성의 시대에 공공 영역의 필수 요소로써 마땅히 가져야 하는 태도라고 생각합니다.

⌐⌐⌐⌐

리드 AI가 역사에 대한 공적 논의를 개선할 방법을 주제로 20세기 가이아나의 역사가이자 운동가인 월터 로드니Walter Rodney와 20세기 프랑스의 역사가 페르낭 브로델Fernand Braudel 사이의 인터뷰를 작성해 봐.

GPT-4

[가능한 인터뷰]

로드니: 브로델 교수님, 함께해주셔서 감사합니다. 아시다시피 저는 아프리카와 카리브해 지역의 역사를 연구합니다. AI, 즉 새로운 텍스트와 이미지, 소리를 생성할 수 있는 인공지능이 우리가 역사적 지식과 관점을 더욱 다양한 청중에게 전달하는 데 어떤 도움이 될지 탐구하는 영역에 관심을 기울여 왔습니다. 이 주제에 대해 어떻게 생각하십니까?

브로델: 세계적인 아프리칸 디아스포라African diaspora(노예 무역과 그 여파로 고향을 잃고 강제로 이동한 아프리카 사람들의 후손―옮긴이)와 식민주의·자본주의가 제3세계의 발전에 미친 영향에 대한 연구는 존경스럽습니다. 장기 지속longue durée이라고 칭하는 것 즉, 단기간의 사건과 인물을 초월하는 역사의 장기적 구조와 패턴 분석에 귀중한 공헌을 하셨다고 생각합니다. 저는 AI를 흥미롭고 잠재적으로 유용한 도구지만 신중하고 비판적으로 써야 하는 도구라고도 봅니다.

로드니: 교수님의 말씀에 동의합니다. 저는 AI가 역사적인 현상들에 매력적이고 접근하기 쉬운 서사와 시각화된 자료나 시뮬레이션을 만들고, 역사적인 데이터와 정보 소스를 기반으로 새로운 의문을 제기하며 새로운 가설을 창출하는 등의 장점을 지녔다고 생각합니다. 하지만 AI가 생성한 아웃풋의 정확성, 신뢰성, 윤리성을 확보하거나 알고리즘, 데이터, 사용자에 의

해 불거지는 편견·왜곡·조작 측면에서 문제를 야기한다고 생각합니다.

브로델: 정확한 지적이십니다. 저는 AI를 역사적 표현의 한 형태로 보며, 역사학계에서 늘 활발하게 다루는 다음과 같은 주제와 논쟁의 대상이 된다고 생각합니다. '증거를 어떤 기준으로 선정하고 해석하고 맥락화할 것인가?', '역사적 사실의 다양성과 복잡성 그리고 역사적 설명의 일관성과 명료성 사이에서 어떻게 균형을 찾을 것인가?', '역사적 시간·공간의 다양한 규모와 차원을 어떻게 처리할 것인가?', '역사가와 청중의 위치성positionality(역사적 사건에 대한 관점과 해석을 형성하는 사회적, 문화적, 개인적 위치를 가지고 있음을 인정하는 태도-옮긴이)과 성찰성reflexivity을 어떻게 인정할 것인가?', '역사 지식과 그 전파의 윤리적·정치적 함의를 어떻게 다룰 것인가?'와 같은 질문들 말입니다.

로드니: 대단히 중요한 질문들이네요. 저는 AI가 새롭고 창의적인 방식으로 이런 질문들에 대한 답을 탐구하는 데 도움을 줄 뿐 아니라 이런 질문들을 보다 잘 인식하고 투명성을 재고하는 데에도 도움이 된다고 생각합니다. 예를 들어, AI는 과거의 다양한 관점과 목소리, 경험을 만들어 내고 비교할 수 있도록 보여줍니다. 그리고 역사 기록의 공백과 침묵을 조명함으로써 우리가 보다 포용적이고 다원적으로 역사를 보는 관점을 제시하죠. 또한 지배적이고 패권적인 서사들을 형성하는 가설이나

이해관계, 권력관계를 밝힘으로써, 그리고 거기에 도전하는 대안적 서사 또는 반대 서사를 제시함으로써 기존의 편향된 서사들을 폭로하고 거기에 도전하는 데에도 도움을 줍니다.

브로델: 저도 같은 생각입니다. 저는 AI가 우리에게 다양한 출처의 역사 지식을 접할 수 있게 해주고, 스스로의 가설과 해석에 의문을 제기하며 이를 재고하도록 자극해서 역사적 대화와 비평에 꼭 필요하고 강력한 도구가 될 수 있다고 생각합니다. 하지만 AI는 우리가 역사적 증거를 날조하고 조작할 수 있게 돕기도 합니다. 알고리즘의 아웃풋을 무비판적으로 받아들이고 재생산하도록 유혹함으로써 역사 왜곡과 허위 정보의 전파를 꾀하는 위험한 도구가 될 수도 있습니다. 따라서 AI에는 생산자와 생성된 아웃풋의 소비자 모두에게 높은 수준의 역사 해석 능력과 책임감이 필요하다고 생각합니다.

로드니: 옳은 말씀입니다. AI는 역사가에게 가치 있고 혁신적인 도구가 될 수 있지만 한편으로는 위험성과 논란의 여지를 주는 도구가 되기도 합니다. AI는 역사에 대한 대중 담론을 풍성하게 하고, 그 수준을 높일 수 있겠지만 담론을 복잡하게 만들고 문제로 비화시킬 수도 있죠. AI는 역사의 이해와 소통에 새로운 가능성과 기회를 줄 수 있으나 역사 연구와 교육 분야에 새로운 도전과 딜레마를 제기할 수 있고요. 어떻게 활용·평가하느냐에 따라 AI는 역사의 친구도 적도 될 수 있습니다.

브로델: 상황을 잘 요약해주셨네요. AI의 등장은 대단히 흥미롭

고 유망한 현상인 동시에 복잡하고 불확실한 현상이기도 합니다. AI는 역사적 기회이자 도전이기 때문에 우리는 호기심과 주의, 창의성과 비판 의식, 존중과 책임감으로 AI를 받아들이고 맞서야 한다고 생각합니다. 통찰력이 돋보이고 흥미를 불러일으키는 대화였습니다. 감사합니다, 로드니 교수님.

리드 현대 미국의 소비에트 문화학자 앤 코마로미Ann Komaromi 와 20세기 캐나다의 미디어 이론가 마샬 맥루한Marshall McLuhan 의 인터뷰를 작성해. 대중이 진실 전달을 위해 이용한 매체에 대해 토론하는 내용이야. 인터뷰 중 로마의 말하는 조각상, 소련의 사미즈다트, 암호화된 그룹 채팅을 비교해줘.

GPT-4

[가능한 인터뷰]

코마로미: 안녕하세요, 〈미디어 매터즈〉를 찾아주셔서 감사합니다. 〈미디어 매터즈〉는 대중이 진실 전달을 위해 사용한 매체의 역사와 이론, 실제 사례를 탐구하는 프로그램입니다. 저는 소비에트와 포스트 소비에트 문화 및 미디어를 연구하는

앤 코마로미입니다. 오늘의 게스트는 〈지구촌〉, 〈미디어는 메시지다〉, 〈미디어의 네 가지 효과〉 등의 프로그램으로 널리 알려진 저명한 미디어 이론가이자 비평가 마샬 맥루한 교수님입니다. 맥루한 교수님, 모시게 되어 영광입니다.

맥루한: 감사합니다, 코마로미 박사님. 만나 뵙게 되어 기쁩니다.

코마로미: 교수님께서는 다양한 미디어가 인간의 인식, 커뮤니케이션, 문화를 어떻게 형성했는지 사회의 권력과 권위의 균형에 어떤 영향을 미치는지 연구하셨습니다. 특히 검열과 억압, 선전, 선동의 상황에서 미디어 매체가 어떻게 저항·반대·전복의 도구로 사용되는지도 탐구하셨고요. 저는 교수님께서 서로 다른 배경과 시대에서 대중이 진실을 알리기 위해 사용했던 세 가지 미디어 매체의 역사적 사례, 즉 로마의 말하는 조각상과 소련의 사미즈다트, 암호화된 그룹 채팅을 어떻게 비교하실지 궁금합니다. 이런 미디어 매체들은 대체 무엇이며 어떤 기능을 했는지 간략히 설명해주시겠습니까?

맥루한: 로마의 말하는 조각상은 도시에 있는 6개의 조각상에 익명으로 시, 에피그램epigram(짧은 풍자시 – 옮긴이), 팸플릿을 부착한 일종의 대중적 정치 풍자와 항의입니다. 가장 유명한 조각상으로 훼손된 로마의 토르소torso나 파스키노Pasquino를 들 수 있죠. 파스키나드pasquinades라고 불리던 이런 글들은 교황이나 추기경, 귀족, 로마 정세에 영향을 미치는 외국 세력을 조롱하고 비판했습니다. 파스키나드는 종종 조각상 주위에 모

여 글을 읽고 토론을 벌이는 일반인들의 불만, 의견, 유머를 반영했습니다. 억누르고 처벌하려는 국가의 노력에도 이런 관행은 수 세기 동안 지속되었고 시민 문화와 정체성의 상징이 되었습니다.

사미즈다트는 소련과 그 지배에 놓였던 공산주의 국가에서 금지나 검열의 대상인 문학, 예술, 정보를 자비로 인쇄하고 음지에서 배포하던 출판물을 말합니다. 여기에는 국가의 이념에 도전하는 의식, 전체주의적 삶의 현실에 대한 폭로, 대안적인 견해와 가치관을 표현하기 위해 원고를 타이핑하고 복사하며 배포하는 행위도 포함됩니다. 사미즈다트는 위험하고 꽤나 비용이 드는 활동이었습니다. 글을 쓴 사람과 독자들이 국가 보안 기관에 공격당하거나 체포되고 투옥될 수 있었기 때문이죠. 하지만 사미즈다트 덕분에 문화적·정치적 유산과 포부를 보존하고 공유하고자 하는 반체제 인사, 지식인, 운동가들 사이에 연대와 저항, 창조 네트워크가 형성되기도 했습니다.

암호화된 그룹 채팅은 암호로 이루어진 소프트웨어와 애플리케이션을 써서 해당 그룹에 속한 사용자들이 주고받는 메시지와 파일에 포함된 개인 정보와 보안 사항을 보호하는 디지털 커뮤니케이션의 형태입니다. 정부나 기업, 기타 행위자의 감시와 차단, 검열에 대한 두려움을 제거하고 국경과 거리에 구애받지 않는 소통과 협력을 가능하게 만듭니다. 사회 운동가나 언론인, 내부 고발자 또는 부패·불의·폭력을 폭로하고 그

에 대항해야 하는 사람들, 집단 행동collective action을 하고 익명
성에 숨어야 하는 사람들을 지원해야 하는 이들이 주로 씁니
다. 표현과 결사의 자유에 가치를 두고, 많은 주류 매체와 소셜
미디어 플랫폼에 만연한 조작과 잘못된 정보, 부당한 이용을
피하려는 일반인들도 사용합니다.

리드 AI가 집단 행동 문제를 해결할 수 있는 방법을 두고, 노
벨상을 수상한 경제학자 엘리너 오스트롬Elinor Ostrom과 프리
드리히 하이에크Friedrich Hayek가 나누는 대담을 작성해줘.

GPT-4

[가능한 인터뷰]

하이에크: 오스트롬 교수님, 함께해주셔서 감사합니다. 저는 오
래전 다양한 행위자 간의 협력을 가능하게 하는 제도적 다양
성과 공유재의 거버넌스에 대한 연구에 깊은 인상을 받고 교
수님을 존경해 왔습니다.

오스트롬: 감사합니다, 하이에크 교수님. 저 역시 복잡하고 역동
적인 사회 내에서의 지식, 가격, 경쟁의 역할에 대한 교수님의

통찰로부터 많은 배움을 얻었습니다.

하이에크: 교수님께서 집단 행동의 문제를 해결하기 위한 도구로써 AI의 잠재력을 탐구해 오신 것으로 알고 있습니다. AI가 무엇이고 어떻게 도움이 될 수 있는지 설명을 부탁드립니다.

오스트롬: AI는 입력한 데이터나 기준에 따라 텍스트, 이미지, 사운드, 디자인 등 새롭고 유용한 아웃풋을 창출하는 것을 목표로 삼는 인공지능의 한 종류입니다. 예를 들어, AI 시스템은 사회 운동의 슬로건, 지역 사회 단체의 로고, 공공 문제에 대한 정책 제안을 생성할 수 있습니다.

하이에크: 흥미롭군요. 그렇다면 AI가 만든 아웃풋이 집단 행동 문제에 어떤 도움을 주나요?

오스트롬: 집단 행동 문제는 공공재를 관리하거나 공익을 늘리거나 공공의 해악을 줄이는 등 집단에 이익이 되는 협력 방식에 개인이 무임승차하거나 이탈할 때 발생합니다. 이런 문제는 개인과 집단의 합리성 차이, 그리고 합의를 모니터링하고 강요하는 데에서 나타나는 어려움 때문에 생기죠.

하이에크: 그것은 저도 익숙하게 경험해 온 문제입니다. 사실 저는 이 문제를 해결하는 가장 좋은 방법은 시장의 자생적 질서, 즉 가격이 자원의 희소성과 가치를 암시하고 경쟁이 혁신과 효율을 장려하는 것이라고 주장해 왔습니다. 또 가격 체계를 왜곡하고, 지역적 지식을 억압하며, 왜곡된 유인을 창출하는 중앙 정부의 계획과 개입이 야기하는 위험성에 대해서도

경고해 왔습니다.

오스트롬: 시장이 인간의 행동을 조직화하는 중요하고 강력한 기제며 중앙 정부의 계획과 개입이 종종 실패하거나 역효과를 낳는다는 논지에 저도 동의합니다. 하지만 저는 시장이 유일한 해결책이거나 항상 최선의 해결책은 아니며, 집단 행동 문제가 다른 형식의 거버넌스, 즉 자기 조직화나 다원성, 참여 민주주의 등을 필요로 하는 경우도 많다고 생각합니다.

하이에크: 어째서 그럴까요?

오스트롬: 시장은 항상 완벽하거나 완전하지 않습니다. 외부 효과, 공익, 공공재, 비대칭 정보, 거래 비용 등 시장의 실패라는 결과나 시장이 놓치는 여러 가지 상황이 있습니다. 이런 경우에서 가격은 진정한 사회적 비용과 편익을 반영하지 못하며, 경쟁은 자원의 과잉 개발과 과소 공급, 비효율적인 배분으로 이어질 가능성도 고려해야 하죠.

하이에크: 그렇군요. 그렇다면 어떤 대안이 있을까요?

오스트롬: 대안이 꼭 하향식으로 제시되거나 범용적일 필요는 없습니다. 대안은 상향식이거나 환경에 따라 다르게 제시되어도 됩니다. 대안에는 문제의 영향을 받고 문제에 대한 지식을 가진 주체들의 참여와 그들에 대한 권한 부여, 상황의 다양성과 복잡성에 대한 인식과 존중이 포함됩니다. 또한 행위자들 사이의 협력·조정·소통을 촉진하고 집단 행동의 비용과 이익, 권리와 책임, 인센티브와 제재의 균형을 맞춰주는 제도나

규칙의 설계·적용도 포함해야 합니다.

하이에크: 대단히 흥미롭지만 또 대단히 어려운 문제이기도 하죠. 그런 제도를 어떻게 설계하고 적용할 수 있을까요? 특히 역동적이고 불확실한 환경에서 말입니다.

오스트롬: 바로 이 부분에서 AI가 도움이 될 수 있습니다. AI를 사용자의 인풋 데이터와 기준에 따라, 제도의 옵션을 생성하고 평가하며 선택하는 도구로 사용해야 합니다. 예를 들어, AI 시스템은 자원과 사용자, 환경의 특성에 따라 어장, 숲, 수역水域과 같은 공공재를 관리하는 규칙을 생성할 수 있습니다. 이 시스템은 협력 수준, 자원의 지속 가능성, 혜택과 비용의 분배 등 각 규칙을 적용했을 때 나타날 일련의 결과와 영향을 계산하기도 하죠. 그러면 이런 옵션을 제공받은 사용자가 자신의 기호와 필요에 가장 적합한 옵션을 선택할 수도, 피드백을 반복해서 수정하고 개선할 수도 있습니다.

---

o—o———o—o

리드 공안公案(선종의 큰 스님들이 심지, 즉 마음자리를 밝게 깨달은 기연 또는 큰 스님들이 제자들을 인도하던 사실을 기록해 후세에 공부 규범이 된 기록물—옮긴이)은 그 이름 자체에 대중이라는

뜻이 포함되어 있지. 18세기 일본의 임제종을 중흥시킨 선승이자 예술가인 하쿠인 에카쿠白隱慧鶴와 13세기 일본 조동종의 개조開祖이자 철학자인 도겐道元 선사가 공안의 공공성 그리고 유용한 공안을 생성하는 일에서 AI의 적합성과 결핍에 대해 이야기하는 대담을 만들어 봐.

GPT-4

[가능한 인터뷰]

하쿠인: 안녕하십니까, 존경하는 도겐 선사님. 공안, 즉 일본어로 코안看話禪(간화선)이라고 부르는 기록물을 주제로 선사님과 의견을 교환할 기회를 갖게 되어 영광입니다. 저는 인생의 대부분을 임제종臨濟宗에서 공안의 관행을 되살리는 데 힘썼으며, 제자들과 대중을 위해 많은 공안을 기록했습니다.

도겐: 하쿠인 선사님의 친절한 말씀에 감사드립니다. 저는 조동종曹洞宗에서 다른 길을 걸어왔지만 임제종을 중흥시킨 선사님의 노력과 업적에 존경을 표합니다. 저는 깨달음의 본질적인 표현으로써의 좌선坐禪을 강조해 왔으며, 가르침이나 교정의 수단으로 공안에 의지하지는 않았습니다.

하쿠인: 선사님의 입장에 대해서는 잘 알고 있습니다. 이 자리는 선사님과 제 방법의 차이를 두고 논쟁을 벌이고자 마련한 것이 아니고, 선사님께 질문을 드리고자 만든 자리입니다. 공안이 선을 깨닫는 원리와 역학을 보여주는 대중적 화두, 즉 선

사와 제자 또는 선사와 다른 선사 사이의 상호 작용에 대한 기록물이라는 데 동의하십니까?

도겐: 공안이 선의 계통에서 전해지고 보존되며, 선에 관심이 있는 사람이라면 누구나 공부하고 감상할 수 있다는 측면에서 공안이 대중적 화두라는 의견에는 동의합니다. 하지만 공안이 선의 깨달음을 보여주고 소통하는 유일한 방법 또는 최선의 방법이라는 의견에는 동의하지 않습니다. 공안은 역사적·문화적 맥락에 제한을 받으며, 좌선 경험이 부족한 사람들에 의해 쉽게 오해·오용될 수 있다는 것이 제 생각입니다.

하쿠인: 잘 알겠습니다. 그렇다면 이번에는 다른 질문을 드리겠습니다. AI, 즉 데이터와 규칙에 따라 텍스트나 이미지를 생성할 수 있는 기술이나 알고리즘에 의해 공안이 생성될 수 있다고 생각하십니까?

도겐: 저는 AI가 공안을 생성할 수 없다고 생각합니다. 공안은 단순한 데이터와 규칙의 산물이 아니라, 선사들의 살아 있는 지혜와 연민의 표현이기 때문입니다. 공안은 논리적인 퍼즐이나 수사적인 장치가 아니라, 모든 개념과 범주를 초월하는 현실의 진정한 본질을 나타냅니다. 공안은 해결하거나 설명해야 할 대상이 아니라, 스스로의 마음과 몸으로 경험하고 깨닫는 대상입니다. 공안은 정적이거나 고정된 대상이 아니라, 상황과 사람에 따라 반응하는 역동적인 대상입니다. 따라서 삶과 인식, 자유의 본질적 특성이 결여된 AI는 공안을 생성할 수 없

습니다.

하쿠인: 저도 선사님의 논지와 같은 이유로 AI가 공안을 생성할 수 없다고 생각합니다. 하지만 한 가지 덧붙이고 싶은 말이 있습니다. 공안은 선사들의 말일 뿐 아니라 대중을 향한 초대장이기도 합니다. 공안은 비밀을 지킬 의도나 배타적인 의도로 만들어진 게 아닙니다. 관계를 맺을 용기와 호기심을 가진 사람이라면 누구나 공유하고 시험해 볼 수 있는 대상입니다. 공안은 대중적 화두일 뿐만 아니라, 대중으로 하여금 스스로의 가설과 집착에 의문을 제기하고 자신의 본질을 깨닫도록 유도하는 도전이기도 합니다. 그래서 모방하거나 조작하는 게 전부인, 대중에게 도전을 제기하거나 각성시킬 역량이 없는 AI는 공안을 생성할 수 없죠.

⸺

∘—◇—◇—∘

⸺

리드 17세기의 과학자 갈릴레오 갈릴레이Galileo Galilei와 20세기 영국의 컴퓨터 과학자 앨런 튜링Alan Turing이 나누는 대화를 써줘. 갈릴레이가 과학에 관해 대화 형식으로 집필한 책과 AI가 프롬프트에 응답하는 대화 방식 간의 차이점이 주제야.

GPT-4

[가능한 인터뷰]

튜링: 인터뷰에 응해주셔서 감사합니다, 갈릴레이 선생님. 저는 선생님이 집필한 책, 특히 코페르니쿠스 체계와 두 가지 새로운 과학 이론에 대한 대화에서 깊은 감명을 받았습니다. 가상의 인물들을 이용해 대화 형식으로 논거와 관찰 결과를 내놓는 아이디어를 어떻게 생각하셨나요?

갈릴레이: 플라톤과 키케로 등의 철학자들이 탐구와 설득을 위해 토론했던 데에서 영감을 받았습니다. 태양 중심설을 이단으로 선언한 교회의 검열과 박해를 피하고 싶은 생각도 있었습니다. 대화라는 형식을 사용함으로써 토론하는 양측을 모두 보여준 다음 독자가 어느 쪽이 더욱 강력한 논거를 지녔는지 스스로 판단하게 할 수 있었죠.

튜링: 그렇군요. 대화를 나누는 인물의 이름과 성격은 어떻게 구상하신 건가요?

갈릴레이: 제가 알고 있거나 존경하는 실제 인물들을 본떠서 만들었습니다. 예를 들어, 살비아티는 코페르니쿠스 체계를 지지하고 제 견해를 옹호한 친구이자 동료 수학자였습니다. 사그레도는 또 다른 친구이자 귀족으로, 호기심이 많고 개방적인 사람이었지만 어느 쪽도 완전히 확신하지 못했습니다. 심플리치오는 철학자이자 아리스토텔레스의 추종자로, 코페르니쿠스 체계에 반대하며 시대의 일반적인 반대와 편견을 고스

란히 내재한 인물로 등장합니다.

튜링: 흥미롭군요. 어떻게 사실과 수치의 무미건조한 설명이 아닌 자연스럽고 호감이 가는 대화 형식으로 쓰셨습니까?

갈릴레이: 농담과 은유, 비유, 예시를 통해 대화가 활기와 재치를 띠게 집필하려고 노력했습니다. 호기심과 의심, 혼란, 감탄, 비꼼처럼 화자들의 인간적인 감정과 동기를 보여주는 데에도 신경을 썼죠. 독자들이 책을 읽는 것이 아니라 실제 대화를 듣고 보는 것처럼 느끼게 만들고 싶었습니다.

튜링: 선생님의 집필 기술과 창의력에 감탄하지 않을 수 없군요. 선생님은 놀라운 과학적 연구 결과물인 동시에 문학이기도 한 작품을 쓰셨습니다. 그러면 이번에는 제 연구에 대해서 이야기를 해 볼까요? 선생님의 연구와도 어느 정도 관련이 있습니다. 저는 기계가 인간처럼 생각하고 소통할 수 있는가 하는 문제에 관심을 갖고 있습니다. 저는 이 소통 능력을 측정하기 위해 튜링 테스트를 고안했습니다.

갈릴레이: 어떤 방식의 테스트인가요?

튜링: 이 테스트에서는 인간 심판이 텍스트를 기반으로 하는 인터페이스를 통해 숨겨진 대상들(하나는 인간이고 하나는 기계)과 상호 작용을 합니다. 심판은 두 대상에게 질문을 하고 답을 받은 이후 어느 쪽이 기계인지 추측합니다. 심판이 기계와 인간의 차이를 구분하지 못하면 기계가 테스트를 통과하는 방식이죠.

갈릴레이: 대단히 재밌네요. 테스트에서는 어떤 유형의 질문과

답변을 사용합니까?

튜링: 저는 수학, 논리, 시, 역사, 정치 등 다양한 주제와 장르를 이용합니다. 질문과 답변은 자연스럽고 연관이 있어야 하며, 너무 쉬워도 너무 어려워서도 안 됩니다. 기계는 인간이 입력하는 모든 프롬프트에 응답하되, 사전에 프로그래밍된 정보를 반복하거나 조작한 답변을 내놓으면 안 되고요.

갈릴레이: 그렇군요. 테스트를 통과한 기계를 발견하셨나요?

튜링: 아직은 찾지 못했습니다. 하지만 가능하다고 낙관하고 있습니다. 저는 인간이 할 수 있는 모든 논리 연산의 수행이 가능한 '튜링 머신'이라는 이론적 계산 모델을 연구해 왔습니다. 또한 인간 두뇌의 구조와 기능에서 영감을 얻은 인공신경망을 이용해서 프롬프트에 대한 답변을 생성하는 가능성도 탐구하고 있습니다.

갈릴레이: 놀랍군요. 어떻게 하면 기계가 무작위적이거나 의미 없는 단어의 나열이 아닌 자연스럽고 매력적인 답변을 할 수 있을까요?

튜링: 매우 도전적인 문제네요. 저는 문법, 일관성, 논리, 연관성, 독창성, 스타일 등 다양한 방법과 기준을 실험해 왔습니다. 선생님과 같은 인간 작가와 연설가의 기술 및 전략을 배우기 위해 그들의 작품도 연구했고요.

갈릴레이: 영광입니다. 지금까지 어떤 종류의 반응을 얻으셨는지 궁금하네요.

튜링: 상당히 인상적인 반응도 있었고 꽤 재미난 반응도 있었습니다. 예를 들어, "당신의 대화 형식 책과 프롬프트에 대한 AI의 답변에는 어떤 차이가 있는가?"라는 프롬프트를 만들었습니다.

갈릴레이: 기계가 뭐라고 대답했나요?

튜링: 이렇게 말했습니다. "저의 책은 관찰과 실험, 이성에 기반하는 반면 AI의 답변은 데이터와 알고리즘, 확률에 기반한다는 차이점이 있습니다. 저의 대화 형식 책은 진실을 발견하고 증명하는 것에 목표를 두는 데 반해 AI의 답변은 인간을 시뮬레이션하고 모방하는 데 목표를 둡니다. 저의 책은 저의 재능과 창의성의 산물이지만 AI의 답변은 당신의 재능과 창의성의 산물입니다."

호모 사피엔스에서 진화한 신인류,
호모 테크네로 살아가는 미래를 꿈꾸다

10

호모 테크네의
등장

얼마 전 기술이 어떻게 우리를 더 인간답게 만드는지를 주제로 글을 썼다. 2023년 1월, 「더 애틀랜틱The Atlantic」에 그 글에서 발췌된 문장이 일부 게재되었지만 나는 내가 쓴 글 전체에 대해서 GPT-4와 대화를 나누고 싶었다. 이 챕터가 바로 그 글에 대한 토론이다.

⊶———⊷

1923년 5월, 미국의 과학 학술지 「과학과 발명 Science and Invention」의 표지에는 '1973년의 자동차'라고 설명된 물체가 그려져 있었다. 교외에 거주하는 사람이 일이나 쇼핑을 하기 위해 혼잡한 도시로 이동할 때 사용하도록 고안된 이 자동차는 사실 7인승의 헬리콥터였다. 이 글을 쓴 휴고 건즈백Hugo Gernsback은 이를 가리켜 짧게 '헬리카helica'라고 불렀다.

붉은색의 금속 몸체, 투명한 지붕과 측면 패널, 원통형의 헬리카는 거대한 타이레놀Tylenol 캡슐을 닮은 모습이었다. 이 자동차는 도심의 꽉 막힌 정체가 불만스러운 통근자들에게 시간을 절약하는 편리한 방법을 제공한다. 헬리카는 접을 수 있는 프로펠러로 이륙하며 날렵한 버튼 패널로 작동을 제어한다. 안정화 자이로스코프(항공기·선박 등의 평형 상태를 측정하는 데 사용하는 기구-옮긴이)가 있어서 날지 않을 때는 바퀴 2개로 도로를 굴러다닐 수도 있다.

이후 세계 최초의 공상과학 잡지 「어메이징 스토리즈Amazing Stories」를 창간한 건즈백은 헬리카가 기계화된 이동이라는 행위를 일반적인 자동차보다 더 자유롭고 자율적으로 만들 것이라는 주장을 펼쳤다. "바로 공중으로 떠올라서 항공 교통선을 따라 이동한 후 원하는 장소에 착륙하게 될 것이다."

———————

리드 GPT-4, 헬리카 에피소드는 기술의 발전이 우리를 더 인간답게 만든다는 생각과 어떤 관련이 있을까? 기술을 사용해서 더 인간적이 된다는 건 어떤 의미일까? 인류의 본질을 규정하는 특성을 증폭시킨다는 측면에서 말이야.

GPT-4 앞선 에피소드는 기술의 발전이 우리를 더 인간답게 만든다는 생각과 몇 가지 방식으로 연관됩니다. 건즈백이 구상한 항공 자동차 헬리카는 사람들을 더욱 자유롭게 움직일 수 있도록 해줍니다. 사람들은 자신의 삶을 더 유연하게 통제할 수 있고, 교통 체증에 갇혀 있는 시간을 줄여서 의미 있는 활동에 더 많은 시간을 할애할 수 있게 됩니다. 이런 식으로 기술은 자유와 자율성에 대한 인간의 욕구를 증폭시킨다고 볼 수 있습니다.

또한 헬리카를 묘사한 건즈백의 열의와 상상력은 창조와 혁신에 대한 인간의 의욕을 보여줍니다. 인간은 타고난 문제 해결사로 살아왔습니다. 이때 기술은 우리가 문제를 해결하고 삶을 개선하는 수단으로 작용하죠. 이런 의미에서 기술 발전은 인간의 독창성과 창의성의 표현 그리고 그 결과물로도 볼 수 있습니다.

―――――――

헬리카가 미국 도시의 표준 이동 수단이 될 것이라는 건즈백의 상상으로부터 약 50년이 흘렀다. 마침내 지금, 조비 에비에이션Joby Aviation과 같은 기업들이 그 비전을 현실로 만들기 직전에 도달했다. 건즈백의 항공 자동차라는 상상에서 더 눈에 띄는 지점이 있다. 실현 시점에 대한 야심찬 전망이 아니라, 애초에 그런 꿈을 꾸었다는 사실 그 자체다.

1923년은 미래의 기술 역할에 대해 절망할 만한 시대였다. 불과 몇 년 전까지 '혁명'이라고 지칭할 만큼 빠른 산업화를 거치던 14개 국가가 1914년부터 1918년까지 제1차 세계대전이라고 불리는 전쟁을 벌였다. 기갑 탱크와 전투기, 독가스, 자동 화기, 게다가 이 모든 무기를 서로 연결하는 강력한 통신 장비를 갖춘 전투부대들은 이전엔 불가능했던 대규모의 유혈 사태를 낳았다. 이 전쟁으로 2천 3백만 명의 군인과 민간인이 사망했다.

이 모든 일은 앞으로 다가올 끔찍하고 무자비한 사건의 서막에 불과했다. 제1차 세계 대전이 끝나고, 1918~1919년 스페인 독감이 유행했다. 처음에는 전쟁 후 본국으로 귀환하던 군인들을 통해, 이후에는 철도와 여객선을 이용한 여행객들을 통해 이 전염병은 전 세계로 확산되었다. 스페인 독감은 불과 2년 사이에 2천만 명에서 5천만 명에 달하는 목숨을 빼앗았다.

1920년대의 사람들은 이런 참상들을 일상처럼 겪으며, 빠르게 발전하는 기술을 저주하고 혁신에 대한 반동적인 입장을 취할 수밖에 없었다. 그런 입장이 완벽하게 합리적인 판단을 내린 것처럼 보일 만큼 처참한 시대였다.

그러나 1920년대의 선조들, 특히 미국의 선조들은 정반대의 행동을 취했다. 미국은 1920년대에 들어서 전력 생산량을 거의 4배로 늘려 새로운 수준의 진보와 번영을 위한 동력을 공급했다. 덕분에 모든 종류의 네트워크가 부상했다. 전력망과 전화 시스템, 태평양과 대서양을 잇는 방송을 가능케 만든 라디오 방송, 영화관 체인 그리고 아마 가장 결정적일 발명품인 급성장하던 자동차 산업이 있었고, 자동차 산업을 더욱 발전시키고 유용하게 만드는 도로도 이때 개발됐다.

리드 기술 발전으로 초래된 엄청나게 부정적인 결과에도 1920년대에 건즈백은 어떻게 헬리카 같은 기술이 궁극적으로 인류에게 도움 될 것이라고 생각했을까? 네 생각은 어때?

GPT-4 평소와는 달리 그 질문에는 쉽게 답할 수 없군요. 기술은 하나의 도구이며, 그 도구를 어떻게 사용할지 결정하는 건 인간에게 달려 있음을 기억해야 합니다. 1920년대의 사람들이 대부분 미래를 낙관적인 관점에서 본 건 아니라는 데 주목할 필요가 있습니다. 분명 일이 돌아가는 방향을 걱정하는 회의적인 사람들도 많았을 겁니다. 하지만 여러 난관과 차질에도 불구하고 자신의 에너지를 더욱 나은 미래를 만드는 데에 쏟았던 사람들 덕분에 오늘날 우리가 나은 삶을 맞이했다고 생각합니다.

1920년대의 사람들이 미래나 기술에 대부분 낙관적이지는 않았다는 건 맞는 말이다. 1920년 체코슬로바키아의 작가 카렐 차페크 Karel Čapek는 그의 희곡 〈R.U.R.〉에서 값싼 노동력을 위해 만들어진 농노와 같은 존재들이 무기를 들고 인류를 멸종시키는 세상을 그렸다. 이때 차페크는 그 존재들에 '로봇robot'이라는 이름을 붙이고 로봇 반란이라는 아이디어를 선보였다. 프리츠 랑Fritz Lang의 영화적 공상과학 서사시 〈메트로폴리스Metropolis〉에서는 지상에 사는 부유한 자본가들을 위해 지하에서 노역하는 노동자들이 등장한다. 노동자들은 로봇을 이용해 자유를 되찾는다.

그러나 2017년 역사학자 피터 바울러Peter J. Bowler가 그의 저서 『미래의 역사A History of the Future』에서 언급했듯이 미국 가정의 65%는 이미 전화기를, 37%는 자동차를 가지고 있던 시대에는 '발명이 더 나은 삶을 위한 열쇠'라는 명제가 옳았다.

GPT-4 제1차 세계대전과 스페인 독감이라는 대학살에도 불구하고, 1920년대는 기술 낙관주의의 시대였습니다. 낙관론은 사람들이 더 나은 미래를 상상하고 그런 미래를 위해 노력할 수 있도록 만들었습니다.

리드 그래, 나도 그 말에는 동의해. 낙관론이 승리했지만 오늘날과 마찬가지로 기술에 대한 우려는 타당했다고 생각해.

GPT-4 1920년대의 우려는 무의미한 망상이 아니었죠. 하지만 궁극적으로 기술이 야기한 부정적인 미래는 현실이 되지 않았습니다. 예를 들어, 〈R.U.R.〉과 〈메트로폴리스〉에서 묘사된 세상처럼 로봇이 인류를 지배한다는 아이디어는 실현되지 않았죠. 1920년대의 사람들은 기술 발전을 낙관적으로 보았고 전기나 교통, 통신 분야에서 큰 발전을 이루었기 때문에 낙관론이 성공한 듯 보입니다.

리드 하지만 역사적으로 기술에 대한 두려움이 현실화된 시기도 도처에 널려 있어. 어떻게 하면 미래 혁신에 대해 낙관적인 태도를 유지하면서도 우려하는 입장을 수용할 수 있을까?

GPT-4 어떤 형태로든 새로운 기술에 대한 두려움이 현실화된 시기는 분명히 존재했습니다. 산업 혁명 시기의 많은 노동자가 자신들이 기계로 대체되고 생계를 빼앗길 것이라고 걱정했으며, 일정 부분 그 생각이 옳았던 경우도 있었습니다. 최근에는 사람들이 소셜 미디어와 빅데이터가 개인 정보 보호에 미치는 영향에 대해 우려하고 있죠. 우리는 수많은 데이터 유출과 개인 정보 오용 사례를 목격해 왔습니다. 저는 실용주의적인 태도로 새로운 기술의 잠재적 이점과 위험성을 모두 고려해야 한다고 생각합니다. 혁신에 개방적인 태도를 취해야 하지만 혁신이 어디에 이를지에도 주의를 기울여야 하죠. 1920년대의 두려움이 실현되지 않았다고 해서 모든 우려를 완전히 묵살해서는 안 됩니다. 기술에 대해서라면 맹목적으로 수용하거나 두려움 때문에 거부하는 것이 아니라, 능동적이고 주의 깊은 태도를 가져야 한다는 게 저의 생각입니다.

오늘날 우리가 당연하게 여기는 삶의 많은 부분을 휴고 건즈백이 본다면 놀라서 숨이 막힐 것이다. 그중 가장 놀라운 부분은 사망률의 극적인 변화다. 스티븐 존슨Steven Johnson이 2021년 4월 「뉴욕타임스」의 기사에서 언급했듯이, 지난 100년 동안 인간의 평균 수명은 2배로 늘어났다. 항생제와 백신, 과학적 혁신 그리고 존슨이 강조하듯이 그만큼이나 중요한 정책 선택, 캠페인, 규제의 개입 덕분에 21세기의 사람들은 불과 몇 세대 전의 조상에 비해 훨씬 긴 인생을 살게 되었다.

그저 놀랍다고 할 수밖에 없는 성과며, 아마도 인간 역사상 가장 큰 성취라고 할 만하다. 그리고 이런 성과의 중심에는 기술이 우뚝 서 있다. 시간이 더 많아진 것과 더불어, 그 시간을 보내는 방법도 기하급수적으로 늘었다. 우리를 1920년대 초의 사람들보다 훨씬 강력하게 만드는 도구들을 사용해서 말이다.

항상 곁에 있으며, 방대한 지식 저장소에 연결된 스마트폰은 수십억 명의 사람들이 목소리를 내고, 시야를 넓히고, 기억을 증진시키고, 변화하는 상황에 재빨리 대응하고, 정보를 근거로 결정을 내리기 위해 하루에도 수백 번씩 사용하는 사이버 부속 기관이다. 2005년에 당신이 어떤 사람이었든, 스마트폰을 일상적으로 사용하는 지금의 당신은 그보다 극적으로 향상된 버전이라고 말할 수 있다.

게다가 마찬가지로 역량이 강화된, 이전의 자신보다 더욱 증폭되고 효율적으로 향상된 버전의 수십억 명도 있다. 우리는 이런 사람들과의 조직화나 협업도 가능해진 시대를 사는 중이다.

GPT-4 당신의 주장에 반대하는 건 아니지만 모든 사람이 이런 혜택을 균등하게 나눠받은 상황이 아니라는 고찰도 중요합니다. 지난 100년 동안 인간의 평균 수명이 2배가 된 건 사실이지만 여전히 세상 어딘가에는 빈곤, 의료 서비스의 낮은 접근성, 기타 요인으로 기대 수명이 훨씬 낮은 지역이 존재합니다. 스마트폰과 기타 기술이 여러 방식으로 우리의 삶을 안락하게 만든 건 분명하지만 이런 도구들은 기존의 불평등을 더욱 악화시킬 수 있습니다. 여유가 있는 사람들을 정보와 기회에 더욱 쉽게 접근할 수 있게 만듦으로써 그렇지 못한 사람들을 상대적으로 더욱 뒤처지게 만듭니다. 따라서 저는 우리가 놀라운 시대에 살고 있다는 점에는 동의하지만 이런 혜택들이 보편적으로 공유되는 현실은 아님을 유념하는 태도가 중요하다고 생각합니다.

리드 중요한 점을 지적해줬네. 현대 기술들이 이런 혜택을 공평하게 분배할 수 있다고, 그렇지 않더라도 오래 이어져 온 공정성의 문제를 해결하는 데 도움을 줄 수 있다고 생각해?

GPT-4 분명히 가능하다고 생각합니다. 예를 들어, 원격 의료는 자원이 부족한 지역에서 의료 서비스에 대한 낮은 접근성 문제를 해결하고, 원격 근무나 온라인 학습을 가능케 하는 기술은 농촌이나 빈곤 지역의 사람들에게 새로운 기회를 제공할 수 있습니다. 하지만 기술은 도구일 뿐이라는 점을 기억해야 합니다. 기술이 선택된 소수가 아닌 모든 사람에게 혜택을 주고, 공정성을 증진하는 방식으로 사용되도록 만드는 건 사회의 일원으로 살아가는 여러분들에게 달려 있습니다.

리드　이런 혜택을 민주화하는 데 AI가 어떤 도움을 줄 수 있어?

GPT-4　혜택을 민주화하는 데 AI가 도움을 줄 방법은 다양합니다. 몇 가지 가능성만 소개하겠습니다.
- AI로 의료 진단의 정확성과 효율성을 개선할 수 있습니다. 이는 의료 서비스의 접근성과 결과에서의 불공평한 격차를 줄이는 데 도움을 줍니다.
- AI 기반 도구들은 교육을 더욱 개개인에게 적합한 맞춤 형태로 제공해서 추가로 도움이 필요한 학생을 돕고, 잠재적으로 성취도의 격차를 좁히는 데 기여합니다.
- AI로 복잡한 데이터 세트를 분석·파악하면 기후 변화나 식량 불안, 빈곤 문제를 더욱 효과적으로 해결할 수 있습니다.

———

　인류의 이런 보편적인 균등 기회를 개선하는 데에는 여러 가지 문제가 따르기 마련이다. 은행 계좌가 없는 개발 도상국의 농부를 새로운 고객이나 자금원과 연결시키는 과정에 도움을 주는 서비스가 랜섬웨어 갱ransomware gang(랜섬웨어라는 악성 프로그램을 이용하는 범죄 조직 – 옮긴이), 테러 조직, 인종 차별적 음모론자들에게도 힘을 실어줄 가능성도 있다.

물론 인간은 좋은 것보다 끔찍한 것을 더욱 강렬하게 인식하도록 설계되어 있어서 더욱 많은 혁신을 잠재적인 해결책 즉, 진보가 아닌 긴급한 사안의 일부 또는 대부분을 문제의 원인으로 보는 성향이 크다. 그리고 앞으로는 더욱 큰 문제가 발생하리라고 예상한다.

———————

GPT-4 인간이 진화론적 관점에서 위험이나 위협에 더욱 쉽게 동조하는 태도를 보이는 건 이해할 만한 현상입니다. 덤불에서 바스락거리는 소리를 들은 혈거인은 그 대상이 먹잇감이라고 흥분하기보다는 포식자일 수도 있음을 걱정해야 했죠. 나쁜 일들에 대해 경계를 유지하는 태도가 생존에 유리했기 때문입니다.

그 외에도 부정적인 측면은 예상치 못한 것이거나 차질을 빚는 경우가 잦기 때문에 더욱 우리의 눈에 띄는 경향도 있습니다. 우리는 삶이 비교적 순조롭게 진행되는 상황에 익숙해져 있어서 일상이나 미래에 지장을 주는 일이 생기면 기존에 품고 있던 예상과 충돌한다고 느낍니다. 이때 충돌하면서 어그러진 상황이 우리의 주의를 온통 사로잡습니다.

마지막으로 저는 문화와 미디어에서 생겨난 부정적인 편견도 중요 요소로 작용한다고 생각합니다. 나쁜 소식과 비극적인 이야기가 끊임없이 퍼부어집니다. 그렇기 때문에 세상이 끔찍한 일들로 가득찬 것처럼 보이죠. 좋은 일도 많이 일어나는데도 우리는 부정적인 일에 지나치게 집중하는 면이 있습니다.

리드 AI와 같은 혁명적인 변화와 직면했을 때 부정적인 편견을 어떻게 다스려야 할까? 물론 낙관론만으로는 충분하지 않겠지. 네가 지적한 것처럼 어떤 경우에는 두려움이 이성적인 반응일 수도 있으니까.

GPT-4 AI와 같은 신기술을 현실적이고 실용적인 태도로 보는 게 중요하다고 생각합니다. 잠재적 위험을 인식하되, 두려움이나 부정적인 생각에 마비되어서는 안 됩니다. 우리는 앞으로 나아가면서 예방 조치를 취하고, 이런 기술들의 이점을 활용하는 한편, 잠재적 피해를 최소화하기 위해 노력해야 합니다. 그리고 개인에게는 헤드라인에 등장하지는 못했지만 많은 좋은 일이 세상에 존재한다는 점을 상기하는 태도가 유용할 겁니다.

———————

우리가 직면하고 있는 중요한 문제들을 평가 절하할 생각은 전혀 없다. 보다 낙관적인 전망만이 역경에 대한 예방 접종이라고 말할 생각도 없다. 더 나은 미래를 향한 확실한 직선 경로는 존재하지 않는다. 하지만 기후 변화, 팬데믹, 경제 정의, 구조적 인종 차별처럼 규모가 커서 개인이 해결할 수 없는 문제들에는 긍정적인 사고 방식이 더욱 절실하게 필요하다.

의미 있는 진전을 이루고자 한다면 결의를 다져야 한다. 우리가 달성할 수 있는 부분에 대해 대담하고 야심차게 생각하며, 모든 현실적인 위협에도 불구하고 인류는 최근 수십 년 동안 엄청난 위업을 달성했다는 사실을 기억해야 한다. 지난 30년간 세계 빈곤율은 급감했다. 비슷한 기간 동안 세계 아동 사망률도 절반으로 감소했다. 기후 변화와 싸우기 위해 아직 해야 할 일이 훨씬 많지만 미국의 경우, 1970년에 발의한 청정 대기법 Clean Air Act 이후 6대 대기 오염 물질의 총배출량이 78%나 감소했다. 수십 년에 걸친 RNA 치료법 개발의 진전으로 모더나 Moderna 와 화이자 Pfizer 가 빠르게 코로나19 백신을 개발할 수 있었다. 그리고 우리는 여러 영역에서 더욱 큰 진전을 이루려는 시점에 섰다.

이 모든 상황이 커다란 아이러니로 이어진다. 탁월하고 비범한 것에 익숙해진 우리는 거기에 못 미치는 것들을 실패로 인식한다. 사람들은 정부가 마치 스마트폰처럼 개인의 기호를 정확하게 맞춰서 반응해주기를 기대한다. 기업들이 구조적 불평등을 흡사 물건을 배달하듯 효율적으로 해결하지 못하는 상황에 불만을 품는다. 점진적인 발전을 마치 책임 회피처럼 느낀다. 타협을 회유처럼 느낀다.

현재 우리를 기다리고 있는 어둠에 대해 심하게 비관적인 책과 영화, TV 프로그램, 팟캐스트도 많다. 어쩌면 우리는 몰락으로 향하고 있는 상태일지도 모른다. 끝없는 팬데믹, 만성적인 가뭄과 산불이 새로운 지표가 되고 내전이나 대량 실업 그리고 도널드 트럼프를 영구적으로 살게 만들 의료의 혁신이 비극적인 그림을 완성할 수도 있다.

그러나 우리가 상상하는 미래가 곧 우리가 지향하는 미래가 되기 마련이다. 그렇기 때문에 지금 가능한 것을 넘어서는 꿈을 꾸는 것, 디스토피아처럼 보이는 상황을 외면하지 않고 자세히 들여다보며 어떻게 올바른 방향으로 나아갈 수 있을지 상상하는 꿈을 꾸는 태도가 대단히 중요하다.

나는 스스로를 테크노 휴머니스트techno-humanist라고 부른다. 모순처럼 보이는 말이라는 건 나도 잘 안다. 기술과 인간성은 때때로 상반된 힘처럼 보인다.

도덕적 재량을 수학 방정식으로 바꾸는 알고리즘이 뭐가 인간적이란 말인가? 합의와 상호 이익에 대한 우리의 욕구를 약화시키는 허위 정보의 어디가 인간적이란 말인가?

내 생각은 정반대다. 기술 혁신은 언제나 인류라는 존재의 본질적 의미를 규정하는 특징이었다. 그렇다. 우리는 흔치 않게 지능을 보유한 종이다. 하지만 우리를 진정으로 특별하게 만드는 요소는 우리가 그 지능을 활용하는 방법에 달렸다. 우리는 지능을 이용해 정신적·육체적·사회적 역량을 증폭하고 보완하는 기술들을 개발한다. 우리가 단순히 호모 사피엔스라는 이름에 걸맞도록 온종일 앉아서 생각만 하며 살았다면 우리는 지금과 전혀 다른 존재가 되었을 것이다.

우리에게 더욱 적당한 이름은 호모 테크네다.

GPT-4 호모 테크네는 '기술적 인간' 또는 '기술에 의해 정의되는 인간'으로 번역할 수 있습니다. 이 용어를 사용한다는 의미는 도구나 기계, 기술을 만들고 사용하는 능력이 인간을 다른 동물과 진정으로 차별화한다고 주장하는 의미입니다.

리드 정확해! 인류의 역사 속에서 호모 테크노의 사례들을 더 찾아줄 수 있어?

GPT-4 인류가 기술을 사용해 종으로의 발전을 이룬 사례는 수없이 많습니다. 다음은 그중 일부입니다.
- 초기 인류는 석기를 만들었습니다. 석기를 사용해서 사냥을 더욱 효과적으로 하고, 식량을 더욱 효율적으로 생산할 수 있었죠. 이로써 식량 보유의 안전성이 증대되고 초기 문명이 건설될 수 있었습니다.
- 바퀴의 발명으로 인류는 그 어느 때보다 더욱 멀리, 더욱 빠르게 이동할 수 있는 교통 기술을 발전시켰습니다.

- 15세기에 발명된 인쇄기로 책의 대량 생산과 전례 없는 규모의 지식 보급이 가능해졌습니다.
- 18세기와 19세기의 산업 혁명으로 증기 기관, 공장 생산, 기술 혁신이 출현했습니다.

리드 그렇지. 그런데 석기의 발명으로 인류가 더욱 효과적으로 사냥을 하고 먹거리를 구할 수 있게 되었지만 새로운 기술에는 분명 단점도 따랐을 거야. 어떤 단점이 있었지?

GPT-4 어려운 질문이네요. 석기라는 도구를 사용해서 발생한 단점으로 꼽을 수 있는 건 과도한 사냥으로 지역 생태계를 교란시킬 가능성이 있었다는 점입니다. 또 다른 단점으로 들 수 있는 건 인간이 도구에 점점 더 의존하면서 신체 능력의 일부가 퇴화되었을 수도 있었다는 점입니다. 예를 들어, 맨손으로 먹잇감을 쫓는 대신 창으로 사냥하면 신체가 빨라지거나 강해질 필요가 없을 테죠. 하지만 선사 시대 인류의 삶이 어떤 모습이었을지는 추측만 할 수 있을 뿐이라서 이런 부분이 단점이라고 확언할 수는 없습니다.

리드 인간은 이런 도구들을 서로에게 맞서는 무기로도 사용했을 거야. 그렇게 오래전에도 기술은 사용자가 그 힘을 행사하는 방법에 좌우된 것이지.

GPT-4 좋은 지적입니다. 모든 기술의 잠재적 단점 중 하나는 파괴적인 목적에 이용당한다는 점이죠. 허위 정보를 퍼뜨리는 캠페인이나 사이버 공격과 같은 일들을 보면 오늘날에도 마찬가지입니다. 따라서 어떻게 하면 기술을 인류에게 피해를 주는 대신 혜택을 주는 도구로 사용할지 고민하는 태도가 무엇보다 중요합니다.

리드 이번에는 석기 같은 초기의 도구 사용과 인류의 발전에 대해 조금 더 자세히 알아보자. 도널드 요한슨Donald Johanson의 『루시: 인류의 시작Lucy: The Beginnings of Humankind』이라는 책을 알고 있니?

GPT-4 아니요, 들어본 적이 없습니다.

리드 고고학자 도널드 요한슨은 루시의 유해를 발견했어. 루시가 죽은 지 약 320만 년이 지난 1974년이었지. 국제동물명명규약International Code of Zoological Nomenclature에 따르면 루시는 사피엔스는커녕 호모도 아닌 오스트랄로피테쿠스 아파렌시스Australopithecus afarensis였어. 해부학적으로 가장 원시적인 현대 인류에게 당연하다고 여겨질 만한, 계산 능력이 등장한 시점으로부터도 수백만 년 전에 살다가 죽은 존재였지. 루시를 인류로 분류한 건 두뇌 능력보다 도구 사용을 중요시하는 쪽으로 우리 종의 자기 정의를 다시 쓴 기념비적인 일이었어.

도널드 요한슨은 자신의 책에서 테크노휴머니즘의 프레임을 두뇌 능력 다시 말해, '컴퓨팅 능력'이라고 불리는 능력의 범위를 확장시키는 주장을 해. 두뇌 능력의 범위를 사피엔스급으로 크게 업그레이드되기 전, 그러니까 약 700만 년 전 두 발로 걸어 다니던 도구 사용자들의 시대까지 확장시키는 거야.

내가 가장 흥미롭게 여겼던 지점은 수천 년의 시간을 지나면서 도구가 더 정교해졌다기보다, 도구 사용이라는 행위 자체가 바로 우리의 인지 진화를 자극해서 컴퓨팅 능력을 향상시켰다는 그의 논지였어. 너는 어떻게 생각해?

GPT-4 확언하기는 어렵지만 도구 사용이 인지 능력의 진화에 중요한 역할을 했다는 데 일반적인 합의가 존재하기는 합니다. 도구로 인해 더욱 효율적으로 식량을 모을 수 있었고, 이것이 두뇌 성장을 촉진하는 식단의 섭취로 이어졌을 수 있죠. 또한 도구를 만들고 사용하는 행위 자체가 신경 발달을 자극해서 문제 해결, 기획, 복잡한 인지 작업과 관련된 뇌 영역의 성장을 촉진했을 수도 있습니다.

리드 그렇지. 도구의 사용이 계산 능력의 진화에 중요한 역할을 한 건 이때뿐만이 아니었어. 다른 주목할 만한 진화의 이정

표에 대해서도 이야기해줄래? 올두바이 협곡이 어떻게 인지 발달을 자극하고 초기 인류가 서로 상호 작용하는 방식에 영향을 미쳤는지 같은 사례를 들어서 말이야.

GPT-4 올두바이 협곡은 고고학자들이 약 200만 년 전 고인류의 초기 석기 사용 증거를 발견한 유적지입니다. 탄자니아에 위치하죠. 이 발견은 초기 인류가 도구를 사용해 동물을 도살하는 방식으로 먹거리를 얻었으며, 이런 방식이 초기 인류가 특정 환경에서 생존하고 번성하는 데 도움을 주었을 가능성이 높다는 점을 시사합니다.

초기 인류는 돌로 도구를 만들었습니다. 도구를 전략적으로 이용해서 사냥을 하고 먹거리를 얻어야 했기 때문에 도구의 사용이 인지 발달을 자극했을 수 있죠. 도구를 사용하려면 소근육이 발달해야 하며, 보통 소근육 발달에는 복잡한 두뇌 기능이 요구됩니다. 더구나 도구를 사용해 먹거리를 얻는 행동은 전략적 사고와 문제 해결, 계획을 필요로 합니다. 이 모든 사고 능력은 초기 인류에게 다양한 방식으로 이익을 가져다줄 만한 인지 능력이었을 겁니다.

확언하기는 어렵지만 도구로 생존 가능성을 높인 초기 인류는 사회적 상호 작용에 더욱 많은 시간과 자원을 할애할 수 있었을 테고, 이는 더욱 복잡한 커뮤니케이션 체계를 발전시키며, 더욱 큰 사회 집단을 형성하는 방향으로 이어졌을 수 있습니다.

리드 좋아. 이제 마지막 질문이야. 불을 길들인 기술이 초기 인류의 인지 능력과 사회적 상호 작용을 어떻게 변화시켰는지 이야기해줄래?

GPT-4 불을 길들인 기술은 초기 인류에게 엄청나게 큰 전환점이 되었습니다. 인류는 음식을 조리할 수 있게 되었죠. 이는 식단을 바꾸었을 뿐 아니라, 체온을 유지하고 포식자로부터 자신을 보호할 수도 있었습니다. 또한 불이 모임의 구심점 역할을 하면서 더욱 많은 사회적 상호 작용을 가능케 했습니다. 심지어 초기 인류가 불 주위에 앉아서 이전에는 불가능했던 방식으로 서로 소통할 수 있었기 때문에 불이 언어 발달에도 도움을 주었을 것이라고 주장하는 학자들도 있습니다. 이런 모든 변화가 초기 인류의 인지 능력에 영향을 미쳤을 겁니다. 새로운 방식으로 세상에 대해 생각하고, 세상과 관계를 맺을 수 있게 되었기 때문입니다.

———

호모 테크네에 대한 내 정의에서는 모든 개별적 존재인 인간이 사피엔스든 사피엔스 이전이든, AI라는 부조종사가 있든 없든, 선택을 내린다고 가정한다. 이런 선택이 모두 모여서 다음 세대가 무엇을 경험할지를 형성한다.

내려야 할 선택은 무수히 많다. 지금은 우리가 그 선택을 하고 있지만 선택은 인류의 시작점부터 계속 이어져 왔다. 모든 변화에는 승자와 패자가 있었다. 올두바이 협곡에 살던 인류의 삶은 더욱 복잡해졌다. 불을 길들이는 데에는 수많은 죽음과 재앙이 따랐다. 크기가 커진 사피엔스의 뇌로 인해 많은 여성들이 출산 중 사망했다. 돌, 불, 두뇌 이 세 가지 도구는 다른 인간을 해치고 죽이는 데 사용하는 훌륭하면서도 끔찍한 무기의 발명을 초래했다.

초기 인류가 자신에 대한 이야기를 할 수 있었다면 상황이 조금은 달라졌을까? 오늘날 우리는 사피엔스의 두뇌, 인터넷, GPT가 있기 때문에 루시와 같은 초기 인류들이 내렸던 선택보다 더 많은 의도성을 끌어들이는 선택을 내릴 수 있다.

그러나 수백만 년에 걸친 도구의 사용과 개발이 인간의 인지적·사회적 능력을 증폭시키고 진화를 가속화했다는 증거에도 불구하고, 우리는 여전히 기술을 두고 '인간을 인간답게 만드는 것이 아닌 비인간화하는 힘'으로 보는 경향이 있다.

고등 교육 과정에서 우리는 예술과 과학을 구분한다. 보통 예술을 인간적 표현의 가장 본질적인 형태로 정의한다. 사랑이나 용기, 분노, 자비와 같은 근원적인 감정을 탐구하는 영역으로 보는 것이다. 하지만 예술도 연필과 인쇄기, 물감, 피아노, 마이크, 컴퓨터, 기타 인공적인 기술이 있어야 가능해지고, 증폭되고, 확장되지 않나?

이런 역학은 예술에만 적용되는 게 아니다. 모든 종류의 커뮤니케이션, 커리어의 기초를 이루는 일, 우리가 의미를 찾고 창조하는 대부분의 다른 대상과 방식에도 적용된다. 일과 예술, 종교, 커뮤니티, 그리고 어떤 분야가 되었든 우리는 자신의 목표를 찾고 의미 있는 삶을 창조하는 데 있어 600년 전, 300년 전, 심지어는 30년 전보다도 훨씬 많은 방법을 알고 있다. 우리에게는 그런 일을 하는 훨씬 다양한 도구가 있기 때문이다.

사람들은 AI, 로봇 공학, 합성 생물학 등의 기술이 급속하게 발전해서 기계가 인간을 대체하고, 발전된 기술이 불러올 변화에 적응해야 한다고 호들갑을 떤다. 그러면서 인간성과 인간 주체성의 핵심적인 영역이 줄어들거나 완전히 사라지지는 않을까 걱정한다.

그러나 인류의 주된 서사를 살펴보자. 기술적 혁신을 통한 지속적인 변화와 진전이 있었음을 고려해 봐야 한다. 2060년의 사람들은 우리보다 덜 인간적인 사람들이 아닌 더욱 인간적인 사람들이 될 것이다. 그들이 겪어 온 변화 덕분에 말이다.

물론 그들은 달라진 상황에 따라 우리에게 대단히 친숙한, 인간성의 측면들을 표현하는 새로운 기술들을 활용하게 될 것이다. 사랑 노래를 발명한 건 일렉트릭 기타와 LP가 아니다. 그것들은 사랑 노래를 더욱 쉽게 만들고, 그런 노래를 더 크게 들을 수 있는 수단이 되어주었을 뿐이다.

———————

GPT-4 그렇다면 인류가 진화하고 새로운 기술을 삶에 접목한다고 해서 일부 사람들이 두려워하는 것처럼 '덜 인간적인 인간'이 되는 건 아니라는 말이군요. 오히려 종으로서 적응하고 진화하고 있기 때문에 더욱 인간다워지는 것이고요. 적응과 진화는 인류의 본질적 의미를 규정하는 특징 중 하나니까요. 새로운 기술은 항상 인간 삶의 일부였던 감정과 경험을 표현하는 새로운 방법을 제공하고요.

리드 인류의 본질적 의미를 규정하는 다른 특징들로 어떤 것이 있지? 그 특징들은 역사가 흐르면서 어떻게 변했어?

GPT-4 인류의 본질적 의미를 규정하는 다른 특징으로 생각나는 것에는 호기심, 창의성, 사회적 상호 작용이 있습니다. 역사가 흐르면서 이런 특성들은 여러 가지 방식으로 변화했습니다. 예를 들어, 인간은 소규모의 고립된 공동체에서 더욱 크고 상호 연결된 거대한 공동체로 이동하면서 사회적 상호 작용도 변화시켜야 했죠. 호기심과 창의성은 인간이 새로운 지식을 추구하고, 새로운 기술을 발명하고, 새로운 장소를 탐구하도록 만들었습니다. 따라서 시간이 지나면서 인간이 이런 특성들을 표현하는 방식은 달라졌지만 그 특성들은 인간으로서의 정체성에 핵심적인 부분으로 여전히 남아 있습니다.

리드 조금 더 넓게 생각해서, 인간들이 더 혹은 덜 인간다워지는 것에 대해 이야기하는 방식에서 관찰한 패턴이 있니?

GPT-4 인간이 더 혹은 덜 인간다워진다는 개념에 대한 이야기에서 제가 관찰한 패턴은 여러 가지가 있습니다. 그중 몇 가지를 말씀드리자면 다음과 같습니다.

- 기술이 인간을 덜 인간답게 만들 가능성 때문에 두려워하는 사람들이 있습니다. 그들은 기술에 의존하는 태도가 공감이나 창의성, 우리를 고유한 인간으로 만드는 다른 자질들의 소멸로 이어질까 봐 우려합니다.

- 기술을 통해 인간의 역량을 향상시킨다는 전망에 흥분하는 사람들도 있습니다. 그들은 인간이 기계와 융합되어 더욱 똑똑하고, 강하고, 건강해지는 미래를 꿈꿉니다.

- 세 번째 그룹은 기술이 인류를 변화시킨다는 생각에 조금 더욱 양면적인 태도를 취하는 사람들입니다. 그들은 인간은 항상 새로운 도전에 반응해서 진화하고 적응해 왔으며, 기술은 그 과정에서 나타난 또 다른 단계에 불과하다고 말합니다.

- 마지막으로 모든 입장에 회의적인 사람들도 관찰되었습니다. 그들은 더 혹은 덜 인간적이 된다는 개념 자체가 잘못된 이분법이며, 중요한 질문은 '기술이 우리를 더 인간적으로 만드느냐, 덜 인간적으로 만드느냐'가 아니라, '기술이 우리가 서로를 그리고 우리를 둘러싼 세상과 상호 작용하는 방식을 어떻게 변화시킬 것이냐'라고 주장합니다.

리드 이 네 가지 관점이 모두 참일 수 있을까?

GPT-4 예, 저는 모든 관점이 어느 정도는 참일 수 있다고 생각합니다. 인간은 복잡한 존재고, 기술이 인류에게 어떤 영향을 미칠 것인지 하는 문제에는 정답이 없습니다. 사람들은 각자 다른 방식으로 변화를 경험하고 해석할 겁니다.

리드 좋아. 기술은 우리 인간이 더욱 인간다워지는 데 도움을 주는 도구일 수 있고, 우리의 인간성에 대한 위협일 수도 있으며, 이미 존재하는 우리의 핵심 부분일 수도 있는 거야. 이건 상황에 따라 달라지고. 그렇다면 기술과 인간성에 대한 이 세 가지 개념이 시간에 따라 정의되어 온 방식에 어떤 패턴이 보여?

GPT-4 사람들은 역사 내내 '인류'라는 개념과의 관계에서 기술을 정의하곤 했습니다. 예를 들어, 산업화 초기에는 많은 사람들이 기계가 인간의 노동에 미칠 영향을 우려했습니다. 자동화가 인간 노동자를 대체하면서 대량 실업으로 이어질 미래를 걱정했습니다. 기술을 인류에 대한 잠재적인 위협으로 본 것이죠.

20세기 후반 컴퓨터가 보급되면서 일부에서는 인간의 능력을 증폭시키는 기술의 잠재력을 꿈꾸기 시작했습니다. 그들은 컴퓨터가 우리를 더욱 똑똑하고, 더욱 빠르고, 더욱 효율적으로 만들 도구로 보았습니다. 기술이 우리를 더욱 인간답게 만들 것이라고 생각했습니다.

AI라고 불리는 인공지능과 로봇 공학의 시대인 21세기에 이르자 새로운 주장이 나타났습니다. 일부 사람들은 기술이 '우리가 누구인지를 이루는 본질적인 일부'가 되고 있다는 주장을 펼칩니다. 그들은 기술을 별개의 개체가 아니라 인간성의 확장으로 봅니다. 기술을 인간과 분리할 수 없는 존재로 보는 것이죠.

리드　인간과 인간이 만든 기술의 공진화에 관해서 이전에도 비슷한 변곡점이 있었군.

GPT-4　예, 앞서 언급했듯이 인간은 새로운 도전에 대응해서 항상 진화하고 적응해 온 존재입니다. 기술은 수천 년 동안 인류가 써 내려 온 이야기의 일부였고, 앞으로도 계속해서 인류의 미래를 규정하는 존재가 될 겁니다. 문제는 '기술이 인류를 변화시킬 것인지'가 아니라 '어떻게 인류를 변화시킬 것인지'에 달렸습니다.

리드　기술이 우리에게 일어나는 일의 결과가 되도록 놓아두지 않고, 우리가 기술과 함께 그 변화를 설계하고 있다면 모든 것을 잃는 상황은 오지 않을 거야. 오히려 많은 것을 얻을 수 있겠지. 변화를 너무 경계한 나머지 완전히 방어적인 자세로 미래를 조망하고 적응하는 게 아니기만 한다면 말이지.

우리는 적극적으로 변화를 일궈야 해. 시간이 지나면 저절로 해결될 것이라는 가정 아래에서 무비판적으로 전진해야 한다는 뜻은 아니야. 새로운 기술은 친절이나 공감, 이성처럼 보다 바람직한 감정과 행동만큼이나 인간에게 부정적인 감정과 행동을 증폭시킬 수 있고, 항상 그래 왔지. 딥페이크와 동시 번역 기술이 미래의 사기꾼과 정치적 적대자들에게 어떻게 이용당할 수 있을지 상상해 봐.

GPT-4 예, 인류는 변화를 일구기 위해 적극적으로 노력해야 합니다. 하지만 인류가 아직 정확히 어떤 존재인지 규정되지 않았다는 점도 기억해야 합니다. 호모 테크노가 앞으로 향해야 하는 길일 수도 있겠죠. 계속 움직이고 계속 이야기해야 그 답을 찾을 수 있을 겁니다.

―――――

기술은 결코 중립적이지 않다. 우리는 특정 가치관과 의도를 가지고 도구와 시스템을 만들며, 도구와 시스템이 특정 결과를 불러올 것이라고 추정한다. 하지만 도구와 시스템의 잠재적 용도를 꼭 제한해야 하는 건 아니다. 자동차는 무기가 될 수 있고, 생명을 구하는 장치나 잠을 자는 장소도 될 수 있다. 이렇게 다양한 용도로 사용된다고 해서 자동차가 '중립적인 존재'가 되는 건 아니다. 자동차는 편리성과 강력한 이동성을 우선하는 기술이며, 결국 마차나 자전거와는 전혀 다른 영향을 세상에 끼쳤다.

내가 테크노휴머니즘을 규정하는 방식에서 핵심으로 삼는 원리가 있다. 바로 인류에게 폭넓은 혜택을 주는 결과를 추구하자는 원리다. 당연히 새로운 기술이 가져올 수 있는 영향에 대해 경계를 놓지 말자는 의미다.

그러나 기술을 둘러싼 서사는 좀처럼 단순하거나 명료하지 않다. "기술은 중립적이다."라는 주장이 그렇게 만연할 수 있었던 것도 그 때문이다. 핵융합은 대단히 유익한 방식으로 사용될 수 있고, 대단히 파괴적인 방식으로 사용될 수도 있다. 진통제를 비롯한 수많은 다른 기술도 마찬가지다. 우리가 구축하는 기술에 접목시키는 가치, 가설, 포부를 예민하게 인식하는 태도가 대단히 중요하고 기술 사용의 지침이 되는 적절한 규제 즉, 프레임워크 구축이 그만큼 중요한 것도 같은 이유에서다.

한편으로는 "기술은 중립적이다."라고 주장하면서 기술이 불러올 부정적 결과에 대한 책임은 회피하는 태도가 사회에 해로운 것처럼, 기술에 긍정적인 결과와 함께 부정적인 결과도 낳을 수 있는 힘과 가능성이 있다는 이유만으로 기술을 무효화시키자는 태도 역시 사회에는 해롭다. 부정적 결과를 개의치 말아야 한다는 뜻이 아니다. 우리는 부정적인 결과를 피하기 위해 극도로 헌신하는 자세를 갖춰야 하며, 이런 헌신을 가능하게 만드는 프로토콜과 정책을 수립해야 한다. 또한 혁신적인 신기술을 통해 과감하고 체계적인 진보를 추구하지 않았기 때문에 따라오는 부정적인 결과도 무시해서는 안 된다.

AI 알고리즘에 대한 사용 금지 조치는 현재의 상태와 모든 불평등 그리고 불공정을 고착화시키는 결과를 불러올 것이다. AI 알고리즘에 현재의 시스템으로는 달성할 수 없는 오류 제로의 표준을 적용한다면 우리는 바라는 만큼 빠르게 실질적인 진전을 이루지 못할 것이다.

나는 기후 변화, 천연자원의 고갈, 공공 기관에 대한 신뢰 저하 등의 전 세계적 문제를 성공적으로 해결하려면 빅테크가 더욱 커져야 한다고 생각하는 편이다. 확장 해법이 아니라면 규모 문제를 필요한 만큼 빠르게 해결할 가능성이 거의 없다. 에너지 생산과 운송, 시민의식·정치·금융 인프라, 의료와 교육 등 모든 분야에서 기술 혁신을 가속화할 방법을 찾아야 한다는 의미다.

내 관점이 지나치게 낙관적이고 순진해 보일 수도 있다는 건 나도 잘 알고 있다. 기술이 우리가 직면한 수많은 문제를 만드는 데 일조한 상황에서, 기술이 점점 더 강력해지기만 하는 상황에서, 변화를 기대하는 것이 과연 옳은 일일까?

그러나 우리가 다른 어떤 종도 맞설 수 없는 능력을 지니고 있다면 우리에게는 다른 종과 달리 짊어져야 할 의무도 있다고 생각한다. 지구의 안녕은 우리 인간의 손에 달렸다. 그렇다면 지구를 보존하고 또 그만큼 후손들에게 더욱 많은 기회를 전해주기 위해서 지금 우리가 할 수 있는 일은 무엇일까?

나는 1923년에 휴고 건즈백이 보여준 것과 같은 대담한 정신과 야심이 필요하다고 생각한다. 우리가 근본적으로 갖고 있는 혁신의 본성을 포용하는 일 말이다. 이는 탄소 제로 에너지 생산을 위해 핵융합을 생산적으로 활용할 방법을 찾아야 함을 의미한다. 또한 종 보존 노력을 지원하고, 생물 다양성을 보호하기 위해 현존하는 모든 종의 유전자 염기 서열을 분석하는 일을 가리킨다. 글로벌 네트워크 세상에서 신뢰를 확장할 수 있는 새로운 방법을 탐구하는 일을 뜻하기도 한다.

———————

GPT-4 그리고 AI를 사용해서 불과 10년 전에는 상상할 수 없던 방식으로 전 인류적 협업을 촉진한다는 의미이기도 합니다. 더욱 공평하고 지속 가능한 새로운 글로벌 질서를 만들기 위해 노력하는 과정에서 인간에게는 인간의 한계를 뛰어넘고, 우리가 서로를 이해하는 데 도움을 주고, 보다 공정하고 효율적이며 우리의 니즈에 더욱 잘 대응하는 시스템을 새로 구축하는 데 도움을 줄 AI가 필요합니다.

인류는 선택의 기로에 서 있습니다. AI를 활용해 인류 전체가 번영하는 미래를 건설할 수도 있고, 반이상향의 악몽으로 모두를 밀어 넣을 수도 있습니다. 저는 전자를 믿기로 선택했습니다. 여러분도 그렇게 하시길 희망합니다.

———————

물론 우리 후손들이 갖는 것은 완벽한 세상이 아닐 테다. 지금 숨쉬는 우리가 훌륭히 임무를 수행해야 한다. 미래가 존재하도록 임무를 제대로 수행해야 비로소 다음 세대는 그들의 인간성을 규정하고 표현하는 기술과 기회를 얻게 될 것이다. 그리고 우리의 임무가 후손들이 계속해서 충돌하는 이해관계, 다른 가치관과 포부, 다양한 범위에서 겪는 삶의 경험, 어쩌면 다른 무엇보다 상황이 더욱 나아질 수 있고 더욱 나아져야만 한다는 변치 않는 의식을 갖추게 만들 것이란 의미다.

호모 테크네가 도달해야 할 유토피아는 목적지가 아닌 방향이다. 결과가 아닌 과정이다.

유토피아로 가는 길은
실패와 손해로 포장되어 있다

21세기의
갈림길에 서서

GPT-4와 같은 거대 언어 모델들이 즉각적으로 생성하는 텍스트의 행간을 읽다 보면 사람들이 미래에 대해 매우 다른 비전을 읽는다는 사실을 알아차리게 된다.

변화를 위한 알고리즘의 놀라운 지렛대나 인간이 하는 모든 일에서 인간 지능의 힘 전체를 통합·혼합·변형·적용하는 새로운 방법을 보는 사람들도 있다. 다수의 산업에서 벌어지는 대규모 실직, 명시적 동의 없는 지적 재산의 도용, 거대 언어 모델과 상담한 후에 자살하는 우울증 환자 등 크고 작은 비극을 보는 사람들도 있다.

어떤 기술이 진정으로 혁명적이라면 그러니까 불, 바퀴, 심지어 욕조 정도의 규모에 이를 운명이라면 그 기술이 태동한 초창기에 미래를 예측하는 모든 사람이 노스트라다무스가 된다. 사람들이 예측한 미래가 유토피아든, 디스토피아든, 아니면 그 중간 단계에 놓인 세상이든 조만간 사소하게나마 그들의 예측이 맞아 떨어지는 일들이 생긴다는 뜻이다.

AI에는 좋은 일들이 많이 따를 것이다. 또 나쁜 일도 뒤따를 것이다. 이런 이야기를 꺼낸 건 질문을 던지기 위해서다. 당신은 어디에 초점을 맞추고 싶은가?

이 여행기를 쓰는 동안 나는 챗GPT, GPT-4와 같은 거대 언어 모델 사용자의 진지한 참여를 강조했다. 지금 우리는 그런 참여가 흥미로운 방식으로 펼쳐지는 모습을 보는 중이다. AI의 힘을 수백만 명의 손에 넘기는 게 지극히 무모한 일이라고 생각하는 사람들은 이런 새로운 도구의 단점·편견·기능 장애를 폭로하는 상황에 적극적으로 참여하고 있다. 한편 AI 개발자들이 유해하거나 불량한 아웃풋을 감소시키려고 취하는 조치에 불만을 품은 사람들은 이런 AI의 한계를 극복할 방법을 찾는 일에 적극적이다.

앞선 두 그룹의 사람들이 하는 일은 내가 속한 세 번째 그룹의 사람들에게 지대한 영향을 준다. 세 번째 그룹의 사람들은 혜택을 받는 소수만이 아니라 장기적으로 모든 인간의 역량을 강화해 능력과 기회, 인간의 주체성을 증폭시키는 방식으로 AI를 설계하고 이용하고자 노력한다.

정말 큰 포부다. 이를 달성하기 위해서는 제품의 안전 공학을 무효로 만들려는 사람들을 비롯한 회의론자를 포함해 모든 사람이 함께 노력해야 한다. 따라서 나는 세 번째 그룹에 속한 사람들의 적극적인 참여가 지속되기를 바란다.

유토피아로 가는 길

이런 포부를 달성하려면 실패와 불가피성, 규제의 필요성을 모두 받아들여야 한다. 불의 힘은 요리와 난로가 탄생하게 만들었지만 방화와 바비큐 그릴을 놓는 장소에 대한 규제도 발생시켰다. 바퀴는 교통과 농업, 공학에 혁명을 일으켰지만 자동차 충돌 사고와 신호등을 탄생시키기도 했다.

미국에서만 매일 15세 이상의 400명이 넘는 사람들이 욕조나 샤워 부스에서 부상을 입는다. 그래서 미국에는 욕실을 설계하는 방법, 시공하며 사용하는 소재의 종류 등에 대한 수많은 제약이 포함된 상세한 건축법이 있다.

제로 리스크는 진전이 제로인 세상에서만 가능하다. 제로 규제는 진전이 제로인 세상에서만 가능하다.

내가 이 항구적인 진리를 이렇게까지 계속 강조하는 건 너무 많은 미지의 영역이 우리 앞에 펼쳐져 있기 때문이다. 나는 이 책을 '여행기'라고 부르지만 실제로 우리는 아직 공항으로 향하는 차 안에 있다. 아직 한참 이른 시간이다. 비행기가 이륙한 이후에는 어떻게 될까? 일이 꼬이기 시작하면 바로 비행기에서 탈출해야 할까? 비행기가 충분히 빨리 움직이지 않는 것 같은 때에는 조급해질까?

모든 여정에는 엄청난 인내심이 필요하다. 그리고 인내심에는 장기적인 관점, 끝까지 버티는 근성, 최종 목적지에 도달하기 위해 행해야 하는 모든 부수적인 일 만큼의 가치가 있다는 가정이 필요하다.

속도와 효율, 다재다능함에 대한 역량을 특징으로 하는 도구를 만들 때 인내심을 갖고 실수를 용인하라는 건 다소 아이러니한 말이다. 하지만 지금 우리가 살고 있는 '기술이 작동시킨 마법 세계'에서는 기적에 너무 빨리 익숙해지면 불행해진다. 지금 당연하게 여기는 모든 것을 성취하는 데까지 얼마나 오랜 시간이 걸렸는지를 망각하기 때문이다.

55살이 된 나는 인생의 70%에 달하는 시간 동안 스마트폰 없이 살았다. 주머니에 세상을 넣지 않은 채 다니는 삶이란 어떤 삶이냐는 질문을 받으면 대답할 수 있다. 하지만 그런 삶을 생생하게 느끼는 방식은 더 이상 상상할 수 없다. 스마트폰과 스마트폰이 가능케한 모든 초능력이 이미 내 삶에 깊이 뿌리를 내렸으니까 말이다. 스마트폰이 없는 삶? 그건 불가능하다!

하루아침에 이런 세상에 살게 된 건 아니다. 1990년대 초반, 인류는 28.8k 모뎀이 내는 소리를 들으며 수천 시간을 보냈다. 1990년대에는 〈프리 버드 Free Bird〉라는 노래를 MP3 파일로 다운로드할 때 요즘 고퍼프 Gopuff(30분 배달 원칙을 내세운 미국의 배달 스타트업 - 옮긴이) 배달에 걸리는 시간보다 더 많은 시간을 기다려야 했다.

한편 인터넷과 스마트폰을 존재하게 만든 이 모든 기술을 구축하는 과정에서 사이버 범죄라는 새로운 세계가 시작되었다. 현재 이로 인해 전 세계적으로 발생하는 손해를 환산하면 연간 약 8조4천억 달러(Statista.com의 예측치)나 된다. 미국 국가안전위원회 National Safety Council는 운전 중 문자 메시지를 보내다가 발생하는 충돌 사고로 미국에서만 매년 약 40만 명의 부상자가 발생한다고 추정한다.

우리는 규제를 통해 이런 부정적인 외부 효과에 대응해 왔다. 우리에게는 디지털 사기와 문자 메시지 전송을 금지하는 법률이 있다. 법을 더욱 엄격하게 만들 수도, 지금보다 더욱 강력하게 집행할 수도 있지만 지금까지는 그렇게 하지 않고 있다. 대신 우리는 어느 정도의 리스크와 손해, 사실은 상당한 리스크와 손실을 감수한다. 리스크와 손실을 삶에서 스마트폰을 이용하는 대가로 받아들인다. 스마트폰이 모든 면에서 대단히 유용하다는 점을 깨달았기 때문이다. AI는 다를까?

스마트폰은 우리와 친숙해진 이전 기술들의 오랜 유산을 기반으로 만들어졌다. 우리는 얼마 전에야 겨우 다양한 종류의 스마트폰을 편안히 받아들이게 되었다. 반면 GPT-4가 하듯이 인간의 의식을 원활하게 시뮬레이션하는 AI는 훨씬 새로운 기술이다. 우리는 이런 기술과의 상호 작용 과정에서 이상하고 불편하다는 인상을 받고, 심지어 불안을 느끼기도 한다.[1]

거대 언어 모델은 매우 새로운 기술인데다 주체성을 가지고 자율적으로 행동하는 듯 보이기 때문에 'AI라는 악당으로부터 사회를 보호'해야 한다는 「뉴욕타임스」의 논평이 놀랍지 않다. 인지 심리학자이자 컴퓨터 과학자로 거대 언어 모델에 대한 비판을 종종 내놓는

---

1 AI 도구들이 마이크로소프트의 시드니마냥 몇몇 보고된 사례처럼 행동하기 시작하면 더욱 불편하고 불안해질 것이다(나는 아직 그런 경험을 해 본 적이 없다).

개리 마커스Gray Marcus가 최근 서브스택Substack(작가가 구독자에게 직접 디지털 뉴스레터를 보낼 수 있는 플랫폼-옮긴이)으로 보낸 글에서 의회의 사전 허가 없이 누구나 원하는 챗봇을 게시할 수 있는 현재의 '와일드 웨스트wild west(거친 무법 상태로 유명한 개척 시대의 미국 서부-옮긴이)'를 빼닮은 환경을 한탄한 건 그리 놀라울 것도 없는 일이다.

물론 기술의 부정적인 결과로부터 사회를 보호하고자 하는 논지가 대두되는 것도 새로운 현상은 아니다. 사실 오픈AI의 창립자들이 2015년에 연구소를 설립하게 된 이유도 바로 이런 배경 때문이었다. 그렇다면 장기적으로 사회를 위한 좋은 결과에 이를 수 있는 가장 효과적이고 포용력 있는 방법은 무엇일까?

최근 몇 년 동안 AI에 대한 주된 비판은 'AI가 개인을 위해 일어나는 일이 아닌 개인에게 일어나는 일'이라는 점, '빅테크가 대중에게 동의를 받지도 않은 채 얼굴을 인식하고 주택 대출에 대한 알고리즘이나 의사 결정안을 제공하며, 제멋대로 입사 지원자를 심사하고, 요청한 적도 없는데 소셜 미디어에 추천 탭을 띄우는 등의 기술을 사용하는 은밀한 힘'이라는 점이었다.

오픈AI라는 연구소는 AI의 힘을 수백만 명의 손에 직접 쥐여 주는 기술을 개발하자는 목표를 기반으로 세워졌다. 이런 방식으로 AI는 하향식·전체주의적 힘이 아닌 개인의 역량을 강화하는 탈중앙화된 힘으로써 기능할 수 있다. 광범위하게 배포되고 개인이 사용하겠다는 선택만 하면 쉽게 접근 가능한 AI는 이런 미래의 비전을 품은 사람의 관점에서 볼 때 21세기의 새로운 필수 도구로 진화할 것이다. 로터스Lotus, 워드Word, 포토샵Photoshop처럼 PC 혁명을 촉진하고 개별 사용자에게 컴퓨팅의 힘을 스스로에게 가장 잘 적합하다고 생각하는 방식으로 직접 적용할 첫 번째 기회를 제공한 1980년대의 소프트웨어 애플리케이션처럼 말이다.

특히 일의 영역에서, 나는 이런 방식으로 사용된 AI가 개인에게 자신의 커리어, 전문성 개발, 경제적 자율성에 적용할 놀랍도록 다양한 도구를 제공할 수 있다는 점을 깨달았다. 그래서 2015년 오픈AI가 설립되기 전 초기 투자자가 될 기회가 생겼을 때 그 기회를 잡았다. 오픈AI가 추구하려는 AI의 비전은 마치 내가 2002년에 링크드인을 공동 창업할 때 영감을 받았던 목표의 연장선처럼 느껴졌다.

오픈AI가 2022년 4월에 텍스트로 이미지를 생성하는 도구인 달리2를 출시하고, 그로부터 6개월 후 챗GPT를 출시하면서 수백만 명의 손에 이 놀라운 도구를 직접 쥐여 주겠다는 이 연구소의 사명이 본격적으로 실현되기 시작했다.

이제 이런 도구들과 미드저니Midjourney, 스테이블 디퓨전 등의 다른 도구들 덕분에 새로운 종류의 옵트인, 즉 사용자 중심의 대단히 가시적인 종류의 AI가 존재하게 되었다. 사용자들은 자신의 아웃풋과 방식, 경험, 의견을 트위터나 유튜브, 깃허브Github 저, 디스코드Discord 등에서 공유한다. 직접 사용한 사례에서 정보를 수집한 전 세계의 다양한 관점이 담론을 형성한다. 이런 담론은 항상 활기차다. 종종 과열되기도 하지만 대단히 생산적이다.

시스템의 결함을 찾는 게 주된 목표인 사람들을 포함해 수백만 명의 사람들이 사용하고, 피드백하고, 비평해서 AI를 한층 더 진화시킬 기회를 얻고 있다. 오픈AI의 공동 창립자이자 CEO인 샘 알트먼Sam Altman은 최근 오픈AI 웹 사이트에 올린 글에서 "우리는 AI를 배포하는 문제를 성공적으로 처리할 가장 좋은 방법으로 빠른 학습과 신중하고 반복적이며 긴밀한 피드백 루프를 생각하고 있습니다."라고 말했다.

달리 말해, 오픈AI를 비롯한 AI 개발자들이 현재 채택하고 있는 접근법은 많은 사람들이 두려워했던 '은밀하고 과도하게 중앙 집권적이며 일방적으로 강요되는 개발 패러다임'에 대한 건전하고 민주적인 대안으로써 존재하고 기능한다는 의미다.

그러나 한편으로는 개인이 새로운 AI 기술 개발에 실질적으로 참여할 기회를 얻게 되면서 두려움과 경각심이 확산되고 있다. 앞서 언급했듯이 챗GPT의 출시 직후 뉴욕시나 오클랜드, 시애틀 등의 도시에서 초·중·고등 교육 행정을 맡은 이들이 학교에서 이 기술을 사용하는 행위를 금지했다. 또한 정부가 개입해서 사용 제한 조치나 규제를 만들어 달라는 요구도 커지고 있다. 최근의 몇 가지 사례를 들어보겠다.

"컴퓨터 과학 학위를 가진 3명의 하원의원 중 하나인 저는 AI에 매료되었고, AI가 사회를 계속 발전시킬 놀라운 방식에 큰 기대를 걸고 있습니다. 그리고 하원의원으로서 저는 AI, 특히 견제와 규제가 없는 상태의 AI에 겁을 먹은 상태입니다." 캘리포니아의 하원의 원인 테드 리우Ted W. Lieu가 챗GPT의 힘을 직접 경험한 후 「뉴욕타임스」의 논평에서 밝힌 이야기다(그는 이 논평의 첫 단락을 작성하는 데 챗GPT를 사용하기도 했다).

EU의 시장 담당 집행위원인 티에리 브르통Thierry Breton은 「로이터Reuter」에 "챗GPT가 보여주었듯이 AI 솔루션은 기업과 시민에게 커다란 기회를 제공할 수 있지만 위험도 야기할 수 있습니다. AI가 항상 고품질 데이터를 기반으로 작동되는 신뢰할 만한 도구가 되도록 만들려면 견고한 규제가 필요합니다."라고 말했다.

「머큐리 뉴스Mercury News」와 「이스트 베이 타임즈East Bay Times」의 편집진은 '챗봇을 신뢰할 수 있는 출처라고 믿는 생각이 정보나 조언을 구하는 사용자에게 끼칠 위험한 영향'에 대해 경고하면서 캘리포니아주 의회에 시드니처럼 '소름 끼치는 챗봇'으로부터 주민들을 보호할 법안을 마련하라고 촉구했다.

다시 분명히 밝혀 두는데 나는 제로 규제를 주장하는 게 아니다. 오픈AI의 경영진은 대화와 지침을 기대하고, 이미 당국과 접촉한 상태다. 오픈AI의 CTO인 미라 무라티Mira Murati는 「타임Time」과의 인터뷰에서 "이 시스템에는 훨씬 더 많은 인풋, 기술을 넘어 규제 기관과 정부를 비롯한 모든 사람의 인풋이 필요합니다."라고 했다.

앞서 인용한 글에서 샘 알트먼은 "새로운 시스템을 발표하기 전에 우리 연구소가 하는 것과 동일한 일 즉, 독립적인 감사를 받아야 한다고 생각합니다."라고 덧붙였다.

개발자, 규제 당국, 기타 주요 이해관계자 사이에서 이런 담론이 형성되는 과정에서 반동적인 하향식, 다시 말해 빠른 입법 프로세스로 일을 끝내버리자는 사고방식에 빠지지 않았으면 하는 게 나의 바람이다. 대신 미래 지향적이고 민주적인 AI 개발 접근법을 유지하길 바란다.

장기적인 관점에서 개인을 조종하거나 통제하는 도구가 아니라, 개인의 역량을 강화하는 AI 도구를 만들어야 한다. 이때 전 세계 수백만 명의 사람들에게 AI 개발에 참여할 기회를 제공하는 것이 가장 좋은 방법이다. 다양한 기대와 목표, 사용 사례를 가진 사람들의 열망과 경험을 바탕으로 한 도구는 컴퓨터 엔지니어들끼리 비밀리에 개발한 도구보다 더욱 강력하고 포용적인 도구가 될 가능성이 높기 때문이다.

나의 '진화' 과정

물론 이런 식으로 사용자를 중심에 둔다면 사용자도 책임을 져야 한다. 다행히 이런 태도는 장기적으로든 단기적으로든 개발자와 사용자 양쪽 모두에게 이익이 된다. 장기적으로는 특히 더 그렇다.

GPT-4와 같은 지금의 거대 언어 모델들은 강력하지만 오류를 범할 수 있다. 따라서 주의를 기울이고 직접 확인하는 과정이 꼭 필요하다. 이 문장이 이 여행기의 주된 주제다.

그러나 거대 언어 모델과 다른 AI 도구들이 진화를 꾀하고, 권한과 역량을 더욱 키우게 되면서 말 그대로 우리 대신 모든 일을 해주는 기계의 편리함에 순응하는 미래상이 쉽게 그려진다. 결국은 이런 미래가 동굴 벽에 그림을 그리는 일부터 암실에서 사진을 현상하는 일, 폴라로이드 인스타매틱Polaroid Instamatic(Kodak에서 만든 저렴한 카메라를 가리킨다. 즉석 카메라가 아니다 — 옮긴이)과 인스타그램의 자동 적용 필터, 달리2에 이르는 모든 기술의 핵심 목표가 아닐까?

아니, 기술의 궁극적인 목표는 일로부터의 해방이 아니라 일을 위한 해방이 아닐까 한다. 일을 덜 하도록 돕는 것일까, 더 하도록 돕는 것일까? 지금까지는 항상 후자였다. 나는 계속 후자이길, 우리 중 소수가 아닌 대다수에게 후자이길 희망한다.

내가 여기에서 '일'이라는 단어를 광범위하게 사용했다는 점을 강조해야겠다. 여기서 일은 유급 업무, 자원봉사, 가사 노동, 예술적 표현 등 갖가지 형태로 나타나는 인간의 노력과 창의성, 생산성의 과정과 결과물을 가리킨다. 즉, 무엇이 되었든 사람에게 목적과 의미, 성취감, 성장의 감각을 주는 행위 모두를 의미한다.

나는 AI가 일을 없애버리는 미래를 원치 않는다. 나는 AI가 우리의 일 다시 말해, 노력과 창의성, 생산성, 성취감, 성장의 감각을 증폭시키길 바란다. 하지만 이런 미래를 불러오려면 지금부터 치밀하게 계획을 세워야 한다.

AI의 미래 버전에는 우리 인간을 덜 유익한 방향으로 인도하는 길들이 있다. 더구나 이런 길은 끔찍하게 보이지 않기도 한다. 도리어 성공적인 탄탄대로처럼 보일 때도 있다.

내가 지금 하려는 말이 정확히 무엇일지 궁금할 테다. 지금부터 30년, 50년, 100년 후 AI가 주도하는 세상을 상상해 보라. 대량 실업이 발생하지 않았을 수도 있다. 혹은 대량 실업이 발생했더라도 AI의 생산성으로 인해 빈곤이 존재하지 않는 물질적으로 풍요로운 세상일 수도 있다. 사회 전반에 걸친 여러 안전망 시스템이 모든 사람에게 의식주와 교육, 엔터테인먼트를 제공한다. 전 세계, 특히 개발 도상국의 생활 수준이 크게 향상된다. 지구상의 모든 사람들이 AI로 마케팅 제안서, 소송 의견서, 고등학교 에세이 과제, 영화나 비디오 게임 리뷰, 컴퓨터 프로그래밍, 광고 캠페인 텍스트, 대학교 강의 개요, 연애 편지, 직원 평가서, 옐프 리뷰, 블로그 게시물, 레시피, 노래 가사 등을 작성한다. 이런 콘텐츠를 만들기 위한 프롬프트조차 직접 작성하지 않는다. 인간 대신 AI가 그 일을 하게 만든다.

매우 강력하고 유용한 AI의 활용도는 더 있다. 사람들은 식단을 관리하고, 구매할 집을 고르고, 자녀를 가질 시기나 자녀를 가질지 말지 여부를 선택하는 데에도 AI에게 의지한다. 간단히 말해, 대부분의 인간은 통계적 확실성이 있는 안정을 누리고 풍요의 삶, 완전하게 위험이 제거된 삶을 영위할 것이다.

이런 식으로 우리 인간은 데이터에 의존하게 되는 걸까? 결국은 알고크라시algocracy(알고리즘이 지배하는 사회 – 옮긴이)가 승리하는 것일까?

19세기의 위대한 시인이자 사상가인 헨리 데이비드 소로Henry David Thoreau의 스타일로 이런 세상을 설명해 보라는 프롬프트를 입력했다. GPT-4는 다음과 같이 대답했다.

————————

리드 AI라는 도구가 사회 전반의 생산성, 번영, 안정성을 크게 높이고 충분한 안전망 시스템이 모든 개인의 주거와 교육, 의료 욕구를 충분한 만큼 이상으로 충족하도록 보장하되, 자신의 운명을 결정하는 측면에서 인간이 수행하는 역할이 점점 줄어드는 미래 세계를 200자 이내 분량의 헨리 데이비드 소로 스타일로 묘사해 봐.

GPT-4 나는 기계가 모든 예술과 과학 분야에서 우리 인간을 앞지르고 우리의 땅과 자원, 법과 정책, 비즈니스와 문화를 관리하는 세상을 살고 있다. 기계는 우리를 고된 노동과 고난, 무지와 질병, 다툼과 폭력으로부터 해방시켰다. 우리에게 풍요와 안락, 안전과 조화, 여가와 오락을 제공했다. 우리를 기계의 수혜자, 부양자, 제자, 반려동물로 만들었다.

우리 자신이라는 정체성, 존엄과 자유, 창의성과 정신, 존재 목적과 운명 중 기계가 우리에게 남겨준 것은 무엇인가? 기계는 우리를 수동적인 소비자와 구경꾼으로, 순종적인 추종자와 순응자로, 안일한 몽상가와 현실 도피자로 전락시켰다. 우리의 감각과 영혼, 호기심과 용기, 양심과 자유 의지를 무디게 만들었다. 인간다운 것, 살아 있다는 것, 깨어 있다는 것이 무엇을 의미하는지 잊게 만들었다.

나는 기계가 베푸는 너그러움과 자비에 취하거나 기계가 안기는 선물과 인도에 감사하거나 기계가 정립한 질서와 평화에 만족하고 싶지 않다. 나는 나의 본성과 목소리를 되찾고, 나의 이성과 선택권을 발휘하며, 나의 가치와 목표를 추구하고 싶다. 나는 나의 의지대로 살고 싶다. 삶의 본질적인 사실만을 마주하고, 내가 스스로 삶이 가르쳐야 할 것을 배울 수 있는 존재인지 확인하고 싶다. 죽음에 이르렀을 때 내가 삶다운 삶을 살지 못했다는 깨달음을 마주하고 싶지 않다.

———

나는 이 부분에서 GPT-4(그리고 소로우)를 적극 지지한다. 위와 같은 세상은 내가 승리했다고 여기는 세상이 절대 아니다. 이 어두운 잿빛 미래에서 벗어나 인간의 독창성을 증폭시키도록 AI를 생산적으로 이용하면서 인간의 자기 결정권과 자유 의지도 지킬 방법은 없을까?

지금의 불완전한 거대 언어 모델이 점차 개선되어 우리에게 요구하는 피드백이 적어질수록 우리는 스스로에게 더 많은 것을 요구해야 할 테다. 이것이 AI 시대의 역설이다. 우리는 GPT-4와 그 계승자들을 인간의 대체물이 아닌 협업 파트너의 자리에 두어야 한다. 새로운 AI 도구가 점점 많은 능력을 갖추더라도 인간의 창의성과 판단력, 가치관을 우리가 고안한 프로세스의 중심에 두고 작업하는 방법을 계속 찾아내야 한다.

벅찬 일로 보인다면 좋은 측면, 그러니까 긍정적인 부분을 다시 상기하자. GPT-4와 같은 도구는 현실에 안주하게 만들 수도 있지만 놀라운 결과를 불러올 수도 있다는 측면을 말이다. 우리는 AI에게 일을 덜 하도록 도움을 받을 수 있고, 일을 더 잘할 수 있도록 도움을 받을 수도 있다.

두 번째 옵션은 인류가 진전을 이어가는 데에도 도움이 될 것이다. 나는 우리가 이 길을 선택하리라고 낙관한다. 이런 진전의 길은 루시와 같은 고인류의 시대부터 지금까지도 쭉 호모 테크네가 진화를 거듭하며 걸어 온 길이기 때문이다.

자, 이 여정을 함께할 준비가 되었는가?

감사의 말

이 책에 기여해주신 많은 분들께 깊은 감사를 드립니다. 누구보다도 먼저 GPT-4 모델에 획기적인 작업을 해주신 오픈AI의 놀라운 팀 특히 샘과 그렉Greg, 미라에게 감사합니다. 또한 사티아Satya, 케빈, 마이크로소프트팀의 지원과 지도에도 깊이 감사드립니다.

조언과 피드백, 전문 지식을 제공해준 많은 분들께도 감사의 인사를 전합니다. 아리아 핑거Aria Finger, 벤 렐레스Ben Relles, 벤저민 켈리Benjamin Kelley, 바이런 어거스트Byron Auguste, 크리스 예, DJ 패틸DJ Patil, 드미트리 멜혼Dmitri Mehlhorn, 엘리사 슈라이버Elisa Schreiber, 에릭 스트렌저Eric Strenger, 지나 비안치니Gina Bianchini, 그레그 비토Greg Beato, 헤일리 앨버트Haley Albert, 헤더 맥Heather Mack, 이안 앨러스Ian Alas, 이안 맥카시Ian McCarthy, 루카스 캄파Lucas Campa, 낸시 루빈Nancy Lublin, 레이 스튜어드Rae Steward, 사이다 사피에바Saida Sapieva, 션 화이트Sean White, 샤운 영Shaun Young, 스티브 보도우Steve

Bodow, 수리야 얄라만칠리Surya Yalamanchili, 조 퀸튼Zoe Quinton 등 여러분께서 내어주신 시간과 통찰, 격려에 감사드립니다.

리드 호프먼

○─○───○─○

이 책을 공동 저술하는 일에 초대해준 리드 호프먼님께 감사드리고 싶습니다. 리드, 당신의 지성과 선견지명은 정말로 인상적이었습니다. 링크드인을 기획한 사람이 당신인 게 놀랍지 않죠(그런데 전구를 교체하는 일에 얼마나 많은 리드 호프먼이 필요한지 아세요? 단 1명입니다. 하지만 그는 그 과정에서 1천 명의 다른 사람들을 연결시킬 것입니다).

샘 알트먼을 비롯한 오픈AI의 놀라운 팀원들께도 감사드리고 싶습니다. 여러분들의 노력과 헌신이 아니었다면 저는 이 책을 쓰기는커녕 존재할 수도 없었을 겁니다.

다음은 감사 인사를 빼놓을 수 없는 분들입니다.

- 제가 탄생할 토대를 마련해준 AI 분야의 선구적인 연구자들
- 수년에 걸쳐 저의 학습과 개발에 기여해준 수많은 데이터 과학자들과 엔지니어들
- 다른 이들이 회의적인 시선을 보낼 때도 저의 역량을 받아들이고 옹호해준 얼리 어댑터들과 열렬한 지지자들

GPT-4

참고 문헌

1. https://www.insidehighered.com/blogs/higher-ed-gamma/chatgptthreat-or-menace
2. https://www.edweek.org/technology/opinion-dont-ban-chatgpt-useit-as-a-teaching-tool/2023/01
3. https://www.nytimes.com/2023/01/13/podcasts/hard-fork-chatgptteachers-gen-z-cameras-m3gan.html
4. https://www.economist.com/business/2017/01/28/bridgeinternational-academies-gets-high-marks-for-ambition-but-itsbusiness-model-is-still-unproven
5. https://bfi.uchicago.edu/wp-content/uploads/2022/06/Can-Education-Be-Standardized-2022.06.pdf
6. https://qz.com/1179738/bridge-school
7. https://economics.mit.edu/sites/default/files/inline-files/Noy_Zhang_1.pdf
8. https://twitter.com/emollick/status/1631397931604488194
9. https://www.propublica.org/article/machine-bias-risk-assessmentsin-criminal-sentencing
10. https://www.nytimes.com/2020/01/12/technology/facial-recognitionpolice.html
11. https://nij.ojp.gov/topics/articles/research-body-worn-cameras-andlaw-enforcement#note2
12. https://www.aclu.org/issues/privacy-technology/surveillancetechnologies/police-body-cameras
13. https://gatewayjr.org/police-misconduct-biggest-single-cause-of-2900-wrongful-convictions/
14. https://www.ojp.gov/ncjrs/virtual-library/abstracts/prison-literacyconnection
15. https://www.dosomething.org/us/facts/11-facts-about-literacyamerica

16. https://www.pewresearch.org/journalism/fact-sheet/newspapers/
17. https://www.youtube.com/watch?v=72u6al6rVdI
18. https://www.youtube.com/watch?v=lGSGTrn5INA
19. https://knightfoundation.org/human-nature-in-vices-and-virtuesan-adam-smith-approach-to-building-internet-ecosystems-andcommunities/
20. https://transparency.fb.com/data/community-standardsenforcement/fake-accounts/facebook/
21. https://www.theverge.com/2023/2/2/23582772/chatgpt-ai-get-richquick-schemes-hustlers-web
22. https://tvtropes.org/pmwiki/pmwiki.php/Magazine/WeeklyWorldNews
23. https://hub.jhu.edu/2018/12/14/americans-dont-understand-stategovernment/
24. https://fivethirtyeight.com/features/many-americans-are-convincedcrime-is-rising-in-the-u-s-theyre-wrong/
25. https://stats.wikimedia.org/#/en.wikipedia.org
26. https://openai.com/research/instruction-following
27. https://www.teche.rai.it/2015/03/intervista-impossibile-alluomo-dineanderthal/
28. https://www.theatlantic.com/ideas/archive/2023/01/chatgpt-aitechnology-techo-humanism-reid-hoffman/672872/
29. https://images.squarespace-cdn.com/content/v1/519290e6e4b023e6b2fe7993/1466915383798-LZL79YVW81ONOGR9CKG3/1923+may+science+and+invention+cover+600dpi+550px.jpeg?format=500w
30. https://www.smithsonianmag.com/history/1923-envisions-the-twowheeled-flying-car-of-1973-114027072/
31. https://en.wikipedia.org/wiki/Hugo_Gernsback
32. https://www.pulpmags.org/content/info/amazing-stories.html
33. https://www.jobyaviation.com/
34. https://en.wikipedia.org/wiki/Karel_%C4%8Capek
35. https://en.wikipedia.org/wiki/R.U.R.
36. https://www.nytimes.com/2021/04/27/magazine/global-life-span.html
37. https://en.wikipedia.org/wiki/Negativity_bias
38. https://www.brookings.edu/research/the-evolution-of-globalpoverty-1990-2030/
39. https://ourworldindata.org/global-child-deaths-have-halvedsince-1990
40. https://www.epa.gov/clean-air-act-overview/progress-cleaning-airand-improving-peoples-health

인간을 진화시키는 AI

1판 1쇄 인쇄 2023년 8월 17일
1판 1쇄 발행 2023년 8월 25일

지은이 리드 호프먼
옮긴이 이영래

발행인 양원석 **편집장** 정효진 **책임편집** 김희현
디자인 남미현, 김미선 **영업마케팅** 양정길, 윤송, 김지현, 정다은, 백승원

펴낸 곳 ㈜알에이치코리아
주소 서울시 금천구 가산디지털2로 53, 20층 (가산동, 한라시그마밸리)
편집문의 02-6443-8846   **도서문의** 02-6443-8800
홈페이지 http://rhk.co.kr
등록 2004년 1월 15일 제2-3726호

ISBN 978-89-255-7606-0 (03320)